医患谈话的
社会语言学研究

Sociolinguistic Analysis on Doctor-patient Conversation

肖 玕 ◎ 著

中国出版集团公司

世界图书出版公司

广州·上海·西安·北京

图书在版编目（CIP）数据

医患谈话的社会语言学研究 / 肖翀著 . — 广州：
世界图书出版广东有限公司，2018.1
　ISBN 978-7-5192-4268-8

　Ⅰ．①医… Ⅱ．①肖… Ⅲ．①医院—社会语言学—研究
Ⅳ．① H0-05

中国版本图书馆 CIP 数据核字（2018）第 016798 号

书　　　名	医患谈话的社会语言学研究
	YIHUAN TANHUA DE SHEHUI YUYANXUE YANJIU
著　　　者	肖　翀
责任编辑	宋　焱
装帧设计	黑眼圈工作室
出版发行	世界图书出版广东有限公司
地　　　址	广州市新港西路大江冲 25 号
邮　　　编	510300
电　　　话	020-84460408
网　　　址	http:// www.gdst.com.cn
邮　　　箱	wpc_gdst@163.com
经　　　销	新华书店
印　　　刷	虎彩印艺股份有限公司
开　　　本	710mm × 1000mm　1/16
印　　　张	16.25
字　　　数	290 千
版　　　次	2018 年 3 月第 1 版　2018 年 3 月第 1 次印刷
国际书号	ISBN　978-7-5192-4268-8
定　　　价	56.00 元

前　言

　　本研究采用社会语言学的方法，从宏观和微观层面分析医患谈话的语言特点，揭示医患权势关系以及其他社会因素对医患谈话的影响，从而使医患谈话的研究为其他机构语言分析提供借鉴。

　　本研究采用定量和定性分析相结合的方法。首先对研究对象的谈话进行现场录音，再将所有录音材料转写成文字稿，并对其中的变量加以标记，然后通过 SPSS 统计工具对数据进行处理，最后进行讨论分析。本研究的研究问题是：

　　医患谈话是如何进行的，其语言形式、结构和特征是什么？

　　医生和患者的权势关系是如何建构的？

　　微观层面上的医患谈话与宏观层面上的社会文化因素有何联系？会受到哪些因素的影响？其影响程度如何？

　　由于社会语言学对医患谈话研究没有现成可供操作的研究框架，所以本研究的目的就是通过应用相关的理论和方法，建立一个适合本研究的理论框架，来探讨上述问题。本研究主要以会话分析和互动社会语言学为理论框架对医患谈话进行研究，并引入权势理论、图式理论和合作原则，分三个方面进行研究：①对医患谈话特征的研究，运用会话分析对机构谈话的研究理论，具体分析医患谈话这一话语类型的谈话结构。②从互动社会语言学角度，将医患谈话分为若干类别。在对各部分微观层面分析的基础上，概括出医患谈话的策略和功能特征。③采用权势理论解释医患谈话中参与者的不对等关系，及其在医患互动过程中双方的权势共建。

　　本研究指出，医患谈话的语言形式可以分成医生语言和患者语言两类。在医学诊疗的过程中，医生的语言根据其功能又可以分成大夫式言谈、教导式言谈和伙伴式言谈；患者的语言则可以分成描述式言谈、社交式言谈和探寻式言谈。这些言谈具有如下鲜明特征：

（1）机构性：主要表现在：①目的性，医患谈话受到一定的目标指引，即针对患者的主诉，通过交流问询，正确做出诊断，最终达到治愈患者病患的目的。②限制性，医患谈话发生的场景与医生的目标和作用相关，因此医患谈话对于参与交谈的医生和患者都有特殊的限制。③推论特殊性，医患谈话的推理框架和程序与医院情境相关。同样的交际行为，因谈话场合的不同其功能和意义也会有不同。

（2）专业性：医学是专业性很强的技术科学，因此医患谈话具有医学专业特征。主要表现在对疾病的诊断、病因的描述、病理的分析等，集中体现在词汇（医学专业术语）的使用上。

（3）口语性：医患谈话从语言形式上看，属于即兴的口语语言，因此医患谈话具有口语的特征。

（4）严谨性：医生与患者交谈时，非常注意措辞，极力避免使用有歧义的词语，力求表达准确。

（5）权威性：医生掌握着医疗救治的专业技术，一般具有良好的职业道德素养，享有较高的职业权威，因此其语言也具有一定的权威性。

（6）多面性：医生会针对场合的不同，患者病情的轻重，甄别使用不同的语言与患者交谈。

医患谈话的语言结构由开始、主体和结束三部分组成。在访谈的主体部分，又可以分成问诊、体格检查、诊断或治疗、咨询等阶段。每一个阶段的语言结构都受医疗语境制约，具有独特的话语特征。整个医患谈话开始部分的话语形式受医生的话语主导，其目的性与医患谈话的机构性保持高度一致。会话的开头通常省略"问候—问候"相邻语对，直奔主题，迅速过渡到会谈的主体，因此非常简短。医患谈话的结束在结构上有一定规律，通常分为结束序列、预示结束序列和话题界限序列三步，言语形式的选择也相对固定。在医患谈话的主体部分，问诊阶段出现了大量"提问—回答"的毗邻双部式对答结构，形成以医生提问、患者回答、医生与患者合作完成话轮的话轮转换机制；体格检查阶段则呈现出众多患者的言语性反馈项目；诊断与治疗阶段的回述现象不仅是医生获得准确信息，强调治疗方案的交际手段，也是患者明晰治疗方案、排除顾虑、解决问题的有效途径；咨询阶段中句群构成的话轮则是医患双方话语意图的外在表现。

医患双方在诊疗的过程中会根据情境变化交替使用不同的言谈方式，为实现各自的交流目的，双方都尽量与医疗机构和个人的认知保持一致。这种言谈是医患交际过程中的中枢，引导医生和患者之间的互动，并显示双方的社会身份对机构话语的适应。医患之间的互动伴随着双方的权势分配和争夺，并且随着话轮的更迭体现出显著差异。换言之，互动的双方为了说明、强化自己的见解与观点都在争夺权势，双方权势的动态差异导致双方不对称性的动态变化。

医生和患者之间权势关系主要体现在打断和提问上。通过定量分析，我们得出医生无论在打断次数上，还是在提问次数上，都明显多于患者。这说明医患之间存在固有的权势层级性。但是根据立足点理论（footing），医生和患者之间也会发生框架转换，再加上互动双方性别、年龄以及社会阶层的影响，因此医患之间的权势层级呈动态的关系。根据上述特点，我们发现医患双方打破原有的层级关系和权势的不对称，展开权力的争夺是医患谈话的常态。患者由于不甘心总是处于弱势地位，尽量想说明自己作为患者的切身感受，经常变被动为主动，向医生发起挑战，争夺话轮，而医生一方，也不甘示弱，利用专业知识与经验，较少放弃已有的话轮。

本研究的意义主要体现在以下几个方面。

第一，本研究合理运用会话分析和互动社会语言学理论对医患谈话这一机构话语类型进行较为全面的分析，充实了医患谈话的研究方法，为研究其他机构领域的谈话提供了参考和借鉴。

第二，在医患谈话的权势关系的研究中，采用定量分析和定性分析相结合的方法，既保证了准确性，又保证了科学性。

第三，本研究使人们从更深层次了解医患谈话，对于缓解医患矛盾，融洽医患关系，提高诊疗效率都大有裨益。

由于研究者本人的视野和精力有限，本研究目前存在一定的局限性，如样本较小、会话类型涵盖面不够宽，这些有待在今后的研究中加以克服。

目　　录

第一章　绪　论

　　当语言工作者开始关注医患谈话并对此进行语言研究时，有些专家感到不解并产生疑虑：医学也有自己的语言吗？的确，医学没有自己的语言，因为所谓"医患谈话"不是一门独立的语言，而是人类共同语在医疗环境中的具体运用，是全民共同语在医学领域中的一个功能变体（register）。然而这种变体有自己的特点，例如，在词汇层面，就表现出两种形式，书面语使用"上呼吸道感染"，而口语则用"感冒"。类似的例子还有"预后"（口语：治疗效果）、"静脉滴注"（口语：打点滴）、"皮损"（口语：擦破皮）、"谵妄"（口语：说胡话）等等。就词汇的来源看，有的是继承古代书面语或古代医学用语，如"颅腔"、"经络"等；有的是外来词，如"盘尼西林"、"休克"、"伽马刀"、"X光"和"CT扫描"等，其中"盘尼西林"是纯音译，后来改作纯意译的"青霉素"，"休克"是音兼意译，"伽马刀"是音加意译，而"X光"、"CT扫描"则干脆在汉字中夹用外文字母。可见，人们在使用这种共同语从事诊疗活动时，使所用的语言在词汇方面和表述方面以及文体风格上都形成了显著的特征。这些特征的独特性和稳定性足以使我们把从事这种活动的谈话称之为"医患谈话"，并值得我们把它作为特殊的一个语域去研究和分析（李永生，2001）。本研究就是要通过对医院门诊医患谈话的分析，进一步了解中国的医患谈话，即医患谈话的语言形式、结构及特点等。

1.1　研究对象界定

本研究的对象是医生和患者之间在门诊诊疗过程中使用的话语。以往学者在"会话"、"机构谈话"以及"医患谈话"的定义与分类上往往各持己见。为确定本研究中的对象所指，本节首先界定医患谈话的上级范畴"会话"，之后逐层解释定义"机构谈话"与本研究的对象"医患谈话"。

1.1.1　会　　话

会话（conversation）是指发生在互有交际要求的两人或者多人之间的口头交流活动。它是日常交际的基本形式，是原始的语言使用形式，存在于一切语言活动中，是实现人类语言交际的最重要的功能之一，在使用中受会话规则的限制。研究会话就是要弄清各种类型会话的不同程度的自由性与制约性。

人们同语言接触的最初形式就是会话，人们的一生有大部分时光在会话中度过；会话是人的生命中最有意义的活动之一。Firth（1935，1957）在 20 世纪 30 年代就意识到研究会话的重大意义，并认为尽管语言学家和心理学家没有开始研究会话，但是对会话的研究才是更好地了解语言特征以及发现其如何工作的关键。随后的学者在相当长的一段时间内仍旧忽略对会话的研究。Bloomfield 认为很难在语言结构分析中处理意义，因此在语言研究中尽量回避意义问题，于是将语言学引向注重形式的分析。Chomsky 区分了语言能力和语言行为，排斥对言语（包括会话）的研究，并认为语言学的研究对象只是语言能力。直到 20 世纪 70 年代，话语（包括会话）的研究才开始受到人们的重视。如今，会话已经成为社会语言学、语用学、人类语言学、心理语言学和语言哲学等众多学科研究的对象。对会话的研究已经成为语言学中一个蓬勃发展的领域。

会话既可以是有计划的，也可以是无计划的。日常生活中的会话大多数情况下是无计划的，而一些机构中的会话（如医患谈话）在一定程度上则是有计划的。不同场合的会话都具有各自的语言特征。

1.1.2　机构谈话

"机构谈话（institutional talk）"一词源自 Goffman 的社会互动研究，原义为"分析道德与社会机构的规范如何影响人类的互动模式"。20 世纪 70 年代，研究会话分析的学者延伸此概念，将会话分析的研究成果运用于对诸如法庭、医院、课堂等机构的谈话研究（Drew & Heritage，1992），探讨机构谈话在机构运行中的作用，从而形成了会话分析中的两种研究方向：对互动的会话本身的研究和对交流中的机构谈话的研究。

机构谈话是指"发生在各种职业环境中的语言交流活动"（Koester，2006：3），如法庭对目击证人的审讯、医院门诊医生和患者的谈话。这种语言交流活动具有明确的与该职业相关的交际任务，参与者至少有一方是从事该职业的专业人员，具有该职业的身份特征。交际任务由从事该职业的专业人员和非本职业人员通过交流共同完成。因此，它具有明确的与该职业相关的特定目标，话语形式受该职业交流传统的限制，同时在特定机构语境下有其相应的推理框架和程序（Drew & Heritage，1992b）。Levinson（1992）认为机构谈话是一种目标式或任务式会话，它包括为实现目标或任务而产生的限制，以及参与者解释话语的特殊推理形式。由于知识的不对称，机构对话中参与者常常是不平等的，通常非本职业人员的话语权受到诸多限制，而本职业人员（医生，教师，采访者等）在交流上占有主动地位。具体表现为：该职业的专业人员提问，普通参与者回答。Thornborrow（2002）指出机构谈话是一种确定了说话人谈话位置，限定了说话人话语行动的对话。例如，电视或广播新闻访谈的机构话语语境，就形成了以主持人提问、嘉宾回答的互动性话语结构特征。机构谈话一般有固定的步骤与过程，根据本职业所要完成的任务可以分为若干阶段，并且由从事该职业的专业人员引导话语进程，并根据互动过程中各阶段的不同需要而有所取舍。当然，互动进程需要普通参与者的配合。

机构谈话关注话语与机构语境的关系，以展示特定背景下的社会关系和言语行为特点。其兴趣或在于对具体的职业活动的关注，或在于对具体的互动场景的关注，尤其是参与者所表现出的对职业情景和要求的关注（Heritage，1997）。

机构谈话的机构性不完全取决于场景，还要看交际者的职业身份和职业背景在交流中的体现（Drew & Heritage，1992b）。它将话语活动看作是互动的结果，动态地看待语境，认为语境不仅指互动话语的上下文，还包括该话语活动所在的大的职业框架（Drew & Heritage，1992b）。机构谈话的语境内，有预先设定的话轮或话轮类型的分配方式。它可以是面对面的交流，也可以通过电话等完成，可以在指定的地方发生，如医院、法庭、学校、电视、广播等，但并不局限于这些地方。如在工作场所可以拉家常，在职业环境之外的其他地点也可进行工作交流。

在机构谈话中，具有较强机构谈话特征的，被称为正式的（formal）机构谈话，如法庭话语、求职面试等；兼有机构谈话和日常谈话特点的，则被称作非正式的（non-formal）机构谈话，如医患话语、电视访谈等（Drew & Heritage，1992b）。

1.1.3　医患谈话

1.1.3.1　医生与患者

医患谈话中的"医"是指医疗机构的医务人员，即医生。本研究特指在门诊与患者直接接触的医生。医患谈话中的"患"是指到医疗机构看病的病人，是医院直接服务的对象。医患关系属于一种特殊的社会关系，因此，患者是医生沟通的主要对象。

那么本研究中为什么不用"病人"一词指代患者呢？因为"患者"和"病人"在指称上有一定的区别，我们不妨先从定义上对这两个名词加以说明。

（1）病人：不同的学科对"病人"一词可能有不同的理解。人们在词性掌握和使用习惯上，也有一定的区别。当今的社会，与"病"相关的词有"病人"、"患病"、"病患"、"患者"。这几个词在语体上和使用习惯上，大致可以分成："病人"是社会大众用语，一般指身体有病的人；"患病"属于书面语言，是人们对发生疾病的书面表述；"病患"属于心理学专用术语，指人对疾病的忧虑，通常是心理上或主观意识上对某种现象感到不适；"患者"属于医学专门术语。在我国医药卫生界，涉及病人或在与医学相关的语境中，表达医方和病人的关系，很少称作"医病关系"，一般称作"医患关系"。当前医疗卫生界普遍强调医生和病人的沟通，无论是医务人员的语言习惯，还是在政府颁布的文件中，都不用"医病沟通"而用"医患沟通"。

（2）患者：这里指被认为存在疾病症状，到医院就诊的社会成员。一般存在三种情况：一是就诊者自己认为有病就医；二是"被他人"认为，有的人处在不清醒状态，失去认识能力以后（如精神病人发作时），在出现伤害事故以后（如出车祸受伤者），都可能被他人认为需要就医，而被送到医院接受诊疗；三是"被社会"认为，即社会认为某些处于特别状态的社会成员，因极有可能出现健康问题而到医院就诊接受医疗照护（如孕妇和产妇），在这种情况下，她们虽然不是严格意义上的病人，但是习惯上，她们被社会认为是"特殊患者"。

（3）患者和病人之间的关系。首先，患者一般是指病人；其次，患者是需要接受医疗救治或被照顾的人；最后，非病人有时也需要接受医疗照顾而成为"准患者"。

由于社会看法不同，有人虽然有病，但仍能正常工作和生活，如仍然在工作岗位上的大量亚健康人群。人们可以认为他们有病，但不一定认为他们是患者。从处所看，病人可以在医院内，也可以在医院外；而患者一般是与医院已经结成医患关系，进入医院接受治疗的病人，或是接受医疗照护的社会成员。从享受的社会待遇上看，如果病人还在工作岗位上，他们一般不享受免除全部或部分社会责任的待遇，而患者因有就诊证明，却可以享受社会赋予的免责权。根据义务和责任关系的不同，病人的义务和责任关系的一方一般是工作单位和家庭，而当病人一旦就医成为患者以后，成为医务人员的直接服务对象时，其义务和责任关系的一方是医院，此时双方的行为除了受到国家法规制约以外，还要接受医疗行业法规的制约（姜学林，2008）。

上述病人和患者的区别，足以证明两者在内涵和外延上的差异。但是由于人们语言使用的习惯，现代社会民众往往将病人和患者混为一谈。本研究所指的患者专指医疗服务的对象，即到医院就医的病人，是构成医患谈话主体的一方。

1.1.3.2　医患谈话的定义

不同的学者从不同的角度对医患谈话做出不同的定义。例如，姜学林（2008：160）认为，医患谈话是指"医生为获取和传达医疗信息、明确诊断、制定治疗方案、建立良好的医患关系而与患者之间进行的谈话，它贯穿于整个医疗过程中"。这种定义侧重医生的谈话而忽略患者的作用，但医患交流和互动需要医患双方的参与，缺一不可。梁峰霞（2004：43）则将其定义为"从事医疗活动中医、护、技及各类管理人员运用的语言，包括语音、语义、语法等等"。该定义仍然强调医方而未考虑患者一方。刘兴兵（2008：18）认为医患谈话是指"在中国大陆医院门诊科室内，医生在工作状态下与病人（包括家属）之间发生的口头会话"。这样的定义与本研究较为接近，但是此定义中与医生会话的人员不仅限于患者本人，还包括家属，这与本研究的着眼点不符。因为有第三方参与，通常会代替患者回答医生的问题，这样不能保证本研究访谈内容的一致性。

因此，结合本研究的实际情况，特将"医患谈话"定义为：在医院门诊科室内，医生与患者双方在诊疗过程中进行的口头交流活动。排除病房内的医患谈话，不包括有第三方参与的谈话和护士与患者之间、医生与医生之间、医生与护士之间的谈话，同时也排除了包括病历、处方、检测报告和医学鉴定在内的医学书面语，因而使得研究对象更加明确。这样界定既能保证研究对象的针对性，又能兼顾研究的可操作性。

1.2　研究方法

本研究采用定性和定量分析相结合的方法。研究者运用参与者观察法，深入医院门诊直接观察医患谈话过程。首先，对研究对象的谈话进行现场录音，再将所有会话录音材料转写成文字稿并对其中的变量加以标记，形成了约 12 万字的语料。研究者通过 SPSS 统计软件包 11.5 对数据进行处理，最后对统计结果进行讨论分析。

1.3　研究意义

"利用现代语言学理论来研究作为交际单位的话语，使话语信息发挥最佳作用。这不仅是语言学本身的突破口，也将是整个信息社会的突破口。"（王德春，1998）因此，把语言研究同社会问题连接起来，既有语言学上的意义和价值，又有社会应用和实践的意义。

第一，对语言分析方法的意义。首先，将语言分析与医学高度结合。以往针对医患谈话等一些机构谈话的研究，人们大多是用语言学理论对话语的各种现象进行分析、解释。但是针对医患谈话中存在的与特定机构情境相关的推理框架和程序，却较少有人能够做出解释、说明，这不能不说是一件憾事。本研究将语言学理论应用于门诊医患谈话，采用"会话分析"与"互动社会语言学"的方法，综合分析医患言语的特征，并结合临床医学知识，分析、解释和说明医患谈话的结构和过程，从而填补了我国医患谈话语言学研究中的一项空白。其次，本研究大量的语料源自田野调查，结合问卷访谈。最后，作者采用定性和定量分析相结合的方法，再对语料进行分析、总结，得出的结论既保证了准确性又保证了科学性。

第二，对语言学研究的意义。本研究可以作为研究其他话语活动类型的借鉴和参考，可作为对比研究的基础。医患谈话研究可以验证或挑战一般话语和语言研究的结论和成果，为一般语言研究提供有益启示，从而丰富语言学的普遍研究。

第三，对改善门诊医疗实践的意义。医学之父 Hippocrates 曾经说过，"医生有三大法宝：语言、药物、手术刀"。语言在三大法宝中占据首位，充分显示出其在治疗中的突出作用。当前，我国提出了构建和谐社会的目标，良好的医患关系是和谐社会不可或缺的一部分。医生除了要具用精湛的医疗技术外，还需巧妙运用医患谈话这剂"人性"良药，帮助病人战胜病魔，为和谐社会建设贡献力量。

第四，对改善医患关系的意义。近年来，随着社会主义市场经济的发展、医疗技术的进步、百姓健康意识的增强，由于临床医生使用语言不当而导致患者对临床医生的误解和曲解现象比较普遍，甚至出现患者及家属恶意报复临床医生的事件，加剧了医患之间的矛盾，影响了医疗卫生事业的健康发展。因此，开展对医患关系中临床医师语言规范研究很有必要。它有利于提高临床医务工作者的语言修养，改善医务工作者和患者之间的关系。

1.4 本书结构

本书共分为七章。第一章是本研究的绪论，陈述本书的研究目的，界定会话、机构谈话和医患谈话等相关概念，讨论本研究的意义，介绍本书的结构和各章的主要研究内容。第二章是文献回顾，分别从国外、国内两个方面概述与本研究相关的文献。第三章提出本研究的理论框架。第四章介绍语料采集的方法。第五章从医生和患者两个角度分别介绍医患谈话的特点，以及医患谈话的语言结构和互动模式。第六章揭示医患谈话体现出来的层级关系。第七章是本研究得出的结论。

第二章　文献回顾

近年来，医患谈话研究不仅引起了医学界的广泛关注，而且激发了语言学界的浓厚兴趣，人们开始从不同角度研究医患谈话。本章重点从医学角度和语言学角度回顾医患之间交流的概况，并就不同学科对医患谈话的关注和相关文献予以评述。我们先重点介绍国外（主要是西方发达国家）的研究，因为无论是在研究的广度和深度方面，还是在研究视角的独特性方面，目前国外的研究水平都超过国内。

2.1　国外医患谈话研究现状

"临床医护人员是文化素养和社会地位很高的群体，担负着向人民进行健康教育、防治疾病和发展医学科学的神圣使命"（李永生，2001：2），而运用语言符号进行信息交流是医患之间最主要也是最重要的交往方式。由于语言在应用过程中具有传递信息、促进交流的作用，特别是临床医务工作者的医用语言对患者及其家属还有心理暗示的作用，因而实际医疗工作中的语言使用直接关系到患者的身心健康、医生的诊疗水平是否得到承认，以及医院的社会形象、经济效益等。可以说，医患关系首先就是建立在一种双向的语言交流基础上的关系。因此，医学语言的运用具有特殊性，远远超出了普通职业用语的作用。

西方医学领域对医患谈话的研究历史漫长。最早，现代西方的医学之父Hippocrates 提出了医学整体观，并指出，疾病的治疗离不开药物，也离不开语言。Hippocrates 认为医生更应该关心生了病的"人"，而不仅仅是他的"病"。那时

Hippocrates 为了治病救人，千方百计寻找疾病的根源。求他看病的人却不能摆脱封建迷信思想的束缚，因此医生和患者的关系非常紧张，只有那些受过良好教育的患者才能理解 Hippocrates。后来经过任命 Hippocrates 终于成了一位名副其实的医生，拥有绝对的权威，并制定了行医规范。医患谈话自然而然地也就变成一种不对等的语言交流。Hippocrates 认为，医生在和患者交谈的过程中，应该不断地调整交流策略，这样才能更好地指导患者最终达到康复的目的。

后来罗马医生 Galen 继承了 Hippocrates 的学术思想，倡导实证医学，他的科学方法论具有重视实验、疾病局部定位、重视形式逻辑、强调演绎法等特点，对后世西医学的发展影响深远。中世纪，穆斯林学者依旧保持良好的医学传统。直至文艺复兴时期，现代科学的诞生使得医学研究将人的机体本身作为研究的对象。生物医学对现今的医学产生了前所未有的巨大影响，研究文献层出不穷，但是对患者康复过程中起关键作用的医患交流却未能得到应有的重视。

20 世纪 70 年代，医患交际被正式确立为一个大的研究领域，自此，文献数量众多，研究方法层出不穷。本节拟对 70 年代以来国外的医患谈话研究进行文献回顾，并总结其特征及趋势。

2.1.1　医患谈话的医学研究

国外从医学角度对医患谈话的研究，可以分成生物医学法与社会关系法、医学满意度两大流派，前者侧重于医学诊疗过程中医患谈话的研究，后者则是探讨医患谈话与就诊结果的关系。

2.1.1.1　生物医学法与社会关系法对医患谈话的分析

顾名思义，生物医学法的研究是采用生物医学框架对医患谈话进行分析研究，这是一种删繁就简的方法。该方法认为，人体的健康首先是机体的健康，是一种生物现象（Mishler，1984），一些国外学者利用这种研究方法展开了众多研究，研究的范围则是针对西医以及与其关联的话语。该方法还认为，医生和患者之间的关系是一种非对称的关系，医生的职责就是针对患者的主诉，找信息、下诊断、开处方。因此，Mishler 认为，医院的医疗培训应当强调医生要拥有科学的技能以及对特殊疾病的诊断与处置；而不要简单地把患者视为普通人或者又把普通人当作患者。但是这种方法仅仅强调疾病对患者机体的损害，却忽略了疾病对患者生活的影响。

也有一些医生在诊疗的过程中，更注重患者的"生活世界"，一些学者因此采用了"社会关系法"的分析框架（Mishler，1984），这样医生就成了最佳听众，他们倾听患者的诉说，让患者成为谈话的主角。Mishler 认为这种以患者为中心的方法更能体现诊疗机构的"人文"关怀，他们尊重患者的尊严，把患者视为普通人，给予患者充分的发言权，在患者的讲述中发现病情找出病因。

多项研究表明，无论是生物医学法还是社会关系法，都是分析话语序列。话语序列由三个部分组成：提问、回答、确认 —— 有时还会对患者的最后一句话发表意见（Coupland et al.，1994；Fisher & Groce，1990；Pauwels，1995）。当然，如果医生在问诊的过程中采用的方法不同，那么其结果也会有细小差别：生物医学法认为医患谈话的话语主要是研究与患者疾病康复和治疗有关的话语，将疾病与患者孤立；而社会关系法则把患者的整体纳入门下，认为人生活在一张无形的社会网络中，只不过是暂时来到医生身边，寻求医疗呵护。

Mishler（1984）探索了医患互动的本质，提出了互动的对话模式，认为医疗话语由两种截然不同的声音（voice）组成 —— "生活世界之声"（voice of life world）和"医学之声"（voice of medicine）。医师的知识来自学校的教育和训练，以及临床实践经验；患者关于疾病的知识来自身体状况的体验或通俗性医学期刊的介绍。医生和患者使用这两种不同的声音交谈往往不易沟通。在医疗诊断过程中，医生往往是从医学的角度来诊断患者，忽视了患者的需求，因此，"医学之声"在沟通过程中占主导地位，而"生活世界之声"处于弱势地位，在交流中时常被打断（interruption）。但 Barry 等（2001）却认为医生在与患者互动的过程中，会根据患者主诉所涉及的生理与心理不同层面的问题随时调整自身的语言，而不是随意打断患者的陈述。

Silverman（1987）发现，医疗话语是一种互动的言语，往往把社会关系框架带入生物医学领域。Cohen-Cole（1991）的三种功能模式则是对 Silverman 的言语互动理论的一种拓展，他认为医疗问诊的过程是针对患者的身体状况和情感与动机需求进行的，并将其划分为三种功能：

（1）收集数据，掌握患者病情；

（2）给予患者情感关怀，创造和谐关系；

（3）满足患者的动机与需求。

这样，医生就可以及时准确地掌握患者的健康信息，指导患者遵循医嘱，并分析和发现影响患者健康的情感因素和社会因素，提高医生的诊疗效果。因此问诊过程的这三种功能是对生物心理模式的运用，有助于医生和患者交流。这种生物—心理—社会模式强调：心理变量和社会变量对疾病的诊疗过程和治疗结果的作用至关重要。实际上这是对"生活世界之声"和"医学之声"的融合，其目的是在诊疗过程中给予患者人文关怀，将患者看作与社会紧密联系的整体。

Todd & Fisher（1993）的观点不同，他们认为医生和患者采用不同的理解方式交流：医生采用生物医学的框架理解交流，而患者则采用社会关系框架交谈。具体表现为，医生想尽快完成诊断，而患者却详尽描述病情并急于想知道有关疾病的诊断结果。Blanchard 等（1988）的研究认为，绝大多数癌症患者希望无论病情严重与否，医生都能将他们的病情如实相告。同时老年人比青年人更习惯于顺从医生的权威，他们并不习惯参与太多的谈话。

2.1.1.2　从医学满意度的角度对医患谈话的分析

从医学满意度角度对医患谈话的分析多采用社会学的理论框架（Burgoon et al.，1991；Cohen-Cole，1991；Neighbour，1987；Roter et al.，1987），该分析方法是以提高患者在诊疗过程中的满意度进而达到患者康复为目的的。

早期的这类研究多试图建立研究医患交流的框架，强调话语的结构和语义（Cassell et al.，1976）。后来的研究则集中在诊疗过程中医生的主导作用（Epstein et al.，1993；von Raffler-Engel，1989）。近来，研究范式发生了转变，更多的研究将患者纳入其中，试图建立一个以医患关系为主导的医患交流模式（Drew，2001；Roter，2000；Stivers & Heritage，2001；Tompson，1998）。然而，还有大量的工作和课题没有完成，譬如针对性别等社会因素的研究（Gabbardalley，1995）。Ong 等（1995）通过对医患谈话文献的整理，将其划分为三种目的：①旨在创造良好的人际关系；②旨在双方交流信息；③旨在做出诊断、治愈患者疾病。

如果医生在诊疗的过程中，能够融合"现实世界"的方法，走到患者中去（Mishler，1984），多用一些"体态语言"如目光相触，给予更多的情感投入，适度鼓励，恰当提问，细心观察，及时反馈，积极引导（如多使用口头语的"hm-hm，ah"等），善于倾听等技巧，那么双方的关系将会变得融洽（Bensing，1991；Ong et al.，1995）。Dowsett 等（2000）通过对肿瘤科医生谈话风格研究后发现：如果医生对辅助检查（如 X 光报告、CT 报告等）的结果，能够先面对患者使用通俗易懂的语言解释说明，再履行诊疗步骤，那么这样的治疗结果要远远好于医生独自下医嘱、开处方。建立良好的医患关系离不开医生的参与，如果医生在诊疗的过程中，拒绝使用上述技巧，或者说不具备应有的素质，那么良好的医患关系便是无源之水、无本之木。

医患谈话过程中医疗信息的交流是一个双向的过程：既是信息的索取，也是信息的给予。对于医生而言，需要患者提供信息，这样才能做出正确的诊断；而患者必须如实地描述个人的症状，让医生理解。虽然许多研究都证明，医生和患者的关系是非对称的，医生的责任重大，"是要下诊断的"（Ong et al., 1995：905），但是为了达到最佳的诊疗效果，双方都有责任和义务。医生既要治疗患者，更要照顾患者。治疗患者需要良好的业务素质和技能，而照顾患者则离不开给予患者情感上的理解与支持（Ong et al., 1995）。

Ong 等（1995）还发现，医生对患者有关自身疾病信息渴望度并不能做出正确判断，常常低估。Thorne 等（2000）提出了的"解脱模式"（emancipatory model），认为医患交流成功的关键和患者对医疗专业知识掌握与理解以及话题的参与分不开。针对患者参与问诊会话而未得到满意的结果这一问题，Heath（1992）对美国本土医患访谈进行录像，并分析其内容，试图了解患者如何接受医生的诊断。研究表明，患者面对医生说明诊断结果的方式无言以对。即便医生宣读结果后留出时间让患者提问，患者有时还是会觉得不自在，不想问任何问题。尤其是当医生手头还有其他事情时，如正在开处方、写病历，患者就更不愿意开口。因为患者始终认为，在这种情况下，同医生说话极不合时宜，因为他预料医生仅仅可能做出"er"或者"oh"之类的应答。

Heath（1992）还发现患者通常极度渴望了解本人的病情，但是对医学常识一无所知，这样客观上就造成双方的信息不对等，因此越来越多的患者试图主动与医生对话。但医生有时会过多地使用医学术语，结果弄得患者一头雾水。于是，患者对医生的医嘱反而置之不理（Daly & Hulka, 1975；Hadlow & Pitts, 1991）。患者虽然对陌生的医疗术语迷惑不解，但是对医嘱却极其敏感。Hahn（1995）发现，如果医生提供给患者的信息量大，那么患者对就诊的满意度就高。如果医生提供的信息通俗易懂，那么患者就会非常配合医生的治疗。McCann & Weinman（1996）做过这样的实验：他们将患者分成两组——实验组和控制组。实验组的患者要在诊疗中活跃、积极，而控制组的患者则限制了他们诊疗中的言行。结果表明，实验组的患者明显较控制组的患者诊疗时间长，而且提问的次数相对也多。虽然两组患者的满意度差异不够明显。但有趣的是，医生如果感到信息交流量增大，那么对患者疾病的了解也就随之深入。该实验证明了医患诊疗中语言的重要性，因为虽然患者的满意度不够一致，但是如果患者提问的次数多，医生对患者病情的把握就会更好。

Ong 等（1995）还认为如果医生在诊疗过程中不占据主导地位，谈话也不那么咄咄逼人，并能做到患者想了解什么，就能解释说明什么给他听，患者对此就会非常满意。当然，交流成功与否与患者的满意度、患者对医嘱的遵循程度以及对诊疗信息的理解程度密切关联。总的说来，患者的不满意由如下原因造成：

（1）医生的态度不够友善，使人感到冷淡，缺乏温暖；

（2）患者的期望值扑空，感到失望；

（3）医生过多使用专业术语，令患者费解。

Charles 等（1997）所谓的"共同决定"（shared decision-making）将医疗接触的过程分成四个方面：

（1）患者和医生共同参与协商；

（2）患者和医生共同掌握信息；

（3）患者和医生共同协商，得出最佳治疗方案；

（4）患者和医生对疾病的治疗达成一致意见。

然而，Stevenson 等（2000）通过对 62 例患者和全科医生的谈话研究发现，所谓的"共同模式"在诊疗过程中并不现实。甚至在一些谈话中（3）和（4）这两个方面根本就没有出现。也就是说，在诊疗的过程中，医生和患者就没有经过协商。因此，所谓的"共同模式"就没能实现。此外，大量研究还表明，要想得到医生和患者双方满意，医生需要考虑患者对知识的渴求。

通过以上研究表明，在诊疗的过程中，如果患者对就诊的过程满意，那么患者便会积极配合治疗、遵循医嘱，这直接影响诊疗的成功率（Burgoon et al.，1991；Gerber，1986；Korsch et al.，1968；Lebarère，2003；Lieberman，1996；Roter et al.，1987；Stearns & Ross，1993；Williams et al.，1998）。也就是说，患者的满意度是和医患交流的成功与否密切相关的。Daly & Hulka（1975）通过对患者进行问卷调查和随访发现，如果患者和医生之间的关系融洽，那么患者就会积极配合治疗、遵循医嘱。Gopinath 等（2000）对印度南部一家癫痫病诊所的医患交流进行研究后发现，积极有效的医患交流与患者的顺从程度正相关。总之，成功的交流应是以患者为中心的，并且直接影响到患者的配合以及疾病治疗的效果（Bensing，1991）。

在对医患交流研究的文献中，对于"顺从"（compliance）这一概念的争论非常激烈（Bissell et al.，2003；Kreps，1988；Thompson，1998；Walker et al.，2002）。患者可以完全不必参与决策的过程，也可以有完全意义上的遵循医嘱。因此 Bissell 等人用"一致"（concordance）一词来表示医生和患者为取得"治疗结合"（therapeutic coalition）双方共同参与疾病的讨论。

Donovan & Blake（1992）发现他们的研究中有 1/3 到 1/2 的患者是不配合的，其原因多种多样。多数是当医生对疾病做出诊断、提供治疗方案之后，这些患者通常会对这些方案计算经济成本，并依照个人情况，权衡利弊，再做出决定。从医生的角度看，他们会对一些患者对疾病的治疗不配合感到不解，但是在患者本人看来，这是再平常不过的事情了。法国学者 Lebarère 等（2003）针对本国的情况也进行了研究，目的是掌握患者经过诊疗热线咨询 48 小时以后，是否会遵循对方的治疗意见。结果是：高达 80% 的患者会积极配合热线给出的治疗方案，因为他们认为推荐的治疗合理，达到了期望值。

此外，医患谈话和其他谈话一样，都要受到社会因素的影响，如：收入、教育程度和性别等。下一节将回顾这方面的研究。

2.1.2　医患谈话的社会学研究

社会学对医患谈话的研究主要指医生和患者的性别、年龄、社会地位和教育背景等因素对医患谈话的影响。国外的文献大多以性别因素为变量研究医患互动（Ainsworth-Vaughn，1994b，1998；Atkinson，1992；Borges，1986；Coupland et al.，1994；Davis，1988；Dawson et al.，2000；Fisher，1995；Harres，1996，1998；Heath，1992；Hein & Wodak，1987；Holmes，1992；James & Clarke，1993；Maynard，1992；Pauwels，1995；Todd，1993；Todd & Fisher，1993；West，1984，1990，1998；West & Zimmerman，1975；Wodak，1996；Menz & Al-Roubaie，2008），而从患者的角度，用年龄、社会阶层、教育背景等作为变量研究医患互动的文献则相对较少。

在西方社会，由于医生职业的特殊性，其选拔制度极其严格，在培养的过程中拥有非常高的淘汰率。医生也就成为了社会地位高、威信高以及收入高的代名词。Helman（1994）认为医生是一种康复的"次文化"，拥有自己的世界观。医师的教育使其在学生时代就获得了较高的社会地位，作为治疗者他们还行使一定的权利和义务，在社会上发挥自身的作用。

其他社会阶层的人受教育的方式和医生截然不同。他们是潜在的患者，生老病死无法避免。Helman（1994）认为，从人类学的角度，疾病是和社会因素紧密相连的。社会地位低下的人群患病的几率比其他阶层的人群要高得多（Navarro，1990；Pollard & Hyatt，1999；Sundquist，1995）。经济收入低意味着健康状况不佳（Blaxter，1987；Navarro，1990）。此外，从跨文化的角度，Pollard & Hyatt（1999）认为，在危地马拉，致死性传染病、枪杀事件、中毒事件以及暴力等无不摧残着男女老少的生命。而这些导致死亡的因素在美国却不具有代表性，因为在那里，吞噬人们生命的却是贫血症和心血管疾病。

年龄、社会地位以及教育背景可以看作是影响医患交流的社会变量。Roter & Hall（1992）根据前人在美国和英国的研究数据分析表明：患者的社会地位和医生诊断的积极程度呈高度的正相关。Waitzkin（1985）也发现如果一个患者社会地位高而且学历也高的话，那么他在诊疗过程中所花费的时间就长并且得到的信息量也大。而且患者的学历越高就越会挑战医生的权威。White等（1984）还认为，年轻的患者比年长的患者更愿意挑战医生的权威。

关于性别因素，有研究表明，一些女性患者认为在诊疗的过程中不断地提问有些不合时宜（McKenzie，2002），而另一些研究却表明，女性患者比男性患者更愿意向医生提问，以求得到更多的信息反馈（Pendleton & Bochner，1980；Roter & Hall，1992；Waitzkin，1985；Wallen et al.，1979）。Roter & Hall（1992）对一家教学医院的100个常规医疗访谈后发现，医生给女患者看病时使用了过多的医学行话。结果这些女患者为了弄清这些术语，就不断地提问医生。他们还特别指出，女性患者比男性患者更愿意向医生提供医学信息，也许是想借此学到更多的技术词汇。

以上社会因素不仅影响到医患之间谈话的进程，而且影响到医生的诊断结果以及对疾病的处治方案。Fisher（1993）发现当年轻的白人女医生和年长的墨西哥裔美国女医生遇到同样的疾病时，如子宫肌瘤，她们的处理结果不同。前者更倾向于采用保守疗法保全患者的子宫，而后者则更愿意施行子宫切除术。Littlewood（1999）

认为对于狂躁症患者，医生更愿意给女性患者开镇静剂。

上述研究多是从社会科学和医学的角度切入，忽略了医生和患者交流过程中的语言问题。下一节，将从语言学的角度切入，分别从医生和患者两个方面回顾医疗话语研究。

2.1.3　医患谈话的语言学研究

语言学研究方法是一种微观的分析方法，旨在研究医患之间交流的相互理解，强调医患谈话中的交流策略以及影响谈话进程的变量因素（性别、年龄、社会地位等）（Blanchard et al.，1988；Charon et al.，1994；Fisher，1955；Fisher & Todd，1986；Irish & Hall，1955；Sundquist，1955）。国外基于语言学层面对医患交流的研究，多数集中在门诊环境下对提问、打断、谈话策略、副语言以及交流失误的研究。从事这方面研究的多是一些有语言学背景的学者。

2.1.3.1　提　　问

Ainsworth-Vaughn（1998：45）曾指出："医学语篇中的问句经常被看做一个显示参与者权势的粗略指数。"医学语篇中患者通常较少提问，而医生占据了绝大部分提问。医生所具有的社会地位和所处的阶层使他们在与患者的交际中处于强势地位，他们可以控制谈话的内容、进度，并通过打断对方的话语、转换话题以及不断提问等方式来实施对对方的控制，彰显权势地位。而患者则处于被动和弱势地位，他们通常以回答医生的提问为主，间或询问病情诊断及治疗情况。不少学者和专家对问句反映出的医生与患者间不对称（asymmetrical）的权势关系进行了研究并做了细致的语料收集和统计工作，如美国的 West、Ainsworth-Vaughn，奥地利的 Hein & Wodak 等。他们对医学语篇中问句的研究大多是通过定性（qualitative）和定量（quantitative）的分析方法来揭示社会阶层、性别以及种族差异等不平等的社会现象。

Frankel（1984，1990）和 ten Have（1991）注意到医患交流中对提问的研究非常普遍，这些研究（Coulthard & Ashby，1975，1976；Kess，1984；Mulholland，1994；Rozholdova，1999；Seijo et al.，1991；West，1984，1990）观察认真、总结细心并且研究方法各异。他们综合研究医生提问的文献，总结出如下特征：

（1）观察提问的语言学形式；

（2）分析医患双方对提问的运用；

（3）对医患交互的功能探讨并分类；

（4）总结提问的使用次序；

（5）探讨影响医生修正自身语言的社会变量因素。

本节根据相关研究文献，着重探讨第（1）（2）两点，即医生提问的语言学形式和医患双方对提问的运用。针对后者，本研究重点回顾医生利用提问控制谈话情况的文献。

2.1.3.1.1 提问的语言学形式

Coulthard & Ashby（1975）详细阐述了医生的提问，并将其归类为：检测交流，即医生通过使用特殊的回应话语（如"good"，"that's right"或"yes"的语调上扬等）确认信息是否传递到下一个话步；转移交流，医生使用"yes"或重复患者的语言；匹配交流，即医生所提问的内容是经过自身确认的，而患者的回答也和医生的提问紧密相连。

West（1984）对医患谈话中提问序列的研究发现，医生的提问占绝大多数（91%），而且他们的提问直接影响到患者在诊疗中的作用。当然，对于问诊过程中的序列型问题和多项选择型问题，给患者自由回答的空间不大，因为此类提问具有很大的限制性，属于"限制结构环境"（constraining structural circumstance）（West，1984：82）。也就是说，这种提问方式预设了回答的内容，医生无非就是想借此再次确认一下已接收到的信息。更为有趣的是，医生通常对大部分患者的提问置之不理，而患者对医生的提问则是有问必答。她发现这种情况多数是由患者语言的不连贯造成。Korsch等（1968）的研究证实了West的观点：医生通常漠视患者的提问。West（1984）还认为如果患者向医生提问，则是对医学领地的侵犯，触动了医生的权威。

Coupland等（1994）针对提问序列的研究发现，医患交流的形式通常属于一种"三项式结构"（three-part structure），即医生提问——患者回答——医生再次发表意见。还有一些学者研究了医生提问的作用，例如如何调节控制患者的参与作用。Royster（1990）提出的"探询问题"（probing questions），认为医生会故意提出一些"探询问题"，目的是为了掌握患者当前的医学知识水平以及对自身疾病的了解程度。Fisher（1993）发现，有些医生在提问中为了了解患者的会话能力，常使用一些策略发问。

当然，提问不是医生获取信息的唯一方式，医生还有其他办法。Bergmann（1992）

研究了大量的心理医生和患者之间的谈话，发现专家们通常不会对患者直截了当地提问，通常是先对某件事情下结论，借此让患者来主动提供信息。Pomerantz（1992）把这种提问的技巧称作"试探法"（fishing）。

Harres（1996，1998）分析了 29 个医患交流的录音片段，发现医生使用"附加疑问句"（tag questions），不仅是一种控制手段，而且是一种融入策略，如"But basically you're feeling well, are you?"等。Harres 认为医生使用附加疑问句有以下几个目的：

（1）诱导患者提供信息；

（2）确认信息并总结信息；

（3）引起共鸣；

（4）提供正面反馈。

总的说来，医生对问题的运用可谓形式各样、复杂纷呈。而患者回答医生提问时的话语方式也会影响医生对疾病的诊断结果。Coupland 等（1994）的研究认为患者对医生发出的"How are you？"等问话的回答极其不具有医学性，他们仅把这类问题当成医生的寒暄语。该研究数据中 80 个诸如此类的问题中有 54 个问题的回答与日常生活的寒暄语相联系。患者的医学诊疗的开始通常从主诉的陈述开始。

Mishler（1984）发现医生常常忽视患者就诊时讲述的个人经历，只对和疾病治疗相关的语言以及针对疾病提问的回答感兴趣。他认为医患交谈具有如下特点：

（1）患者的话语风格影响到医患之间的互动；

（2）如果患者首先使用医学语言会引起"领域争端"；

（3）患者喜欢什么样的治疗方式和方案由患者决定，并且和患者所患的疾病种类相关；

（4）如果医生的谈话策略有利于双方的参与，那么患者就很愿意加入。

2.1.3.1.2 提问的控制功能

多项国外研究表明医患在问答方面存在明显的不对称性。Byrne & Long（1976）研究了 2 000 例发生在英国的医患谈话，通过分析诊断阶段的语言得出：医生不仅控制了整个医患互动过程，而且还控制了患者行为，因此患者的活动只能局限在问答过程的尾部。Shuy（1983）认为医生在医患交互过程中控制交流过程的行为主要表现在提问多、话题控制多以及不让患者有更多的参与机会。此外，Coulthard & Ashby

（1975）早期的研究以及 Ong 等（1995）对医患交流研究文献的回顾中都较为深入地讨论了医患之间提问数量不平衡的问题。Coulthard & Ashby（1976）还发现：①最常见的对应是医生提问启动的信息索取对应，而不是由患者启动的信息提供对应。②当患者提问启动对应时，医生有时不予回应。因此当患者希望提供某些信息时，他只好将其放入对医生问题的回应中。

West（1984）的研究表明，医生的直接提问多于患者，而且医生的问题比患者的更可能得到回答，但双方的间接提问频率大致相等。Ibrahim（2001）发现医患双方的提问显示了医生的中心地位：医生倾向于使用封闭性问题，很少询问患者的社会和心理经历，很少通过询问检查患者是否理解。Cerny（2004）也认为：相比患者，医生在提问的数量、类型上都占绝对优势。

还有一些研究者认为，医生为得到患者疾病的信息，经常采用提问的方式进行问诊，并且控制着整个问诊的过程，但是却常常忽略患者提供的关于疾病以外的附加信息。Jones（2001）发现患者在回答完医生的提问后，经常还会讲一些"有趣"的事情，但是医生们对此都采取置之不理的态度。

Ong 等（1995）认为，医生在医患交流过程中提问和打断是控制患者的一种表现。Buller & Buller（1987）的研究则发现，医生的行为无外乎分为两个类别：控制患者和附和患者。控制患者的表现是：主导谈话、言辞夸张（用以强调某种情况）、举止戏剧化（表现为喜好争辩，交谈中不断地采用各种肢体语言）。Irish & Hall（1995）则发现，医生控制患者的方式主要是用提问打断正在说话的患者。

但 Ainsworth-Vaughn（1998）的研究则证明患者在问答中的被动地位并非绝对：①患者的提问占 38.7%，医生的提问占 61.3%，患者提问的比例显著高于前人的发现。②医生的提问表现了权力，但其中的反问句带有歧义，缓和了医生的权力，认同了患者的自主权。

2.1.3.2　打　　断

国外学者对医患谈话中打断的研究，普遍认为医生打断患者的次数多，即医生在谈话的过程中过多地使用打断。最初，Lakoff（1975）通过内省法研究权势和打断的关系。Byrne & Long（1976）则指出，许多医生不是好听众，在与患者会谈时墨守成规，缺乏变通能力，难以满足患者的需求。Beckman & Frankel（1984）在他们的关键研究中进一步说明这一点。他们通过精神分析法对医生提问时所使用的词语分析，揭示了伴随打断的现象：

（1）医生经常在患者完成开场陈述之前打断患者 —— 平均时间在 18 秒后。

（2）只有 23% 的患者完成了他们的开场陈述。

（3）在 51 个被打断的陈述中，只有一名患者被允许在稍后的时间完成他的开场陈述。

（4）94% 的打断是以医生获得话语权而结束。

（5）在打断患者陈述之前，医生等待的时间越长，所引出的主诉就越多。

（6）澄清式或封闭式的问题是打断陈述的最常见原因，但是医生说的任何话特别是鼓励患者对某一问题给出更进一步的信息也可能会导致陈述中断，这可能令人感到惊讶，竟然包括医生对患者话语的反馈。

（7）在 51 次接诊中就有 34 次是医生在患者讲出最初的担忧后就打断。显然，假定的第一个主诉是主要的。

（8）被允许完成开场陈述而不被打断的患者，绝大部分用时不足 60 秒，即使鼓励他们继续，也没有人用时超过 150 秒。

Beckman & Frankel（1984）明确指出，即使是对患者初始陈述的轻度打扰，也会导致重要的主诉在会谈后期才说出来。如果要求患者就某一问题提供更多情况，那么就限制了他们的选择，阻止了他们提供进一步的信息。当医生以打断而介入时，实际上就迫使患者面对一个必须回答的问题。例如，患者谈到头痛时，但是却在他们提到最近的心悸和婚姻问题之前被打断。

Marvel 等（1999）进一步扩展了 Beckman 和 Frankel 的研究。在一项对经验丰富的家庭医生研究中，他们发现，从医 15 年的医生打断患者陈述的平均时间仍旧非常短暂（23.1 秒），只有 28% 的患者完成了他们的开场陈述。尽管医生后来可能很想让患者完成他们的开场陈述，但是这也只发生在 8% 的访谈中。Rhoades 等（2001）的研究发现，在被家庭医生和内科住院医师打断之前，患者平均讲述的时间只有 12 秒。在 25% 的情况下，住院医生会在患者结束讲述之前打断他们。Langewitz 等（2002）继续研究了 Marvel 等的研究，不过他们把研究放在了瑞士三级转诊中心的内科门诊，此中心收治的患者以"疑难杂症"为特点。他们认为，医生之所以如此频繁地打断患者的陈述，是因为医生们假定，如果允许患者想说多久就说多久，就会影响医生的时间安排。Langewitz 等想知道，是否真的会发生这种情况。该研究的样本包括

335 名第一次来此就诊的患者和 14 名有经验的内科医生，这些医生都经过培训，能积极地倾听患者陈述而不去打断，直到患者表示他们的主诉列表已经完成。患者不知道会被记录时间。尽管该三级转诊机构患者病情复杂，但患者自发讲话的平均时间只有 92 秒，并且 78% 的患者在 2 分钟内结束。有 7 个患者的讲话时间超过 5 分钟，但是他们的医生感觉他们提供的信息非常重要，不应该被打断。

关于性别因素影响打断的经典研究当推 West & Zimmerman（1975）的研究。其结论是：异性之间的会话，98% 的打断由男性做出，她们认为这是男性控制会话的例证。后来 West（1984）研究了男女医生与患者之间的会话，发现男医生总体发起的打断占 67%，患者发起的打断占 33%，符合打断的权势模式。然而当她考察女医生与男患者之间的对话时，发现女医生总体发起的打断只有 32%，而其男患者发起的打断高达 68%（West，1984）。这一结果显示男女之间会话的打断模式即使当女性拥有较高的社会地位时亦是如此。

Holmes（1992）和 West（1998）的研究则发现：不考虑职业因素，女医生相对于男医生更容易被被患者打断（不考虑患者的性别因素），因此他们的结论与下面 James & Clarke（1993）的结论正相反，性别是影响医患互动过程中打断的主要因素，而非身份因素。

Samel（2000）的研究则认为影响打断的主要因素是社会地位，而不是性别，即社会地位越高就越喜欢打断对方的谈话。James & Clarke（1993）通过对发表于 1965—1991 年的 40 余个相关文献的研究，发现性别对打断的影响微乎其微。因为他们认为本身这些研究的方法有错误、没有使用日常交际中的语言作为语料而且数据计算也都或多或少地存在错误。

Menz & Al-Roubaie（2008）通过运用定量和定性分析相结合的方法，分析了 576 个医学访谈的片断中的 48 例谈话的打断特征，发现排除性别因素影响，打断的主要特征是：医生通常使用非支持性打断（non-supportive interruption）干扰患者的谈话（$p=0.000$）；相反，患者很少打断医生的谈话（$p=0.034$），尤其是对主治医师的打断比实习医生低得多（$p=0.003$）。此外，和传统观点相悖，该研究还表明：医生对患者打断的次数越多，其医患互动的时间相对也就越久。

此外，Irish & Hall（1995）利用录像研究医患诊疗过程中互动双方的打断和重叠现象也得到了和传统观点不一致的结论。他们发现患者的言语行为比医生更加活跃，通常患者使用陈述句打断医生的谈话，而医生则通过提问打断患者的谈话。

2.1.3.3　谈话策略

在医患谈话中，患者的参与度很大程度上是由医生决定的，并受到医生机构谈话中的语言学特征和谈话策略的影响（Thorne et al.，2000）。患者贫于参与谈话使得医患互动呈现一种非对称的形式（Heath，1992）。Mulholland（1994）则认为，医生的指令（directive）可以分成单一指令和多向指令两种。所谓单一指令是指在医生的一段谈话里只包含一个命令，而多项指令则包含多个命令。多项指令被视作一段谈话中连贯的单位，对医生而言，患者所要完成的无非就是"一份单一的复杂工作，一套单一的相关工作，或者说是一系列目的一致的工作"（1994：75）。因此，在 Mulholland 看来，医患之间的交流完全是一种互动的现象，这与 West（1984）观点截然相反，后者认为医患交流只不过是由独立指令构成的一个整体。

许多学者针对医患谈话的非对称式互动结构，研究了会话策略。例如荷兰学者 ten Have（1991）通过运用批评分析框架对医患谈话分析后发现，医生有时会在交谈的第三个话轮处，使用语气助词，如"oh"等。这不是对患者谈话进行评判的语言，而是相邻语对之外的后续话语。Atkinson（1992）针对 Bensing（1991）研究的诸如"mhm o.k."和"mhm, ah"等第三个话轮，进行更为深入的研究，得出：第三话轮的使用说明交谈双方的内容具有一致的意向。Coupland 等（1994：117）通过对数据中的第三方词汇记录分析后得出，"用'串联词'这一术语用来概括以下词汇是再恰当不过的了。它可以表示句子中使用高升调的非具体表达所指的词汇（如 uh-huh 或 yes），或者可以表示使用降升调的词汇（如 Not well？）—— 这种情况多出现在针对一段总结性的陈述，需要患者发表看法的时候使用"。Coupland 等还指出，这种第三方的串联词可以促使患者继续谈论自身的情况，但是如果这种串联词是以一种低降调说出的话，也能限制患者继续讲话。

患者参与医患交流的方式也有变化。交流能力的获得对于患者来讲并非易事。Lacoste（1981）研究了患者与医生之间因为知识储备的不对等，而采取的让医生明白自己需求的策略。她举了一个关于"领域争端"（territorial disputes）的例子：一位患者使用了一个不恰当的、学术的词汇描述他的症状，造成了气氛的紧张。这似乎在提示患者应该停留在自己的领地，不要越界。如果当真出现了此种情况，医生就会表示不满，采取"沉默"的策略，或者引发新话轮（比如：提问题等），使用正确的术语予以纠正。而患者则会使用"戏剧化"（dramatization）的方式达到个人目的，或使用特殊的话语策略与医生周旋，比如：嘲笑、自我讽刺等（Grainger，2002；Lacoste，1981）。

2.1.3.4　副语言

Bensing（1991）观察到，医生和患者之间的目光接触可以使双方的关系变得融洽。Ong 等（1995）、Parrott 等（1989）和 Parrott（1994）的研究则表明，医生和患者之间如果身体发生碰触，或是双方距离很近，都会被患者认为是侵犯隐私。但是 Scarpaci's（1988）对智利患者的研究却得到了相反的观点：智利患者认为如果医生和他们靠近，他们不会感到任何不适，也没有感到隐私被侵犯。Scarpaci's 的研究在 Villa O'Higgins 诊所进行，该诊所位于"低收入人口聚集区"（Scarpaci，1988：200），其目的是为了考察智利患者对国家健康服务系统的满意度，结果表明医生面对生活贫困的患者，需要通过倾听他们的谈话，并在体格检查时触摸他们身体部位，以此表示情感上的支持。

2.1.3.5　医患交流失误

当交谈双方语言不通，各自文化背景不同时，医患交流就会出现障碍。这种情况在美国极其普遍，比如当一名讲西班牙语的美国患者（来自中美洲，现居住美国）到医院看病，和美国本土医生交流时就会产生障碍，即交流失误（Erzing，1989；Kline & Acoxta，1980；Munoz，1981；Prince，1986）。

当然，即便是语言相通，文化背景相同，医患交流的失误也无法避免（Bamberg，1991；Byne & Long，1976；Thompson & Pledger，1993）。例如，虽然医患双方在就诊过程中的目的一致，即解除患者病患，但是，由于双方对疾病治疗的观点不同，也会造成交流失误。医生认为，医患之间的交流是在生物医学和社会关系框架下的交流，即以疾病治疗为中心的交流；而患者则多从社会文化和心理层面考虑自身的健康状况，需要得到更多的人文关怀，这是以患者为中心的交流（Andary et al.，2003；Helman，1994；Mishler，1984），于是在就诊过程中失误层出不穷。

Rehbein（1994）发现医患双方对疾病的认识不一致会导致图式冲突（schema conflict）（Tannen & Wallat，1993）。Rehbein（1994）曾经研究过这样一个病例，一位讲西班牙语的患者去找讲德语的医生看病，由于语言的不同导致了肥胖症和精神病之间的混淆。患者要表达她的肥胖症为遗传，令她精神错乱。在她个人看来，

"精神错乱"是形容词，乃疯狂之义，用来描述个人的精神状态。但是，在德语中"精神错乱"和"疯狂"是两个词，前者为疾病名称，是名词，而后者才是形容词。因此，医生认定这名患者是在描述两种疾病（肥胖症和精神错乱）。Kleinman（1980）认为应该采用一种"解释模型"（explanatory model）来阐释疾病，包括疾病的起因、发生时间、致病原因、严重性以及相关的治疗措施都应给予详细解释，并针对不同的人群和职业采取不同的解释模型。

2.1.4 讨　　论

目前国外对医患谈话的研究，从总体上看可谓蔚为壮观，其突出的特点是：研究人员众多、科学性强，研究角度广、涉及面宽。

从研究人员的构成上看，有医务工作者、社会学家、语言学家等。他们对医患谈话的研究较为深入，总结其中的规律，或提出独具特色的分析模式，或高度概括话语模型，具有极强的理论性。此外，国外的研究采用定量和定性分析相结合的方法，结合问卷、访谈等，说服力和解释力较强。

从研究的角度看，生物医学、社会关系、语言学以及社会学各个角度，详实且深入。在研究的微观层面，既有对医生语言特点的研究，又有对患者语言的概括，因此涉及面宽广。但是从医生角度进行的研究，无论是文献数量，还是研究深度，都远远超过从患者角度进行的研究。

2.2　国内医患谈话研究现状

相对而言，中国学界研究医患谈话起步较晚，研究方法主要以西方语言学和医学两大理论为支柱，衍生出三大阵营，分别为从语言学、医疗语言学和医学角度研究医患谈话。此外，还综合运用了会话分析、社会语言学、语用学等学科的成果与研究方法。因此，我国医患谈话的研究呈现出独特的研究方法和多元的学术视角。

2.2.1　医患谈话的语言学研究

语言学理论的研究方法主要是借鉴西方语言学理论的研究成果，包括社会语言学、语用学、话语分析，通过实证研究，分析中国医患谈话的某些具体特征。

2.2.1.1 社会语言学对医患谈话的研究

从医患谈话的社会语言学研究角度看，医患谈话中存在诸多的不对称性，因此医患谈话与权力密切相联。在诊疗过程中，医生以语言为工具而完成医学任务。由于医患谈话作为权力实现的载体而引起了社会语言学家的关注，他们将医患谈话的不平等性引入到医患谈话的研究中，来描述医患谈话的特征。对医患谈话，甚至是机构语言与权力的研究是当今机构语言研究中的一种趋势。

Zhao（1996，1999）通过对中国医生与患者谈话的录音语料分析，结合问卷调查发现，医患互动过程中的问题绝大多数由医生发出，患者的提问占极少数；医生控制话题并随意打断患者的话题；医生较少向患者说明诊断结果、解释病情。此外，医生也会采用诸如寒暄等策略缓和这种机构权威。问卷调查则显示，患者对医生不说明诊断结果的做法感到不满。

蔡美慧和卢丰华（2001）发现了医患沟通过程中问答句使用状况所显示的医师与患者之间上对下之不平等的互动关系，并提出适当的响应患者可以营造一个较平等的互动。

王晋军（2002）通过定量分析发现，医生在与患者交流中使用不同的问句类型，其语用内涵不同，从而揭示了医生和患者间存在不对等的权势关系，也反映出医生和患者使用的问句与礼貌策略有关。

刘芳（2003）从专业术语、称呼、祈使句、打断和人称代词等方面对比了五篇中外医生与患者之间的对话，论述了医患之间对称和不对称的语言表现及其成因，并就双方如何改善这种不对称关系提出建议。

张海燕（2003）对门诊医患对话进行了实地调查和录音，通过统计分析发现：医患之间语言交流时间短；医患对话语言形式不对称；医生使用的医学术语阻碍了医患之间有效的沟通。文章从社会语言学的角度分析了以上语言问题的社会原因之后，得出结论：医患之间地位不平等，医生处于主动地位。

郑欢（2005）通过研究医院门诊医生与患者的对话，结合问卷调查，得出中国医患门诊会话呈现出明显的不对等性的结论：医生通过不遵守诊疗开始和结束的惯常模式，过度使用提问，过多打断患者和控制谈话话题等方式来行使其权力和显示权威，而患者大多对医生的态度和支配行为表示服从，并予以合作。这种权力关系的不对等反映了医疗机构赋予医生与患者内在角色的不同。由于医疗机构的内在属性和医疗服务工作的程序化特征，这种不对等的存在是必然的。

关敬英（2007）基于医患沟通语料，具体考察了男女医生使用附加疑问句的性别差异，以及医患双方使用附加疑问句的不同。文章指出，医生使用汉语附加疑问句的总体性别差异不明显，但医生使用附加疑问句远远超过患者。

史磊（2007）将医患会话定位为垂直型会话，即"权势对话"，并从话轮、打断、对答和修正四个方面考察了医患双方的话语所呈现出的不同特点。

以上研究均表明，医患谈话存在明显的不对称性，医生控制了整个医患互动过程，处于主动地位。医生在医患互动过程中控制交流的行为主要表现在，提问和打断多、话题控制多、医学术语使用多、对患者使用祈使句多，这样就造成患者参与机会少，处于被动地位。

2.2.1.2　语用学对医患谈话的研究

语用学对语言使用效果的研究，也适合医患谈话运用的要求，因为追求最佳语言表达效果，长期以来中国的医患谈话语言学研究，均以语用学为主要的研究方法。一些学者通过运用语用学的原理分析中国的医患谈话，或验证、或批评、或借鉴、或修正，从各个角度丰富和完善了语用学原理。

Jiang（1999）通过门诊会话语料验证了合作原则在中国医患谈话中的适用情况，他认为，无论是数量准则还是质量准则在中国的医患谈话中都有违反的现象，尤其是对质量准则违反的情况较普遍，其他准则则遵守严格，没有发现违反的现象。并认为合作原则适用于中国的医患谈话。

霍永寿（2004）提出的"语用调节论"则丰富了语用学原理。他从语用调节论的角度研究中医诊谈活动类型中弱化现象的运作机制及动因，解释了中医诊谈互动过程中医生和患者如何使用弱化这种语言调节手段或语用策略手段来调节其诊谈互动，从而使双方的社会行为保持在最佳和谐状态。该研究还回答了对中医诊谈活动中弱化手段的应用在多大程度上支持语用调节论的基本假设和观点。

梁雪清（2006）通过采访和录音，从礼貌原则出发，研究了医生使用委婉语的情况，认为医生与患者之间的对话成功与否直接影响医疗效果。医生话语的礼貌性不仅是职业道德素质的体现，也是一种疾病治疗技巧。

谢刚（2007）以医患谈话的语料为主要分析材料，并运用相关的语用学理论，如 Grice 的会话原则，Verschueren 的语用适应性原则和 Leech 的礼貌原则，对模糊语言的语用功能进行微观和宏观的分析。他从医生和患者的角度分别分析了使用模糊语言的因素和动机。

刘兴兵（2008）研究了医患门诊会话的三个宏观方面：医患合作、医患礼貌、医患门诊会话互动的对应结构。他还揭示了三个微观现象：患者话语中兼有信息索取功能的确认性问话、医生话语中小句末尾的"噢"、医患之间的言语打断。文章梳理出门诊会话的宏观和微观语用面貌，医患之间的角色关系和权势关系对语用面貌的影响，并对医患会话实践和医患关系提出了建设性意见。

于国栋和郭雪颖（2008）以医患关系中的产前检查为例，从回述（formulation）的定义出发，分析了信息发出者和信息接受者与回述之间的关系，并揭示回述在医患双方获得准确信息、促进交际顺利展开、保证医疗就诊顺利进行中的作用。

马菊华（2008）通过对语用与修辞的比较，研究了医患言语交际中，医者一方言语表达的得体性，并从内容和方式两个方面分析了得体性的评价标准。医患言语交际得体性的偏误主要表现在信息的失量、言辞的生硬、表意的直露、技巧的贫乏、非言语信息的缺失等方面。医患言语交际的得体性可以通过内容和方式两方面实现：内容的实现贯串在医患交际的环节中，方式的实现则是同一形式的选择、交际语境的管控和交际过程的调节。

于国栋和侯笑盈（2009）从医生和患者两方面分析了极致表达在医患会话中的运用，还分析了双方话语中极致表达运用出现差异的原因。

2.2.1.3 话语分析对医患谈话的研究

从医患谈话的话语分析研究角度看，当今的语言学家们不再局限于语言系统本身的研究，而是转向语言在社会实际中的应用研究。同时很多学者发现医患谈话作为一种机构语言是非常独特的语言资源。这样就促使一些对医患交流研究感兴趣的语言学家，在医学领域从事"田野工作"，并取得了丰硕成果。

有些研究者把会话作为一种动态的社会过程来分析，如 Gu（1996）关注医患谈话的话语分析模式，提出"目标分析法"（goal ananlysis）对医患谈话进行分析，包括：探讨医患双方的目标实现行为；分析双方目标实现过程中的话语进展；考察医生和患者之间如何通过谈话处理人际关系。Gu（1997）又通过对北京某医院护理站的语料分析，丰富了医患谈话的话语分析模式。

另外一些研究者关注医患谈话的对话模式，如金燕（2006）通过分析浙江两座城市六所医院的录音语料，研究了医患谈话的三个方面：首先是医患谈话的类别，认为中国的医患谈话符合 Mishler（1984）的互动对话模式，其次，对医生和患者双方的提问加以分类，最后比较了医学语言与日常语言的不同。

于国栋（2009）的研究则关注会话的序列结构。他采用会话分析的研究方法，对产前检查中建议寻求 / 建议给予这一序列结构进行总结后发现：孕妇的建议寻求方式分表述类和询问类两类，并分析了这种序列组织出现的原因。

2.2.2　医患谈话的医疗语言学研究

这是我国本土的医患谈话研究，也称作"医疗语言学"。它与国外医患谈话研究的重心有所不同，体现为不同的理论诠释和实践经验。医疗语言学最大的特点是研究者既有语言学背景又有医疗实践经验，因此能将二者高度融合，总结临床实践，归纳医患谈话特征，自成体系，其最终目的是规范和改进医患沟通。代表人物是姜学林、李永生和他们的研究团队。

姜学林（1998）最先确立了医疗语言学的概念，具有开创性的意义。随后姜学林和曾孔生（2000）出版了对其拓展和增补的专著。这两部著作构建了医疗语言学的理论框架，具有较强的理论性，他们从语用学、社会语言学、文化人类学、心理学的角度系统分析了医疗言语环境下的"医学的语言和言语"的特点和规律。研究内容涉及医患沟通过程中语言和非语言符号的运用规律和规范，包括预防、保健、康复工作中医务人员的言语行为和规范，以及与医学活动相关联交际性言语行为和规律。这些对医学语言系统的研究和总结，为提高医院语言质量的研究提供了理论基础，具有开创意义。

姜学林（2008）结合建设和谐社会的目标，又对其研究成果进行更新、补充、扩展，提出"医学沟通学"的新概念。这不仅对于构建和谐医患关系，促进和谐社会建设，具有重大意义，更是医学自身可持续发展的内在要素。其研究增加了人际关系、医患关系和医学模式、医患角色医患交际心理、思维博弈和医生临床沟通策略等章节，丰富了医学沟通的理论框架、医学与社会沟通的理论框架，针对我国当前的医患关系现状，介绍了医患沟通的具体环节和技艺，对医患关系的实践具有指导意义。

李永生（2001）以及李永生和朱海兵（2005）的研究则提出了"医务语言学"的概念，并系统地阐述了临床医学语言的基本概念与原理、作用、运用的原则与艺术，对医疗实践具有较强的指导意义。

2.2.3 医患谈话的医学研究

运用医学的方法对医患谈话的研究文献众多，主要是一些临床医务工作者从医学的角度开展的研究工作，以总结医患谈话的技巧为主。研究的目的是要通过研究医患谈话，适应新的医学模式转变，改善医患关系，提高医务人员职业素养，防范医疗纠纷。这类研究又可以分成医患交流的语言特点和医患交流的语言技巧两类。

2.2.3.1 医患交流的语言特点

语言既是思维的工具，又是交流的工具。语言的使用应同主体的社会角色相一致。医生的"机构语言"属于医学语域，因此医患交流中的语言具有鲜明的特征。

翟兴生（2001）认为医生在社区为患者服务时，医生语言应用的妥否直接影响着患者病情转归与治疗效果，并不同程度地反映出医生的医德、医术、医风水平的高低。因此总结出医患用语的五大特征：文明性语言、解释性语言、保护性语言、暗示性语言、严谨性用语。程晓斌等（2003）认为现实生活中，由于双方在医疗服务过程中的"地位"的特殊性，使医务人员与患者的交谈方式和交谈内容等方面的不同，并直接影响到医患关系的好坏。徐仙兰等（2003）论述了医生职业语言的基本特征，并分析了诊断、医学检查与遗传咨询、治疗过程三个环节中医患语言的基本特征。梁峰霞（2004）通过分析门急诊语言、病房语言、辅助诊疗语言的语境及其特点，提出了医生之间的语言是临床医学语言的一个重要的语境。王茜等（2006，2009）分析了医学模糊用语和医疗抚慰语言的产生和特点，认为这样有利于医护工作者更加准确地掌握此类语言，提高自身的语言表达能力。胡邦岳（2007）则对医疗言语行为的实质探讨了语境对医疗语言的干涉，从而提出了医疗语言的前景规划。

当然，医生与患者交谈所使用的语言，应遵循一些基本的语言学层面的伦理学与方法论原则（徐仙兰等，2003；王茜等，2006，2009）。此外，医学语言的质量问题也是医院管理的重中之重，医院要形成医学语言质量意识，构建质量管理体系（王茜等，2007）。

2.2.3.2 医患交流的语言技巧

医患交流的语言技巧也是研究者关注的焦点，尤其是在医学模式转变后，强调医学的人文关怀，要求医生必须了解和掌握此类语言的交流技巧，因此，相关的研究文献层出不穷。普遍认为，医生的语言表达艺术是医生在医疗过程中医技水平、职业道德、业务知识等诸方面的综合体现。

钟友彬（1993）分析了医生和患者之间信息沟通的障碍，对提高医患之间的沟通效果有很大的借鉴作用。陆苇（1998）就口腔正畸临床治疗中医患之间语言交流的地位、基础和技巧做了较为详细的论述。认为医生在培养高尚医德的同时要加强语言表达能力的培养，要能够熟练地把理性的、抽象的和精确的医学专业术语用浅显的语言传达给患者。毛屏（2000）总结了医患交谈中为避免医患纠纷应注意的几点：避免简单粗暴，做到耐心细致；避免态度生硬，做到以诚相待；避免无的放矢，做到分寸得当；避免文人相轻，做到相互尊重。张国芳和余晓平（2000）运用语言符号进行信息交往是医患间最多见也是最常用的交往方式，可以说医患关系首先是一种语言的关系，医务人员由于其职业的特殊性决定了医务人员在医患关系中始终起着主导作用，由此决定了医务人员在医患交谈中也始终处于主导地位。医务人员既要善于与患者交谈，又要注意交谈的方式方法，这对提高医疗成效大有帮助。为此，必须有意识地加强医学生和医务人员在医疗语言学方面的教育，提高他们在这方面的修养。

曾昭耆（2002）认为医生要辩证地使用微笑服务语言并慎重地解释病情，不是所有的场合都要使用微笑服务语言，针对不同病情的患者要使用不同的语言风格。李义军（2003）通过调查发现医学生医患关系沟通缺陷，不适应新医学模式下医务工作。认为应从接诊时要从注意谈话方式及内容、善于和患者交谈、要养成诚恳慎言的习惯等六个方面加强对医学生的医患关系沟通教育，培养出适应新医学模式的医学人才。蒋樟勇和何瑾瑾（2004）提出减少医患双方分歧、消除医疗纠纷必须注重医患间的心理沟通，而良好的语言沟通是医患双方心理沟通的主要形式，并阐明医生应如何正确理解患者的语言、表达自己的意图。

李静（2004）虽然是研究临床医用语言的语用规范，但是是从临床教学入手，因此本研究将其归入医学研究范畴。其研究指出：临床医用语言在医患关系中的语用规范包括三个方面，即普通规范，要通俗易懂；专业规范，要准确洗练；审美规范，要优美动听。此外，这三个方面的规范在语用中又是层层递进的关系。邱立平（2004）通过讨论语言与医患关系的内涵及其影响，认为学习研究以及使用语言技巧在促进医疗服务质量和医患关系的和谐发展中将起到积极作用，并提出门诊医疗活动中医患语言交流的"四忌"：说话忌生硬、说话忌省略、说话忌正话反说、说话忌急躁。刘群（2005）阐明医生作为一项特殊的职业，在面对一些疾病缠身而心理脆弱的患者时，更需要讲究高超的语言艺术：一是巧用语言暗示；二是交流尽量在谈笑中进行；三是做到"口有遮拦"。

姜学林（2005）为适应中国医学模式的变革和医学人性化服务的需要，精选了近年来我国医患沟通的 120 余个典型案例进行评析。全书体系完整清晰，事例生动新颖，融真实性、科学性和实用性于一体，对于各级医院开展医德医风教育、提升医患沟通技能和提高医疗服务质量具有借鉴与指导作用。

任爱民和王闻平（2006）的研究表明医患交流不是简单的医患对话，而是要通过医者应用医学伦理学、心理学、社会学、行为学和语言学等多方面的知识，达到医患之间信息交流的最佳效果。

张淑清和李红玉（2007）提出医生既要善于使用美好的语言，又要善于引导患者谈话的语言使用技巧，力图使医务工作者以良好的心态从事医疗事业，推动医院科学的发展。杨丽娜（2008）通过对医生语言表达艺术的剖析及其在医疗过程中主要体现的总结，揭示了医生的医疗语言艺术的复杂性和重要作用。其中，医生的语言应具备准确得体、通俗易懂、适当使用模糊语言等特质。

另外，还有学者从患者依从性的角度研究医生的语言。吴铁坚和杜瑜（1988）就认为患者的不依从是提供适宜医疗卫生保健和提高医疗卫生服务质量的主要障碍之一。许多医生忽视了不依从现象，并且没有认识到不依从的含义和原因，这样导致了医生缺乏辨别依从性的能力，并指出用通俗的语言与患者交流、使医嘱简单明了等策略可以提高患者的依从性。

这些研究的共同点是，针对医患关系的现状和存在的原因，提出医患沟通的语言处理原则，并一致认为，进行有效沟通首先需要转变服务模式，加强职业道德教育，提高医务人员的自身素质；其次还要尊重患者的权利。

2.2.4 讨　论

国内医患谈话研究在最近 20 年中，无论是专著还是论文在数量上都呈现逐年上升的趋势，形式上可以说是百花齐放。

在研究方法上，借鉴西方语言学理论对医患谈话的研究通过实地观察、田野调查，并对医患谈话进行现场录音并将其转写成文本语料，在定性研究的同时注重定量研究，利用统计学的研究方法，对收集的语料进行统计分析。采用的语言学分析方法包括社会语言学、语用学和话语分析，为医患谈话的研究提供了动力和方法。其他对国内医患谈话的研究总体上是采用传统的医学、心理学、语文学、修辞学和逻辑学等的方法，较少借鉴诸如话语分析法、语用学方法、言语行为方法、语料库语言学方法等语言学研究方法。因此，研究方法上多采用定性分析和经验总结，很少使用定量研究、实证分析。

从研究意义上看，借鉴西方语言学理论对医患谈话的研究多倾向对语言现象做具体分析，有一定的深度，并修正、充实了西方语言学理论，为医疗实践提出了建议。中国医疗语言学的确立，开创了新的语言学学科，完善了语言学体系，规范了医生行医准则，对改善医患关系、健全医学教育课程体系、塑造医学人文精神以及提高医疗服务技能都有开创性意义。从医学角度对医患谈话的研究，多半是从事医学实践工作人员理论与实践的经验总结，因此具有很强的现实意义，对提高医务人员的实践技能以及改善医患关系具有极大的借鉴意义。

此外，从研究的场合和对象看，我国的医患谈话的研究涉及医院门诊、病房、辅助检查科室等各个医疗场合；研究的对象包括医生、患者、护士等。

2.3　小　　结

综上所述，就医患谈话总体的研究来说，无论是国外还是国内的研究在最近十几年中都已经取得了长足的发展。我们对医患谈话所做研究之总体评价是：研究领域广，涉及医学、语言学、社会学等各个方面；研究方法多，涵盖社会语言学、语用学、话语分析、医学、心理学、语文学、修辞学和逻辑学等；研究人员多，包括医务工作者、社会学家、语言学家等。可见医患谈话的研究具有极其旺盛的生命力。

但是，对医患谈话的研究也有不够完善的地方，最为突出的一点是，无论从医学角度研究，还是从语言学角度研究，都各自为政，少有融合，即使是国内学者创立的医疗语言学，也仅仅是从医学角度探讨语言的使用，而针对语言学研究，从社会语言学角度辅用临床医学知识分析医患谈话，目前在国内学界还很罕见。

当然，其他不够完善的地方还包括，研究医生语言的偏多，研究患者语言的偏少；问与答分开单独研究的多，两者结合研究的少；静态研究的多，动态研究的少；研究一般问答的多，研究具体话语活动中的问答的少。到目前为止，在语言学领域，学者们所进行的研究多数是针对医患谈话某一方面、某一具体话语特征的研究，其研究成果尚未形成体系，医患谈话这一话语类型的丰富内容仍有待我们进一步开拓，特别是对中国的医患谈话的语言学研究仍处于起步阶段。

总体而言，国外的研究虽然无论从深度和广度来说，都超过国内的研究，但是国外的医疗保健制度与我国的毕竟不完全相同，而且汉语与外语有很大区别，因此，国外的结论不一定适合中国的国情。当然，我们的研究结果也可以用来检验他们的结论，以便得出语言研究中一些普遍性规律。因此，现实需要我们从不同角度，用不同方法，通过不同途径，对医患谈话进行新的研究和探讨，以丰富我们对医疗语言的认识。

第三章　理论基础

本章论述医患谈话研究的理论基础。首先介绍会话分析（Conversation Analysis）和互动社会语言学（Interactional Sociolinguistics）的核心概念，然后以这两个理论作为本研究分析方法和理论模型的依据。最后再介绍权势、合作原则以及图式理论等相关概念，并以此作为阐释本研究结果的理论基础。

3.1　会话分析

会话分析是一个专门的学派，主要分析日常交际言语，并发现其规律性特征。会话分析由美国社会学家 Sacks、Schegloff 和 Jefferson 等于 20 世纪 60 年代开创。这一学派把社会交往中平常、琐碎的日常谈话提升为科学研究的正当对象，并对会话原则、规律、结构进行了系统、深入的研究，提出了一整套分析的概念和工具。在会话分析家眼中，会话既脱离语法，又脱离宏观的社会结构，因此必须进行独立的分析。他们通过录音等手段记录自然发生的会话，然后运用一套特定的符号对所收集的语料进行转写，再把一段会话分解成话语流、话轮、话步等等，通过对这些会话单位之间的关系，如话轮转移（turn-taking）、会话修补（repair）、相邻语对（adjacency pair）等进行详尽的分析，来展示会话效果产生的过程，它的最终目的是要从人们日常会话中常见但未被注意的现象中发现人们理解和把握世界的方法（刘运同，2007）。语言学家很快采用了这种社会学的研究方法，对日常谈话、小组讨论和课堂话语等进行了研究。

会话分析自诞生以来广泛应用于语言学、应用语言学、人类学、交际学等学科。最初，会话分析着重描写日常随意谈话（casual conversation）的组织结构，这种会话指朋友和熟人之间面对面对话或者是电话上的闲聊。但是会话分析并非如名称暗示的那样，只研究日常的会话，实际上还研究各种各样的谈话形式（刘运同，2007）。因为无论是正式会话还是随意闲谈都受规则的支配。谈话者只有在会话中创造条件，才能使对方有可能正确理解自己。比如，你想结束谈话，那么必须为结束谈话做出铺垫，否则就要被误解；又如，如果你想明白一个问题的答案，那么你必须首先弄明白这个问题；再如，如果你想听明白一个双关语，你必须回顾交际中已经发生的事情，重新审视它们，重新理解（Gumperz，1982）。对于诸如法庭、医患、课堂等机构谈话的研究，在会话分析的早期就已经展开了，如今"会话分析已经成为该领域的主流研究范式"（Koester，2006：12）。

3.1.1 核心概念

会话分析的理论框架中包含着许多重要的概念，譬如话轮转换、相邻语对、可取结构、修正机制等，这些也是民族方法论者概括的有关会话结构的一些重要特征，被称作会话分析的心态（conversation analytic mentality）（Schenkein，1978），即看待和分析会话的独特方式。下面我们就对本研究涉及的一些概念进行简要概括。

3.1.1.1 话轮转换机制

话轮（turn）是会话的基本单位，是指"在会话过程中，说话者在任一时间内连续说出的一番话，其结尾以说话者和听话者的角色互换或各方沉默为标志"（刘虹，2004：46）。刘虹还提出衡量话轮的两个标准：一是，说话者的话是否连续说出，即中间没有沉默等放弃话轮的信号。二是，是否发生说话者和听话者的角色互换，如果发生就标志着一个话轮的结束和下一个话轮的开始。Sacks等（1974）提出，在英语中话轮可由不同的语言单位构成，如句子、从句、短语和单词。会话最大的特点是话轮的替换。Sacks等通过对会话资料分析，发现会话参与者之间的话轮转换具有一定的规律，从而提出了会话分析中的一个重要理论：话轮转换机制（turn-taking system）。话轮不仅包括话语的时间长短，还包括分配给说话人的话语权（conversational floor），即说话人获得的会话空间（conversational space）。

话轮构成的单位有两个重要的特征：①可预测性（projectability），说话人发出一个话轮时，听话人可以预测这个话轮何时结束，以便接过话轮。②在每个话轮构成单位结束的地方有可能发生话轮权的转移，这个地方就是话轮转换关联位置（transition-relevance place）。通常，这种转换流畅，话轮之间没有间隔，说明会话参与者对话轮转换关联位置的判断比较准确，如：

例 1

【1】　甲：《中国翻译》你订了么？

【2】　乙：嗯？　＝

【3】　甲：＝订《中国翻译》没有？　＝

【4】　乙：＝嗨，早就订了。

可见，甲乙双方话轮交替紧密，转接时机把握得恰到好处。

在这种话轮转换模式的基础上，Sacks 等人提出了在会话过程中一次只能由一个人说话的交际规约，以下为他们提出的话轮转换流程图（West & Zimmerman，1975：110）：

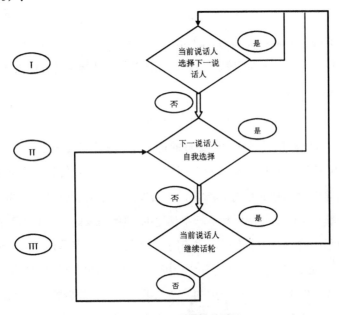

图 1　话轮转换流程图

Sacks 等人指出，每一位说话人一旦获得了话语权，那么在话轮转换发生之前至少应分配到一个话轮单位。当前说话人通过点名或提问的方式选择下一位说话人，此时点名或提问便构成了当前说话人话轮的结尾，标志着下一话轮的转换关联位置的到来。如果选择成功，那么流程规则又返回到 I，等待下一个话轮转换位置的到来。刚刚被选择的说话人就拥有了话语权。

如果选择失败，那么就进入到流程的第二步（II），下一说话人要通过自选的方式产生，在场的所有会话参与者均有机会自我选择，但通常先说话的参与者即成为下一话语权的拥有者。如果有人自选成功，那么流程又返回到 I，等待下一话轮转换关联位置的出现。如果下一说话人自选失败，那么流程进入到第三步（III），即在无人自我选择话轮的情况下，当前说话人继续其话轮，流程又返回到 I。

在会话过程中，由于话轮转换不断发生，因此上述流程模式就循环往复，会话得以顺利进行。值得一提的是，这一话轮转换模型是一种理论概括，不考虑语境因素，但是又可以适用任何语境，并随着语境的变化而变化，如话题、场景、会话参与人数等。

3.1.1.2　相邻语对

对会话结构分析可以采用不同的单位，因为会话总是至少由两个人参与，交替发言，且至少包括双方的一轮发话，Sacks 于是提出相邻语对的概念（王得杏，1998）。Sacks 等人（1974）认为，会话时，发话者与受话者不断交换角色、交替说话，话轮替换有约定俗称的规则，双方自然遵守。一次会话至少包括双方的一轮发话，最典型的单位是相邻语对，它包括"问题—回答"、"问候—问候"、"提议—接受或拒绝"、"道歉—接受"等，例如：

例 2

【1】　　A: When will you come back?

【2】　　B: At six.

说话人 A 的话语叫作相邻语对的第一部分或始发语；回答人 B 的话语叫作相邻语对的第二部分或应答语。相邻语对是日常谈话的重要结构形式。一个相邻语对以谈话双方分别接连发出的两段话语组成，这两段话是相关联的，前一段话对后面一段话有制约作用，要求一个恰当的第二段话语（应答语）与其配对。Schegloff & Sacks（1973）提出相邻语对有以下特征：相邻语对是一前一后两轮话，这两轮话是相邻的；由两个发话人分别说出；分为始发话和应答话；有一定的类型，即始发语要有特定的应答语相匹配。

3.1.2 机构谈话的会话分析研究

会话分析对机构谈话的研究保留了会话分析研究日常对话时形成的特色，如要求对发生在公共机构的交谈进行现场录音或录像，并进行严格细致的分析，把交际者在交谈中完成的行为作为分析的出发点，侧重交谈中的序列结构，强调要从交谈本身而不是外部因素来解释机构谈话的特征（刘运同，2007）。用会话分析研究机构谈话与已有的某些研究方法（例如 Levinson 在比较了话语分析和会话分析两者研究会话的方式之后，认为来源于主流语言学理论的话语分析方式如 Berminghan 学派的模式不太适用于研究会话）之间孰优孰劣，目前还难下定论，但是至少可以认为补充和丰富了现有的研究手段，为我们认识语言在各种环境中的使用提供了有益的分析工具。

3.1.2.1 研究内容

在对机构谈话的研究中，研究者的侧重点各有不同，有的侧重谈话的局部结构和序列，有的侧重公共机构谈话的整体结构，有的侧重公共机构谈话所反映的社会关系或权势关系。但是，无论侧重点在哪里，Schegloff（1992：106，116）都强调，研究者的任务并非全盘接受过去的一些概念，而要以实际发生的交谈中的行为作为出发点，以这些行为作为参考和依据，进行"以经验为基础的分析，帮助我们认识交谈中以前没有发现的细节，并理解它们的重要性"。Drew & Heritage（1992：29-53）认为机构谈话是一项复杂的活动，因此建议研究者关注以下 5 个方面的问题。

3.1.2.1.1 词语选择

在公共机构的交谈中，词语选择（lexical choice）是交际者适应机构情境、达到自己目的的一项重要手段。

例如，很多学者通过研究法律语言和医疗语言中的"外行"(lay)词汇和"专业技术"(technical) 词汇发现，使用专业技术词汇可以强调讲话者的机构身份（Korsh & Negrete，1972；Meehan，1981；Waitzkin，1985）。下面的谈话选自 Heritage & Sefi 的健康访问者语料库（health-visitor corpus），出诊的是一位英国的社区护士，第一次来到一个两周左右大小的婴儿家。期间婴儿的母亲向该护士描述她生产的情形，使用了大量的专业术语，以表明自身的经验丰富。

例 3　[HV: 3A1:2] (HV: health visitor= 健康访问者；M: mother= 母亲)

【1】　M: And I was able to push her ou:t on my own::n,=

【2】　HV: =Goo:d.

【3】　M: And um (0.6) I didn't have an episiotomy so:,

【4】　(0.3)

【5】　HV: O::h su:per

【6】　M: I had a (0.3) tiny little tea:r it wasn't a

【7】　perineal one (0.2) it was a (sort of   )=

【8】　HV: =Mm

【9】　M: And um (1.5) but otherwise everything was fi:ne (.) and

【10】　the epidurant made it lovely at the e:nd because I was

【11】　able to pu:sh still hhh but I had no pai:n and it was

【12】　(.) super, it was lo:vely.

　　当然机构情境下的词语选择不只局限于技术行业术语和日常词汇二者之间，还包括其他方面的词汇选择，例如：Jefferson（1974）和 Sacks（1979）通过研究 cop 和 police 两词的使用后发现：尽管这两个词都不是技术行业术语，但是这两个词的使用场合也是不一样的。

　　值得注意的是，讲话人在机构环境中会谨慎使用指称以符合该机构环境中自身的角色身份。例如，讲话人以某一机构的成员身份发言时，往往使用"我们"来指称自己，而不是"我"（Sacks，1992）。这样的例子不胜枚举。下面的例子是一位求救人员打给伞降服务中心寻求紧急救助的电话记录（Whalen et al.，1988：344），无论是求救人员还是接线服务人员都使用"我们"指称自己一方。

例 4　[Whalen et al., 1988: 344] (D: desk= 接线服务人员；C: caller= 打电话的人)

【1】　D: Hello? What's thuh problem?

【2】　C: We have an unconscious, uh:, diabetic

【3】　D: Are they insiduv a building?

【4】　C: Yes they are:

【5】　D: What building is it

【6】　C: It's thuh a<u>dult</u> <u>book</u>store

【7】　D: We'll get somebody there right a<u>way</u>

上面的举例中，寻求紧急服务的是大众，而这样的人群不具有任何相同的机构身份，但是打电话求助的人也使用 "we" 指称自己（第 2 行），表明，虽然打电话者的机构身份是商店服务员，但是他的身份与发生的紧急事件相关。需要帮助的人与打电话的人无关，但是打电话的人却是在打电话的人工作的商店（It's thuh a<u>dult</u> <u>book</u>store）昏迷的。还有，救助电话前台的接线员也使用 "we" 指称自己。这些发现，引得众多的学者进一步研究 "we" 和 "I" 机构角色（参见 Maynard，1984；Silverman，1987；West，1990）：下面的举例中，医生正向孩子的父母推荐一项检查。

例 5　[Silverman, 1987: 58] (Dr: doctor= 医生；F: father= 父亲；M: mother= 母亲)

【1】　Dr: Hm (2.0) the the reason for doing the test

【2】　is, I mean I'm 99 percent certain that all

【3】　she's got is a ductus

【4】　F: hm hm

【5】　M: I see

【6】　Dr: However the time to find out that we're

【7】　wrong is not when she's on the operating

【8】　table

这里医生的自我称呼从 "I" 转向 "we"，决不仅仅是表达方式的转变，更是一种免责的手段，如果医生在第 6—8 行说出 "… *I* am wrong …"，那么医生对可能出现的医疗事故所承担风险的几率则要大得多（Silverman，1987）。

还有，在日常谈话中可以接受的表达，在机构谈话中则可能被拒绝。下例中患者表达时间长短的说法遭到医生的拒绝，患者只好换用另一种表达，医生这次接受了这种表达。

例 6　[Mishler, 1984: 165] (Dr: doctor= 医生；Pt: patient= 患者)

【1】　Dr: How long have you been drinking that

【2】　heavily?

【3】　Pt: Since I've been married

【4】　　Dr: How long is that?

【5】　　Pt: (giggle) Four years

针对第 1 行和第 4 行的 "How long" 的回答，患者使用了不同的语用意义：前者的回答是 "传记"（biographical）时间，而后者则是 "日历"（calendar）时间。在日常随意谈话中针对 "什么时候"、"多久" 这样的问句，可以结合相关事件进行回答。但是在较为正式的 "医疗" 语境中，时间点则需要更为具体、客观。患者在回答第一个问题时，采用 "传记" 时间 —— "Since I've been married"，同时也暗示了酗酒的原因（是因我结婚才酗酒的）。医生认为不够规范，于是重新修正后发问，终于得到想要的答案。这种日常时间表述形式与机构性表述形式的冲突也是参与双方的动机冲突。患者是想诉苦，医生则是在寻求准确诊断信息。其他方面例如：如何互相称呼，如何称说敏感事物都是值得研究的题目。

3.1.2.1.2　话轮设计

话轮设计（turn design）包括两个方面的内容：一是一个话轮去实施什么样的行为；二是采用什么样的方式来完成一个行为。

话轮设计尤其关注谈话的话轮中行动的完成，注意下面取自 Heritage & Sefi 研究的健康访问者的语料。访问者说 "He's enjoying that"，实际上她是发现了婴儿在咬什么东西，孩子的父母对于访问者的提问，几乎同时做出了回应，但却截然不同：父亲只是简单地附和了访问者的观察，"Yes, he certainly is."；母亲却认为访问者的评论带有一定暗示（婴儿可能是因为饿而咬东西），便回答："He's <u>not</u> hungry"，她的语言有为自己辩护的味道。婴儿父母对健康访问者的不同反应可以折射出家庭劳动分工的不同：

例 7　[HV: 4A1:1] (HV: health visitor= 健康访问者；F: father= 父亲；M: mother= 母亲)

【1】　　HV: He's enjoying that [isn' he

【2】　　F:　→　　　　　　[° Yes, he certainly is=°

【3】　　M:　→　=He's <u>not</u> hungry 'cuz （h）he's ju（h）st （h）had

【4】　　　　→ 'iz bo:ttle 'hhh

【5】　　　　（0.5）

【6】　HV:　You're feeding hin on（.）Cow and Gate

【7】　　　　Pemium.

其次，话轮设计也会选择行动中语言的形式。完成一个行为也可以采用不同的方式，可以说，也可以做。如果比较人们完成同一行为的方式，就可以发现人们采用这样的方式要达到的目的。如下例：

例8　[Medeiros 5] (AC: attendance clerk= 学校的工作人员；M: mother= 母亲；F: father= 父亲)

【1】　AC: Hello this is Miss B from W

【2】　　　　High School calling

【3】　M　Uh hu: h

【4】　AC: Was Charlie home from school ill today?

【5】　　　　(0.3)

【6】　M: .hhhh

【7】　　　　(0.8)

【8】　M: ((off phone)) Charlie wasn't home ill today

【9】　　　　was he?

【10】　　　(0.4)

【11】　F: ((off phone)) Not at all.

【12】　M: No:.

【13】　　　(.)

【14】　AC: N[o?

【15】　　　　[No he wasn't

【16】　AC: .hhh(.) Well he wz reported absent from his

【17】　thir:d an'fifth period classes tihday.

【18】　M: .Ah ha:h,

【19】　AC: .hhh A:n' we need him t'come in t'the office

【20】　in the morning t'clear this up

这是学校一位负责调查旷课的工作人员打给学生家长的电话。他首先询问家长，学生是不是因为有病在家（第 4 行 "Was Charlie home form school ill today?"），在父母的回答中得知学生没有在家，他才告诉学生家长他们的孩子什么时间缺课（第 16—17 行）。注意这里职员并没有说 "he was absent from his …"（这样就意味着孩子的确是旷课了，事实成立、无需调查），而是使用一种被动语态 "he wz reported absent from …"，把自己摆在一种只是官方地（甚至有些官僚地）传达信息的角色，并且使用 "reported"（第 16 行）显示出所传达信息的不确定性，事实的真相有待学校方面进一步考证（Pomerantz, 1990）。第 19—20 行的语言仍旧延续使用 "reported"（第 16 行）时的谨慎，用 "we need him" 让孩子到办公室去一趟则显示了机构处理问题的程序性，同时也暗示孩子有必要承认自己的错误。而 "t'clear up" 则是避免过早给孩子定性。这样处理问题的手段是十分折中的。

话轮的设计不仅包含行为的选择，还包括行为是如何通过语言实现的，与机构情境相关。表达事物有多种方式，讲话者会采用某一种方式达到一定的目的，而这种句法、词汇上的选择，都属于话轮设计的方方面面。

3.1.2.1.3 序列组织

无论民族志（Ethnography）还是社会语言学，在分析机构互动时都把语言放到具体的情境当中，通过分析语言的片段来掌握特殊场景中语言和社会之间的关系。而这种谈话的机构性通常呈现出序列性，即人们的交谈不是杂乱无章地堆积，而是按照一定的方式联系在一起。

下例是一位医生在决定是否应该给一位患有先天性腭裂的儿童做进一步的手术。Silverman（1987）的研究主要针对谈话中的误解而展开。

例 9 [Silverman (1987: 165)] (C= 诊疗医生；D=12 岁的小患者)

【1】 C: Now then. This has got rather a ugly scar line

【2】 hasn't it? It's rather (1.0) a lot of stitch

【3】 marks.

【4】 (1.0)

【5】 C: Isn't terribly handsome, is it? What do you think

【6】 about your looks, Barry?

【7】 (3.0)

【8】 D: I don't know.

【9】 C: You ((laughs)) Doesn't worry you a lot. You don't

【10】 lie awake at night worrying about it or anything?

【11】 D: No

【12】 C: No, no. It could be improved er because I think

【13】 that scar line isn't brilliant (1.0) but it's

【14】 you're the customer, if you're happy with things the

【15】 way they are then that's

【16】 D: Well I hope to have it done

【17】 C: Oh you would oh. All right well (0.5) we'll see about that (shortly). Now

【18】 what about this nose of

【19】 yours…

这位儿童因为患有先天性腭裂，虽经外科手术治疗，但还是不可避免地留下了瘢痕。医生 C 于是向 D 询问对自身相貌的看法，但是患者 D 却不置可否 "I don't know"（第 8 行），C 对 D 说他对此十分高兴（第 14—15 行）。D 为了纠正 C 的错误理解，打断了 C 的谈话，讲明自己真实想法 "Well I hope to have it done"（第 16 行）。这样，医生实际上是控制了谈话，医生结束了话题，又开始了新的话题（第 18—19 行中关于 D 的鼻子的事情）。因此 Silverman（1987）总结出该谈话中的"机构"特性：

（1）运用"误解"（misunerstanding）可以间接地询问患者是否愿意做进一步的手术。

（2）谈话形式限制了患者谈话的权利和谈话的机会。

（3）医生控制了谈话。

以上展示的谈话特征可以分别用会话分析中的修补（repair）、重叠（overlap）、打断（interruption）和话题控制（topic control）等术语描写。恰恰通过这些基本的会话分析术语就可以反映出某一机构中角色语言的特征（Drew & Heritage，1992b）。

会话分析在研究日常谈话时发现了相邻语对（adjacency pairs）这种组织结构，把这些概念应用到对公共机构的研究中可以发现相邻语对的作用。正式公共场合的交谈通常由一系列的"提问—回答"相邻语对组织起来，如法庭调查、新闻访谈等等。另外一些公共机构的交谈则存在"请求—接受请求"这样的相邻语对，中间可能插入很多的问答序列，如健康咨询、打给警察的求助电话等。非正式公共机构的交谈则相对自由一些，但是提问序列也发挥很大的作用（刘运同，2007）。

比如 Sinclair & Coulthard（1975）的"I-R-F"（Initiation - Response -Feedback，即"启动—回应—反馈"）课堂交互模式，他们通过观察课堂教师和学生的互动，发现教师和学生之间的课堂话语不是简单的两步相邻结构，"I-R-F"才是典型的对应结构（exchange），其对应于最常见的课堂互动："Teacher（教师）- Pupil（学生）- Teacher（教师）（简写为'T-P-T'模式）"，其中，引发和反馈常由教师完成，而应答则由学生完成。即在简单的相邻语对之外，必须有一个后续语。这种加后续语的三步对应单位是课堂谈话的特征，是教学环境下的主要活动，因此具有很重要的教学功能。如下例：

例 10

【1】　　I: What's the name of this cutter?

【2】　　R: Hacksaw

【3】　　F: The Hacksaw

上例中"The Hacksaw"就是相邻之外的后续话语，因此 Sinclair & Coulthard 认为这样的三步序列是会话分析的基础。Schegloff & Sacks（1973）、Jefferson（1990）还有 Drew（1981）也都持有这一观点。Sterling 大学心理学系的 Ivana Marková（1990）也采用三步分析法，但他的三步是概念的三步，而不是形式的三步。也就是说，在有些形式上没有三步的结构中，由于话语与行为前后之间有着语境联系，所以单独的一个话语也可看成是对应的一个语境上导致这个话语产生的一个话语行为——一个步骤。因此，他的三步分析是一个动态的（dynamic）分析。从总体上看，三步分析法基本上形成了会话分析学者的共识（廖美珍，2002）。

3.1.2.1.4　宏观结构组织

对机构谈话的语言研究还可以考虑语言的宏观结构组织（overall structural organization），所谓宏观结构组织就是指机构谈话的总体结构。各种机构谈话都有一定的模式，这与日常随意谈话不同。日常随意谈话除了会谈的开端和结束这两个阶段的序列结构较为规整、有规律可循外，其他阶段的话轮和序列则显得较为随意、松散（Sifianou，2002）。因此，日常随意谈话没有统领的宏观结构组织形式。而机构谈话必须遵循与机构相关的任务、目的和身份，其话轮次序则是预先规定好的，例如服务行业的谈话就有一个所谓的行业标准，必须按照规定的方式进行（Frankel，1989）。

一些机构谈话的宏观结构相对简单，如打给警察的报警电话总体上就是一个单独的"请求—接受请求"的相邻语对。Zimmerman & Boden（1991）对美国"9·11"报警电话的研究就说明了这种相对简单的宏观结构在公共机构中的任务性。打电话进来的人与接电话人之间都像普通的电话对话一样，存在着相邻语对，但是这个组合所展现的次序（turn）在这个机构情境中又非常严格（austere），因为有危机感存在，事情必须在很短的时间内被处理好，因此对话通常是一来一往的问与答，话题范围很有限，像发生了什么事，地点在哪里，警察在多长时间内能抵达，以及其他与警方有关的工作。这类的对话具有单一性（monotopical），一旦该完成的事项完成了，就象征对话终止（Zimmerman & Boden，1991）。在这样的情境下，对话双方无法仅仅依循简单普遍的对话机制，他们必须要适应（oriented to）情境，改变这种普遍机制，以让他们的相关活动得以顺利进行（Wilson，1991）。

相对来讲，有些公共机构的交谈则复杂得多，整个过程具有一定的目的性，同时该过程中各个阶段的功能也不尽相同。如 Byrne & Long（1976）基于实际医患谈话的语料描述的门诊会话的宏观结构就非常具有代表性。他们通过对 2 500 个医患会话录音材料的分析，将英国初级保健护理的医患互动过程划分为六个相对独立的阶段（医生建立与患者的医患关系；医生询问患者前来应诊的原因；医生对患者进行口头上的检查或 / 和进行体检；医生和患者一起考察病情；医生（偶尔是患者）详述进一步的治疗或检查细节；最后通常由医生结束咨询），每个阶段又有自身的结构。Byrne & Long 对医患互动模式的研究是一个过于理想的流程，上述六个阶段在诊疗过程中很少全部出现，并且每次出现的顺序都不同。也就是说，每一个阶段的出现有一定的选择性（optional），会受到医患双方互动效果的影响（Drew & Heritage，1992b）。

Cazden（1986）和 Mehan（1979）针对校园课堂谈话提出的"教师启动—学生应答—教师评估"（initiate - response - evaluate）"I-R-E"模式指出：老师提出"已经知道答案"的问题，要学生回应，在针对学生回应给评估后，老师又用另一个问题来启动顺序，其目的在评估、验证学生的知识，而不是帮助学生建立知识、掌握知识。

同时，有些公共机构的进程有着明显规定的程序，其他的公共机构则更依赖于交谈双方临时协商。

众所周知，法庭是受规则制约程度最大的机构之一，因此，作为一种机构谈话的法庭话语严格受法庭这一机构的限制，形式上具有一定的结构性，在法庭审判上体现为严格的纪律约束；在审判过程中体现为严格的程序约束，庭审必须分阶段和步骤进行。法庭话语有很多不同于日常话语的方面。例如，法庭话语不是两个或两个以上说话人之间进行的真正谈话，因为法庭审判过程中的每一句话都是为合议庭和法官所设计的，合议庭成员和法官才是法庭会话的真正接收者（Drew，1985）。在法庭会话过程中，谁说话、说什么以及什么时候说都必须遵循特定的规则、受到程序的制约。法庭话语作为机构谈话有特定的为任何其他活动所不具有的严格的程序规范（廖美珍，2002）。

其实，宏观结构和微观结构研究同样重要，两者缺一不可。但是，无论哪种形式的机构谈话，最终的完成都需要依赖交谈参与者现场地、权宜地建构，对机构谈话宏观结构的研究，同时也不能忽视对交谈细节的研究（刘运同，2007）。

3.1.2.1.5　社会关系和认识论

在机构谈话的语境中，由于参与者对参与话语的权力、对专业知识的掌握、对完成职业任务的程序的熟悉程度等方面存在差异，另外还有职业语境对参与者的限制，以及参与者对这些限制的意识和重视程度等方面的不同，形成了机构谈话中参与者之间权力的不对等。这种权力的不对等在交际中表现为话语权力的差异，体现于职业语境中参与者之间一问一答的互动模式中（代树兰，2007）。认识论（epistemology）就是研究"人们如何在交谈中表明他们跟所拥有的知识之间的关系"（刘运同，2007：87）。研究表明，各种公共机构的专家在传递信息的过程中总是小心谨慎，避免承担个人责任。非本职业的人员在各种公共机构中用自己的言行表明自己所拥有知识的局限性，从而巩固了本职业的人员在知识拥有和使用上的地位。

会话分析强调，在分析所谓的不对等社会关系（权势关系）时，不要简单地用交谈者的社会身份等因素来解释机构谈话中的特点，而应尽量利用交谈本身的因素来解释机构谈话的规律。Schegloff（1980）发现，一些表面看起来好像是由参与者社会角色（身份）决定的交谈特点，经过仔细分析，可能是一种普遍采用的交谈方式。例如：

例 11 [Hutchy & Wooffitt，1999：164] (Dr: doctor= 医生；Pt: patient= 患者)

【1】　Dr: Very good. (0.4) Very good = lemme see you

　　　　Ankle.

【2】　(2.2)

【3】　Dr: pt .. hhh VERY GOOD.

【4】　(1.1)

【5】　Pt: I wanna ask you som'n.

【6】　Dr: What's that.

【7】　(0.6)

【8】　Pt: pt .. hh (0.5) I have-(0.6) this second toe(.)

【9】　that was broken. (0.4) But I went to the podiatrist

【10】　(.)because I couldn't find a doctor on th' weekend.

【11】　(0.4)An'he said it wasn't broken. = It was.

【12】　So it wasn'(.) taken care of properly .. hh'n when

【13】　I'm on my feet，　I get a sensation in it.

【14】　I mean is anything (th't) can be do: ne?

【15】　Dr: How long ago d'ju break it.

【16】　Pt: Mmh two years.

【17】　Dr: Yih c'd put a metatarsal pad underneath it …

　　在上面的对话中，患者提出问题 "I wanna ask you som'n"（第 5 行），表面上看，这是一种请求允许提问的问句，是患者尊重医生权威的表现。但是 Schegloff 认为，这种问句在日常会话中也很常见，其作用是"预备的预备"，即跟随在这个问句之后的是关于问题答案的背景信息，而不是发话人的提问，真正的提问在这些背景信息发出之后。语料中患者要问的问题出现在第 14 行，第 8—13 行是背景信息，说明他的脚趾受伤的原因，这些信息是第 14 行问题的铺垫。第 5 行的问题则是为了引出这些背景信息，而不是为了征得回答者的允许。因此，不能轻易地从预先假定的社会关系出发，而应具体分析交谈发生的具体环境。

3.1.2.2 **研究方法**

会话分析决不是简单地描述公共机构中人们交谈的语言，而是认为机构谈话在机构环境中积极地塑造"机构"的特质（Hutchby & Wooffitt，1998）。会话分析对日常谈话的分析可以发现参与谈话的双方如何在谈话的过程中配合完成话轮转换，共同完成"交谈"这一活动，而非是在相互"审问"。同样，在机构谈话中，会话分析学家通过对在这一情境中"话轮转换"以及"话轮设计"等的使用情况的研究揭示参与双方如何适应这一特殊活动而进行的语言活动。所以，本研究需要了解会话分析如何处理参与者对机构情境的调整。

众所周知，会话分析最主要的特征就是研究在交谈中"话轮"是如何依次呈现的。这种方法认为参与者运用这种序列的发展可以引出另一方的谈话行动。也就是说，在分析交互过程中的谈话时，会话分析特别强调话轮呈现过程中的前后情境。

但是引起这些活动的"情境"又具有更为广泛的含义。因为人们的交谈不会发生在真空环境中，而是发生在一定的场合中。这些场合的覆盖面很广：从街边偶遇到家庭闲谈，当然还有更大的范围如工作地点、学校、各种服务场所、医院、诊室、法庭、电视、广播等等不一而足。可是会话分析又是如何运用在这些大范围的社会情境中的呢？

为了回答这一问题，需要掌握机构互动本身具有的特性。Goffman（1961）曾指出，许多社会科学家花费了大量时间试图对"机构"（institution）这一概念加以描述和解释，但始终都没能找出一种恰当的方法对其分类。但是会话分析办到了，它圆满地解决了这一问题。会话分析认为对所谓的机构互动的分类不应该像社会学那样，采用社会结构的理论对其分类，而是要用参与双方所适应的交互语言的特征分类。

这种思想根植于 Sacks，Schegloff & Jefferson（1974）的一篇极具创新性的文章。该文章把各种不同形式的谈话视作一个从具有相对而言不受约束的话轮转换机制的日常谈话到较为正式的礼仪用语的连续体。尤其是在礼仪场合（如婚礼）中，不仅限定了谁来讲话、以何样的顺序讲话，而且连接下来谁要讲话都是预先安排好的。参与谈话的各方都会积极地调整个人的语言，以适应各种特别的机构情境。

这些都超过了普通意义上的情境概念，传统上认为，情境就好比是一个"容器"，人们进入"容器"，同时"容器"又会影响身处"容器"当中人们的行为。而恰恰就是这种假设成为许多社会学和社会语言学的研究工作的基础（Coulter，1982；

Schegloff，1991）。但是，这种所谓的"容器"却引来了所谓的"文化兴奋剂"（cultural dope）问题（Garfinkel，1967）。从根本上说，情境的"容器"观没能将足够的注意力放到参与者在行动过程中的认知上来。会话分析认为人们需要从其他的角度来审视参与者，这些参与者积极地向他人（尤其是观察者和研究者）展示他们对环境的适应，而不应把情境视为一种强加在参与者身上的一种抽象的社会力量。

当然，这也没有否认交流中广义上的社会情境与参与者之间存在有极度的相关性。从直觉上看，情境似乎是一种活生生的感觉，在我们日常生活的各个场景中左右我们的言行。举个例子，如果一个人打进了电台的热线电话，那么此时他的感觉绝对不可能和日常生活中请朋友吃饭一样，说话的方式也绝对不同。一句话，是因为他知道"他现在在做什么"，意识到行动中的社会情境。

但是对于会话分析来讲，仅有如此的直觉又不够充分。因为依靠个人的意识，根本不能解释人们的行动为什么会和情境相一致，更无法解释人们是如何诠释各自行为的。会话分析在对日常随意谈话的分析中找到了一种求证的步骤发现参与双方如何与机构场景相关，而这种求证的步骤是可以在互动的谈话中发现的。

会话分析开发了一种与众不同的方法来定位参与者对机构情境的适应。即采用一种全面的比较方法，将日常谈话中的话轮转换机制基准点用以区分其他形式的互动谈话。对于日常随意谈话而言，话轮转换机制中话轮的次序、大小和类型的变化是随意的，由交际者临时决定；其他机构中互动谈话的话轮转换机制则较为特殊。

这种方法的意义在于能够非常容易地区分不同互动环境中的谈话。会话分析也能定位参与者对机构情境的调整。Huttchy & Wooffitt（1998）采用这种方法把公共机构分成两类：①正式的（formal）公共机构，如法庭（Atkinson & Drew，1979）、面试（Button，1992）、采访（Clayman，1988；Heritage，1985；Heritage & Greatbatch，1991）、课堂（McHoul，1978）以及各种仪式等；②非正式的（informal）公共机构，如医院（Frankel，1990）、心理诊所（Peräkylä，1996）、社会工作（Heritage & Sefi，1992）、服务场所（Lamoreux，1988-1989）和听众热线电话直播（Hutchby，1996a）等。会话分析在研究这些公共机构谈话的同时，相应地将其分成正式的机构谈话和非正式的机构谈话两类。

3.1.2.2.1 正式的机构谈话和问答序列

正式的公共机构的特征基于参与者社会角色之间的密切程度和所进行的谈话形

式而决定。如 Heritage & Greatbatch（1991：95）曾指出："交谈时的机构特征首先也是最主要地体现在'形式'（form）上——确切地说是话轮转换系统上，这与日常随意谈话的话轮转换机制有本质的差别。"在谈话中，对于参与者而言，有一个怎样进入或退出谈话、怎样保持或放弃发言权的问题。在正式的场合一个参与者（如辩护律师）有权掌握整个谈话的发展方向，他随时都有发言权。通过对法庭对话和广播新闻采访的研究可以发现参与者的话轮转换有严格的形式。Atkinson & Drew（1979）将这类环境中的组织特点描述为"话轮类型预先分配"（turn-type pre-allocation），即参与者从进入这类场合开始，必须依照他们所处的特殊的机构角色采用规范的、有一定限制的话轮形式。属于典型的"提问—回答"形式，由机构中的一方如法官、教师或考官提出问题，另一方如证人、学生或面试者回答问题。更为确切地说，这种形式都是预先建立好的，双方的谈话已经限定在这种一问一答的框架当中了。

日常随意谈话则复杂得多，它不一定拘泥于严格的一问一答形式，话轮的类型、大小、次序都不固定，由交际者临时决定。而此类机构谈话中预先分配的"提问—回答"形式在法庭调查中则发挥到了极致。正如 Atkinson & Drew（1979）所言，法庭调查中的话轮是固定的，依照一定的"提问—回答"形式进行，即证人或者受害者按照规定的方式回答问题。下面的例子选自 Levinson（1992：83）讨论的一桩强奸案的审判记录。

例 12

【1】　A:　You have had sexual intercourse on a previous

【2】　　　occasion, haven't you.

【3】　B:　Yes.

【4】　A:　On many previous occasions?

【5】　B:　Not many.

【6】　A:　Several?

【7】　B:　Yes.

【8】　A:　With several men?

【9】　B:　No.

【10】　A:　Just one?

【11】　　B:　　Two.

【12】　　A:　　Two. And you are seventeen and a half?

【13】　　B:　　Yes.

上面的例子中，A 和 B 分别代表法庭上辩护律师与受害人。双方严格遵循话轮转换规则，一方提问一方回答。通过观看谈话的细节，我们就可以感受强烈的情境特质。

Searle（1969）又把提问分成两种不同的类型：① "真正的"（real）问题，提问的人确实不知道答案，需要得到回答。② "考试型"（exam）问题，这类问题，提问的人本身知道，只不过是要检验回答者是否掌握。但是仔细研究上例中 A 的提问，可以发现这些问题不属于以上任何一类，而是一种特殊的类型。首先，这些问题的答案并非提问的人没有掌握，尤其是在提问 B 的性行为、年龄时，提问人作为一名辩护律师实际上早已知晓；其次，提问的人当然也不是要检验 B 的知识储备。A 的目的是要 B 承认一些事实，即在其本人 17 岁半的年纪已经和数位男子发生了性行为。辩护律师通过这些看似不相干的问题的罗列，企图引导那些不发言的听众（陪审团成员、法官、其他听众）对受害人的道德形象做出负面的判断。Levinson（1992）发现单独的某个问题的回答无法达到以上目的，而需要将数个问题并置并通过回答才能达到。换言之，与提问的风格（style）相关。

会话分析关注人们处理交谈的方式。与日常随意谈话一样，在正式的机构谈话中，参与者通过运用谈话过程中话轮转换的细节展示交谈双方的理解并与情境相一致。进一步讲，在正式的机构谈话中，这种预先分配的话轮转换系统（如 "提问—回答"形式）在符合机构特征的前提下也能表达出引申的意义。事实表明，在诸如法庭或是广播新闻的情境中，参与者发表个人观点的权力受严格限制，无论如何，都极力避免公开陈述个人观点。他们的任务只是引出他人对事件的观点态度，但是谈话的方式不得有任何个人倾向和偏见。这是因为无论是法庭谈话还是广播热线，其目的是要听众听，而听众则可以通过个人的观点分析判断。因此，正式机构的谈话限制了发问者的话轮形式。

当然，发问者也会暗中破坏这类限制。从上面的举例我们已经看出辩护律师如何建构出目击证人负面的社会形象。新闻工作者客观上讲必须保持中立，但是他们也可以利用提问表达自己的立场和观点（Clayman，1988；1992），比如：采用引述他人观点的方式来请求被访者评论、引述所谓的事实来驳斥被访者的观点等等（Pomerantz，1988）。

因此，可以说正式机构谈话中的话轮转换机制使得参与交谈的各方所用语言与机构情境相关联；同样，话轮转换机制也影响到该情境下的人们的社会活动。

3.1.2.2.2　非正式的机构谈话：任务、身份和话轮设计

正式的机构谈话遵循严格的"提问—回答"形式，有固定的话轮转换机制，但是这种情境在我们的生活中相对而言较为少见。而非正式的公共机构中的交谈，如医患谈话、服务场所的谈话、工作谈话等则更为普遍，它更接近日常随意谈话，结构也没有那么正式固定，不存在话轮类型或话轮预先分配的情况（Drew & Heritage，1992a）。当然，如果我们统计这些场所中职业人员和客户之间的提问数量，会发现职业人员的提问数量要多，而客户的提问则几乎可以忽略不计（Frankel，1990；ten Have，1991）。这又与正式的公共机构的交谈有所不同，因为没有任何规定强制其中一方必须提问，另一方必须回答。因此，参与者对情境的适应还要分析谈话的其他方面。可以研究不同环境下相同的交谈任务的不同完成方式。以电台咨询热线的电话打入为例（Hutchby，1996a），通过和日常随意谈话对比开头序列，可以进一步发现交谈者对电话咨询环境的适应。

研究谈话开头的序列问题，是因为参与双方本身无法肉眼相见，必须用语言来确认（Schegloff，1979）。也就是说，讲话人说第一句话的方式就表明他（或她）如何将自己归类，这种归类的问题恰恰也是会话分析研究的重要问题，因为个人表达身份以及和他人的关系之方式不计其数。打个比方，在打电话时，一个人可以对朋友介绍自己为"朋友"，对服务人员介绍自己是"客户"、"咨询者"，对同事介绍自己为"同事"等；与此同时，接电话的人也会用适当的方式做自我介绍，有时还会使用打电话者的语言来辨认对方的身份。所以，可以通过语言来确认谈话者的身份（Schegloff，1991）。下面的例子显示：交谈的双方迅速确认双方的身份为"朋友"。

例 13

【1】　　（ring）

【2】　　N: H'llo?

【3】　　H: Hi:,

【4】　N: <u>HI</u>::.

【5】　H: How <u>are</u> yuhh=

【6】　N: =<u>Fi</u>:ne how er you,

【7】　H: Oka:y,

【8】　N: <u>Goo</u>:d,

【9】　(0.4)

【10】　H: .mkhhhhh

【11】　N: What's doin',

　　值得注意的是：双方从判断对方身份到相互闲聊"What's doin'"，都没有说出对方的名字。H 在第 2 行中通过辨别声音听出了 N 是谁，H 在第 3 行中对 N 的问候进行回应，同时表明已经认出了 N，通过 N 热情的回复（第 4 行），双方完成了辨认对方身份的任务，但是并没有明显地表示在辨认对方的身份。接下来，询问对方的情况（第 5—10 行），从中 N 对 H 引出第一个话题"What's doin'"（第 11 行）（Button & Casey，1984）。这种形式的电话开端当然不是唯一的方式，但是这种序列结构使得交谈的双方简单地辨认出对方，可以说是一种合意的序列结构，便于话题的展开。

　　对于机构情境中的交谈（如下例电话热线），其开头方式为简单、标准的双话轮序列。

例 14

【1】　Host: Kath calling from Clapham now. Good morning.

【2】　Caller: Good morning Brain. Erm:, I:: I also agree that

【3】　Thee .hh telethons a:re a form of psychological

【4】　blackmail now. .hhh Because the majority of

【5】　people I think do know … ((continues))

　　在第 1 行和第 2 行，参与双方通过两个话轮迅速完成辨别、确认、问候、引出话题这一系列的过程。第 1 行中主持人首先向听众介绍"Kath calling from Clapham now"，接下来的问候"Good morning."才是主持人和打电话的听众之间交流的正式开始，这样话轮就自然转到了下一个。第 2 行，打电话的听众同样使用"Good morning Brain."回应，随后则直奔主题，讲明打热线的原因并且阐明个人观点"I also agree that the telethons are a form of psychological blackmail now"。

　　这种非正式机构中的公共交谈的确认与话题引出的方式都与日常的随意谈话有区别。普通的电话，在接电话之前电话两头的听者互相并不知道、也不知道为什么会打来电话。日常的电话交谈从铃声开始，电话铃声与其后的回答构成了一个"召唤—回应"的对子。因此接电话的人第一次发出的"hello"或者类似的回应并不是用来打招呼的，而是对电话铃声发出的召唤的回应，并且接电话的人除了回应召唤以外，还通过自己的声音片段让打电话的人来判断谁是接电话的人（Schegloff，1968）。

　　反观电台的热线电话，当听众打进电话时，听众知道主持人的情况，但是先要和导播交流，导播会记下听众的姓名、联系方式等信息，接下来通知主持人，主持人掌握情况后依次将等候的听众电话接进直播间，主持人这才与打电话的听众进行交流。由于听众是因为有话要讲才打进电话，因此主持人无需特意引出话题。

　　可见，日常的电话交谈中，参与者要根据打电话的人的身份和谈话的内容调整自身的语言，如谈话开始的结构等；而针对热线电话这样的机构语言，交谈双方的身份已经确定（主持人和打进电话的听众），因此双方可以迅速切入正题。下面的例子可以进一步表明，参与者对谈话性质的适应。

例 15

【1】　Host: Bob is calling from Ilford. Good morning.

【2】　Caller: .hh Good morning Brain. (0.4) .hh What I'm phoning

【3】　up is about the cricket.

例 16

【1】　Host: Mill Hill:: i:s where Berlinda calls from. Good

【2】　morning.

【3】　Caller: Good morning Brain..hh Erm, re the Sunday

【4】　o:pening I'm just phoning from the point of

【5】　vie:w, . hh as a:n assistant.

例 17

【1】　Host: On to Philip in Camden Town. Good morning.

【2】　Caller: Yeh guh morning Brain. Erm(.) Really what I

【3】　wanted to say was that I'm fascinated by watching

【4】　these telethons by the anuh-amount'v

【5】　contradictions that're thrown up by them…

例 18

【1】　Host: Michael from Uxbridge now. Good morning.

【2】　Caller: .h Er, g'morning Brain..hh Emm:, I have some

【3】　advi:ce that might be, a little bit more practical,

【4】　to people…

以上所有热线电话的开始序列都不是以确认对方身份为目的，而是以尽快交谈为主要目的。热线电话中的话轮类型与次序不是预先分配好的，在这类非正式的机构谈话中，参与者谈话的话轮与序列的结构都与机构情境相一致。如 Drew & Heritage（1992b）所言，无论是交谈的开始与结束，还是信息的索取、发布和接收方式，这些活动发生时的序列结构都受到谈话场所的"机构性"（institutionality）所约束。"只有仔细地分析这类交谈的开头、参与者完成活动及方式、结束等特征，才能找出这类交谈所有的机构谈话的特征。"（刘运同，2007：92）

3.1.2.3　机构谈话与日常随意谈话的比较：目标、限制和推论

很多话语分析学家曾经尝试对机构谈话和日常随意谈话加以区分，但实际上两者之间很难有明确的界限。Drew & Heritage（1992：21）认为"我们无需定义机构谈话，我们的目标就是指出机构谈话实例中明显存在的家族相似性，如目标指向性（goal-orientation）、严格限制性（constraints on conrtibutions）和推论特殊性（the special character of inference）等"。为此，在综合大量研究的基础上，我们归纳出机构谈话具有如下特点：

（1）目标指向性。机构谈话受到一定的目标指引，并产生特定的交谈形式。换言之，机构谈话中的参与者至少有一方要遵循与机构相关的目标、任务和身份。许多发生在公共机构的交谈都有明显的目的性，例如在法庭调查过程中，法律专业人员和非法律专业人员的言语行为，都指向机构性任务或功能，这一点明显表现在他们所追求的总目标上——弄清被告有没有犯罪。人们拨打警察局求救电话最主要的

目的就是为了得到帮助（Zimmerman，1992），等等。同时，这种具有目标指引的谈话相对于日常随意谈话而言，其结构更为规则（Koester，2006：4），试看下例：

例 19

【1】　Uh … just wanted to tell you about my … conversation with↑Tony.

上述的机构谈话在参与者接触时首先讲明相遇的目的，而这种清晰的谈话目标在日常随意谈话中则很少发出，当然也没有必要。

（2）严格限制性。机构谈话发生的场景与该职业的目标和功能相关，因此机构谈话对于参与交谈的一方或者双方都有特殊的限制（Drew & Heritage，1992），而这种限制的具体表现形式也各不相同（Koester，2006）。

法庭谈话（Atkinson & Drew，1979；Drew，1992b；廖美珍，2002）和新闻访谈（Heritage，1985；Clayman，1988；Greatbatch，1988；Heritage & Greatbatch，1991）的语言由于发生在正式的场景中，其限制性主要表现在程序规则对言语角色之间的互动和话题的限制上，如特殊的话轮转换机制等。廖美珍（2002）的研究表明在法庭上无论是问话还是答话都有严格的制约，比如问话的制约：首先，在法庭审判中，并非谁都可以问，问话权属于法官，公诉人，律师；其次，有问话权的人并非想问就问，何时发问有程序制约；再次，有发问权的人并非想问什么就能问什么，所问必须相关；最后，在法庭审判中，有发问权的人并非能够随心所欲地采用任何方式发问。无论在直接询问还是在交叉询问时，不准诱导证人提供证词。同样，关于答话的制约包括：有无回答问话的知识或信息，愿不愿意回答，并且在一般情况下，只要问话相关，符合程序，答话人就应该回答（法院还没有普遍给答话人以沉默权），最后就是必须如实回答。此外，在法庭调查中，当律师提问后被告只能回答律师的问题，而不能超出这个范围。律师对被告的回答并不做评论，台下的听众也没有权力插话。

对于如医患谈话等类的机构谈话，机构情境的限制表现在参与者具体的交谈过程中（Hutchby & Woofitt，1988）。此外，机构情境的限制还表现在词汇的选择上，最为明显的就是从事该职业的专业人员对专业行话（jargon）的使用（Koester，2006）。

（3）推论特殊性。机构谈话的推理框架和程序与特定机构情境相关。同样的交际行为，在不同谈话中的功能和意义也会有不同。这种特殊机构情境中的推理框架可以反映在话轮设计和相邻语对的结构中，既是话轮展现的行动，也是话轮对应的方式（Heritage，1997）。相邻语对是会话分析中最基本的互动单位，下面的谈话发生在一家经贸公司的营销办公室，董事长（Chris）和营销经理（Joe）的这段谈话构成了一个相邻语对：

例 20

【 1 】　Chris: Haven't seen much in the way of sales the last half of the week.

【 2 】　Joe: 　.hh Well, a lot of the media, the — the orders have been very difficult getting out. Stuff is — is a jammed.

在法庭、医院等机构中，专业人员由于职业身份的特殊性对非本职业人员的叙述和描绘不给予吃惊、同情、赞同或者附和的回应，仅使用中性的反馈表示收到。这样的做法在日常交谈中会被认为冷淡、不够热情，但是发生在这类机构中却被视作恰当的反应。同样，原本"无害的"的日常用语常常在机构情境中被视作一种威胁（Heritage & Sefi，1992）。日常谈话中一句普通的问候语"你妈呢？"，在生活中表示关心，但是在法庭上，如果一个刑事被告人如此询问法官，则会被看作是一种挑衅。这就是说，谈话机制随情境不同而被形塑。

3.1.3　讨　论

通过上述分析发现，会话分析远离对隐蔽的预设意义的挖掘，集中关注互动形式（非意义）。话语被视为由说话中的话轮组成，构成一系列的"话步—对应话步"的话步对子（move-countermove pair）。由此，对会话序列中任意一点的理解，在一定程度上取决于前面所说的，同时也对后面要说的做出期待。会话分析研究的一个主要焦点，是会话参与者使用什么样的语言策略影响互动的进程并达到交际的目的，比如说如何开始和结束会话、解释过去的行为、请求帮助、找借口、诉苦等。

同时，会话分析对公共机构的谈话进行的深入研究，对人们在特殊环境中使用语言规律的详细描述，可以加深对公共机构中语言使用的了解，可以帮助人们准确地理解语境和语言动态的相互作用。更为重要的是，利用会话分析的方法来研究公共机构中的交谈，可以避免以往简单地利用社会因素来解释语言使用的规律的惯性，使得对机构谈话的研究走上一种观察的、分析的方法。对从事语言研究特别是会话分析的研究者来说，会话分析所取得的成就特别是所采用的研究方法更值得人们重视和借鉴。

　　会话分析的研究大大加深了人们对会话机制的了解，但是会话分析对话语的研究却过于局限在微观层面，仅仅"研究表面上的词汇规律，不能解释与语境相关的意义"（Gumperz，2003：4），因此无法将单个的谈话数据融合到更宽广的社会框架之中。因此需要一个大的框架来整合，互动社会语言学为我们搭建这一框架提供了有力支撑。

3.2　互动社会语言学

　　互动社会语言学的创始者是 Gumperz。他在 1982 年出版的《会话策略》（*Discourse Strategies*）一书中阐述了人们在交际中是如何达成共识或产生误解的。其学说是在交际民族志（Ethnography of Communication）的影响下发展出来的社会语言学分支，它融合人类学、社会学和语言学的理论观点，突出了语境及受语境影响的话语策略方面的研究，强调特定话语环境及其内在的社会文化因素对交流互动和意义诠释的影响。

　　Gumperz（1982）研究了交际中人们是如何共享语言知识，以及不同的信息是如何传达和理解的。Goffman（1974）描写了社会生活环境中使用的语言是如何定位的，语言又是如何在这些环境中反映思想的。他们的思想被语言学家 Brown & Levinson（1987），Schiffrin（1994）和 Tannen（1989）等运用于语言学研究。而 Gumperz 互动社会语言学的重点是把语言作为一种社会和文化构建符号体系。它可以以反映宏观社会意义（如人群、身份、地位差异）的方式加以使用，同时也产生微观社会意义（即在一定时间内，一个人说什么做什么）。说话人是社会和文化组织的成员：我们使用语言的方式不仅反映了我们的"组织"的身份，而且反映了我们是什么、我们交流什么和我们如何了解这样做的线索。Goffman 强调社会互动，是对 Gumperz 理论的补充。Goffman 同样也强调情景知识自我和社会语境。Goffman 增加的内容是对语篇形式的理解和那些使我们能够确认和分析存在于听话人对说话人意义进行的推理语境预设。Goffman 进行了"面对面社会互动"研究，并且认为"自我"是一种社会构建，更具体地说，是一种互动性的构建。Gumperz 强调语境的理解对信息的交流和对说话人意图 / 语篇策略的理解的重要性。Goffman 则强调社会生活机构为一定语境中"自我的行为"和与另一个人的交流而形成的"意义"。对于他们来说，语境线索不仅可以改变信息的意义，而且能够改变"谈话的框架"。

互动社会语言学和跨文化交际时有重叠，因为两者都是研究交际的策略。不过互动社会语言学注重研究同一个种族、社团内部的交际差异，例如同一种族内男女性别差异对交际策略的影响，而跨文化交际研究常常涉及不同种族、不同民族的交流。

3.2.1　核心概念

互动社会语言学研究的是会话策略、语境化线索和语境规约、会话释义和会话推理，即通过观察交际双方在会话过程中的"互动"来推断交际者在采取某个行动时所依据的社会观念，并且检验言语和非言语信号是怎样在释义过程中被理解的（Gumperz，1982）。互动社会语言学强调在话语实践中探索语言与文化的多样性关系，因此把交际者在交际互动过程中有效地掌握开启和保持会话的会话策略，作为交际者交际能力的有机组成部分（Gumperz，1982）。为了保持会话持续进行，交际者需要根据收到的语境化线索，理解会话合作者的话语，对会话合作者的意图做出推断，并且在会话过程中不断地修正这些推断。交际者的这种会话策略（conversation strategies）在互动社会语言学的理论中处于核心地位。研究会话策略，就是研究会话参与者如何在具体的语境中运用词汇、句法、社会语言学以及其他方面的知识产生和理解言语和非言语信息，做出正确的推断，推进交际的顺利进行。

3.2.1.1　语境化线索

语境化线索（contextualization cue）作为研究会话策略的一个重要概念，它是指"任何具有标识语境作用的言语和非言语线索"（Gumperz，1982：131）。一般说来，任何能引导语境化假设的语言形式特征，都是"语境化线索"。Gumperz（1982）认为，认知和语言受社会和文化力量影响，人们的行为方式、运用语言符号表达的方式、符号范畴存在的方式等都受语言外因素影响。即在会话过程中，交谈双方需要根据话语的一系列语言外因素来理解正在进行的会话。而且，话语内容如何理解，上下文如何联系都依赖于对这些语言外因素的理解，这些语言外因素就是"语境化线索"。Schiffrin（1994：103）解释说："可以把 Gumperz 的语境化线索看成搭建框架手段（framing device），为解释话语确定基调（例如，严肃、诙谐、认真等）。"

语境化线索引导人们交谈时语言形式的形成和推进。它的价值体现在话语参与者心照不宣的理解之中。因此，要想研究语境化因素就不能脱离开会话过程和会话语境抽象的讨论。

语境化可以通过很多方式表现出来，比如：语码转换、方言转换、语体转换，词汇、句法形式的变换，程式化的表达方式，开始、继续、结束会话的策略，以及语音、韵律、重音及语调模式，这些都可以有相似的语境化暗示功能（Gumperz，1982）。尽管语境化线索能承载和传递信息，但它们的意义一定是互动过程的产物，所以不能把它们像单词一样脱离语境单独进行讨论。只有当语境化线索与其他的语法和词汇标记同时出现时，它们就能共同影响话语的理解过程和释义过程。

语境化线索只起到指示作用，因为它没有命题内容，也就是说，和其他的指示标记例如代词相比，语境化线索只标识关系内容，没有被赋予脱离语境的词汇意义。语境化线索的主要作用是把语言学家所说的"话语结构"（discursive structure）转换成以目标为导向的活动方式（Gumperz，2003）。作为一种元语用标志，语境化线索代表着说话者的标记方式，并且为交际互动者提供信息，帮助他们了解在话语交流的特定阶段，语言是如何被使用的。在会话过程中，交际者不可能对会话理解所需要的所有信息进行显性表达，因此，只能通过语境化线索的间接作用来推动会话的顺利进行。语境化线索只是单纯的标记符号，因此交际者通常无意识地发出某些语境化线索，而交际对方又无意识地接收。如果所有的交谈者都能注意到并且理解有关的语境化信息，那么理解会话的意义就会毫不费力。反过来说，如果一个听话人不明白某一语境化线索的功能，那他就无法做出适当的反应，他的理解与说话人的原意就可能不同，就可能引起误会。听话人可能会认为讲话人粗鲁、不友好、不合作、言不及义或者不可理喻，而这时说话人往往意识不到自己的发音或语调出了问题。这种交际中的误会通常被认为是一种失言，听话人有可能据此错误地判断说话人的意图。这种现象很难被认为是单纯的语言偏误。语境化线索的这一特点有利于揭示会话释义过程中许多没被注意到的方面，而这些方面往往对文化的多样性高度敏感。共同的历史背景和相同的交际经验能促进会话合作，下面是交际合作不成功的例子：

例21

加利福尼亚一个中产阶级夫妇的家庭请了一个粉刷工粉刷房子。主人带粉刷工去看他要干的活儿。走进一间宽敞的卧室时，粉刷工看到墙上挂着许多油画作品，于是他很友好地询问女主人："画家是谁（Who's the artist）？"女主人是个英国人，回答说："这个画家不太出名，是一位现代派的艺术家叫……"粉刷工略显迟疑，面带迷惑地说："我以为这些画是你们自己画的呢？"

这是偶然发生于两个陌生人之间的一段谈话。交谈者从对方的口音中知道彼此背景不同，但是交谈中出现这样的误解，他们都感到措手不及。"画家是谁？"是美国人在主人陪同下参观房子看到书画作品时常说的表示赞美的套话。同样当客人看到厨房中整齐地放着一套厨具时，会问"厨师是谁？"看到窗外精心耕作的土地上植物结满果实时会问"园丁是谁？"此类客套话是在第一次参观别人的房子时，用来间接恭维主人的程式化说法，意思是"它实在是非常好"。上例中英国籍女主人不谙此道，误以为粉刷工对油画感兴趣，想知道作者是谁。粉刷工在听到女主人的回答时面带困惑，说明女主人的回答出乎他的意料。这则例子表明即使听话人以前没听过这句话，这里语境化的暗示也应该使她有所警觉，意识到它应该是一种程式化用法。这种程式化用法对于非母语者来说，永远都是个难题。对于那些虽然都讲同一种语言，而实际上来自不同地区、具有不同社会背景的人来说，程式化表达更具危险性，因为交谈者认为彼此能够理解，很少会对理解正确与否产生怀疑。

需要说明的是，把语境暗示的领悟理解和文化背景联系起来的目的不是想去预测语言运用，也并非想把语言变异同其他特征扯在一起，而是想找出一些潜在的理解策略，用来理解某一特定语境中的讲话人，同时告诫人们看似意义模糊不清的话语后面可能会有完全不同的解释（Gumperz，1983）。

互动社会语言学之所以对语境化线索深感兴趣，就是为了揭示标记符号（如韵律、语码、风格转换以及一些程式化的表达），如何与语法和词汇这些象征符号、话语流的顺序索引以及文化背景和其他相关背景知识之间相互作用，从而构建社会活动（Gumperz，2002）。

3.2.1.2 会话推理

会话推理（conversational inference）是互动社会语言学不断强调的另一概念，指的是会话参与者在具体的语境中推测其他人的意图并据此做出反应的理解过程（Gumperz，1982）。

会话推理是谈话中的一种重要行为，交际者通过言语或非言语反应间接地、含蓄地提示对方应该如何理解自己所说的话，同时还要向对方表明自己是如何理解他的。对会话人的意图做出评价时，应该依据他的这种言语或非言语的提示，而不能只依据话语内容的字面意义。因此，在会话过程中，交际者面临的任务不仅仅是理解一段话语，更重要的是在互动交际中进行交流，并对交际对方的意图做出正确的推断。交际者根据收到的语境化线索，不断地形成和修正着自己所做出的关于对方交际意图的判断，并通过自己的言语和非言语行为来验证这些判断。

会话推理有两个层次：全局性的推断和局部性的推断（Gumperz，2003）。全局性的推断是指交际者推断自己所处的互动交流是关于什么的，有什么样的共同权利和义务，能够提出什么样的话题，什么可以说出来什么需要被暗示等等。局部性的推断是指交际者推断交际对方的每个构成话步的意图，以及由此需要做出的相应反应等等。会话推理总是涉及某种形式的推理。交际者需要不断自问"对方在说些什么？"，"他们这样说有什么意图？"这种判断从语音层面开始，交际者需要判断对方所说的是"g"还是"k"，但是节奏和韵律对于交际者的判断也起到同样重要的作用。Gumperz（1983）认为如果孤立地来看一句话，假使意思不变，语调和副语言音高曲线也可以有许多变化。一般认为，超音段特征能够把富有表现力的暗示附加在话语的基本意义上，也就是说，听话人据以辨认弦外之音的符号被认为是独立于语言之外的。这样我们有理由认为韵律对于会话推理起着重要作用。我们把判断某一会话反映了何种文化特征的过程称为"语境化"（contextualization）过程。我们正是通过这一过程，来推测语言表面结构的标志意义的。这些标志语信评价模式和组织模式的形式特征就是前面提到的"语境化线索"。语境化线索会使交谈者把现在的情境与经历过的类似情境联系起来而产生"共现期望"（cooccurrence expectations）。共现期望通过先前的交际经验习得，是人们习惯性和直觉性语言能力的一部分。尽管人们很少提及它，并且只有在出了问题时才会注意到它，但如果没有共现期望的话，人们就无法把当前的言语与先前的经历联系起来了。接下来这段对话来源于 San Francisco 市郊飞往该市机场的直升机上，飞机上共有六个乘客，客舱服务员坐在他们中间。当飞机到 San Francisco 机场时，服务员拿起话筒通过播音系统对乘客们说：

> We have now landed at San Francisco Airport. The local time is 10:35. We would like to thank you for flying SFO Airlines, and we wish you a happy trip. Isn't it quiet around here? Not a thing moving.

此处韵律和节奏可以区别出两件完全不相关联的言语实践，服务员在说最后两句话前做了短暂的停顿，并且后面声音较低，节奏稍快，语调更富于变化。尽管说这两句话时也用了话筒，乘客们却把他们看作不属于广播内容的个人话语。但单单注意到服务员两类不同的言语行为远不足以解释这里的交际事实。广播是一种单向的交际，不需要听话人的回应，在郊区的飞机上更是如此。人们一般把播音理解为例行公事，广播中的话并不反映说话人的个人观点。而在私人谈话中，说话者会期望听众有所反映并且说话人要对所说的话负责。在此例中有几位乘客点头表示赞同，有人问为什么会如此安静，客舱服务员答道是因为搬运工们正在罢工。这一则例子表明了推理过程的层级特征（Gumperz, 1983）。

会话推理既依赖于会话的形式层面也依赖于会话的内容层面，同时，它与会话的背景信息，以及各种象征符号和标记符号也密切相关。这些会话标记间接地存在于说话人的反应方式中，比如他们是否随着别人说话风格的改变而改变，新旧信息或重要、次要信息的区分是否一致，对话语信息中所蓄含的人际关系如何判断，以及如何填补未说出的暗示，如何强调自己的重点，等等。下例会话发生在一个小餐馆的柜台上，一个女招待站在柜台后与坐在柜台前的一位朋友讲话：

例 22

【1】　Friend: I called Joe last night.

【2】　Waitress: You did? Well what'd he say?

【3】　Friend: Well, hi!

【4】　Waitress: Oh yeah? What else did he say?

【5】　Friend: Well he asked me out of course.

【6】　Waitress: Far out!

要想进行上述会话，女招待需要了解与该会话有关的社会文化框架、背景信息，她还应该知道朋友所说的第一句话表面上看来已经结束，但实际上却是一个故事的引子，这个故事需要她的配合才能讲出来。而且，她必须知道 "called"（访问 / 打电话）指的是打电话；她必须知道 Joe 是谁；她还必须知道那个电话对她的朋友来说非同寻常。她的回答 "Yeah？" 用了夸张的语调，并且把 "did" 的元音拖长，这表明她已经具备了理解这些会话所必须的一切条件。随后她马上反问 "What else did he say（那他说什么）?"，表明她已初步意识到接下来的故事大致是什么内容了。

朋友的回答说出了故事梗概，但主要传达信息的是她讲话的方式，尤其是韵律，而不是她讲话的内容。也就是说，招呼语"hi"所用的升降调标明了一种惊喜的心情，这种声调曲线在某一场合反复出现，因而具有了特定的意义。只有知道这一点，并且熟知相关规则后，才能理解说话人接下来的"当然了"。

所以说会话推理在交际实践中起到了非常重要的作用。互动社会语言学家发现，相当一部分的交际中断和交际失败是由于错误的会话推理造成的，因此，深入了解会话的释义及推断过程有助于检测交际是否成功，如果没有成功，则要看问题具体出现在哪个环节上。

3.2.1.3　立 足 点

Gumperz（1971）发现语码转换不一定是一种语言向另一种语言转换，而且还可以是参与者在交谈中行为和地位的转变。Goffman在此基础上进一步提出"立足点"（footing）及"立场"（stance）两个概念。根据Goffman（1981：128），所谓"立足点"是指"互动者选择面对自己及他人的说话角色"，"立场"指在社会情境中所选择的说话位置。倘若互动任何一方改变原选择立场，面对他人的立足点亦会调整，双方协力重新处理互动人际关系，构成日常生活中极为自然的说话方式。

例如，Tannen & Wallet（1993：65）曾举例说明儿科医生的立足点转换方式：当医生检查小孩耳朵时会以逗趣提问安抚儿童患者："让我看看你的耳朵里有没有花生酱和果酱啊（指耳道的化脓现象）？"但当医生面对小孩母亲时，则安慰说："我们判断孩子除了有血流出，问题不是很大。"而当医生之间会诊讨论儿童的病情时，医生则改换专业立场说明病情，显示出医生会随着不同互动对象调整或改变说话内涵，包括"立场"（说话位置）及"立足点"（角色表达方式）。

显然，当谈话互动对象改变自我及他人之间关系时，说话内涵的变动同时包含立场及立足点，但重点不仅是参与者所持观点的内涵，而且是互动者选择何种"立场"及"立足点"进行互动，以及互动者对于"现在正在进行什么样的活动"做出相应的定义（Goffman，1988）。

Kinney（1998）曾针对阅读会导读人进行语言分析，发现其经常展现数种"立场"（如"书本"的"立场"、"阅读会团体"的"立场"及"导读人自己"的"立场"）和"立足点"（如发言人、评论者、中立者），并适时联系两者的关系。如当导读人以"书本"的立场说话时，会启动发言人角色功能，提出书中重点并带动讨论话题。但当同时以书本及读书会立场说话时，导读人则倾向以实事求是提供者（中立者）的角色表达方式（立足点），旨在额外的信息以延续小组讨论话题。

简而言之，立场和立足点的差异在于前者仅表明说话时可选择的位置，而后者具有一定的功能。探讨两者之间的区别应有助于理解立足点如何连接和转换立场，借此反应参与者的互动模式。Goffman（1981）指出立足点之角色变化包含以下三种，且三者可能由相同或者不同的说话者担当：

（1）表演者（animator）指借由发声将话语传递以代替某人发言之角色；

（2）作者（author）指编辑话语的角色；

（3）本原（principle）指意见的真正作者，即对话语负责的角色。

如一般电视广告的旁白是由"表演者"发出的声音，"作者"是广告公司的撰稿人，"本原"是指广告业主。Matoesian（1999）曾经探讨总统新闻发言人的演说方式并视其为"表演者"，是代表或传达总统意见的立场，而总统为"本原"，为该立场负责，至于撰稿人，其幕后智囊团才是真正的"作者"。

Goffman 认为，立足点是由多种角色镶嵌（embedded）而成的，即其表现不仅是一种而可能同时包含另一种角色（这就是为何立足点涉及角色的原因，两者并非相互独立的变量）。Hoyle（1993）曾经研究两名男孩搭档模拟播报体育新闻，发现他们有时会个人立场说话，如：

例 23

【1】 甲：一号球员已经跑过去了。球飞到了你那边了吗？

【2】 乙：是的。

【3】 甲：好的，现在的分数是 78 分，xx 队领先。

上面的例子，甲担任播报员是以"观看者"（旁观者或中立者）立场向观众报道赛事（"一号球员已经跑过去了"），但是随后却扮演观众向另一个播音员询问赛事（"球飞到了你那边了吗？"注意此处的人称代词"你"）。由此可知，说话者不仅运用一种角色说话，而且运用多重角色传递信息。

显然，Goffman 的分类的确展现了说话者的立足点及其代表的立场，也刻画出该计划立场与听众间的互动距离。这种分析不但表明立足点是建立在组织合作的基础

之上，而且能够区分参与者以何种角色进入分工系统（Hanks，1996）

总之，立足点的活动内涵包括角色及立场：角色为说话者之表述方式，立场则是说话者选择的说话位置，两者连接构成立足点，其变化影响角色及立场。这样就把语言与语境的互动关系揭示出来了。

3.2.2 研究方法

互动社会语言学受交际民族志的影响，交际民族志学者以描写交际事件为己任，特别关注交际情景，认为只有在对言语环境进行了透彻分析的基础上才可能弄清人们在特定环境中所做出的言语行为的原因，因此交际情景的结构分析在这一学派内得到了充分的发展。互动社会语言学吸收了这样的研究方法，成功地整合了一些相异但又互补的问题：理论构建与实证研究，语言事实与社会文化事实，认知规则与交际目的，文本与语境，话语与民俗，分析家的理解与交际参与者的理解（Luzio，2003）。由此，互动社会语言学发展出一种新方法，探讨和解释多语多文化社区中的文化内和文化间的语言过程。

语言和文化多样性的研究大致可以分为两种范式。一种方法认为交际实践是由现实世界的理解倾向和现实世界的行事倾向，即惯习（habitus）决定的，因此，只有研究这些倾向所反映出来的宏观社会条件、政治和经济力量以及由此产生的权力关系（Bourdieu，1994），才能深入了解语言和文化多样性的本质。另一种研究方法则认为，社会最终是由话语互动定型的，因此，必须用建构主义的方法了解微观的话语方式和过程，然后再转向多样性的研究。互动社会语言学没有全盘地接受某一种研究方法，而是试图弥补这两种研究方法之间的裂隙，把两种研究方法进行有机的结合。它关注交际实践，把交际实践当作社会力量和话语力量的交汇点，而交际实践在很大程度上依赖于话语实践，因此，话语实践或者话语互动就成了互动社会语言学研究语言和文化多样性的窗口。

此外，互动社会语言学家在对话语实践进行互动研究时还制定了一套研究程序（Gumperz，2003）：

首先对交际互动过程进行民族志调查，依赖深度的参与者观察和访谈来发现和了解产生的一系列自然交际事件。这种民族志调查是为了：①了解当地的交际生态，以识别当地的交际者在交际时带有怎样的期望和言语预设以及如何解决交际互动中出现的问题；②发现反复出现的活动类型，这些活动最可能为既定研究问题提供研究素材；③通过观察、访谈主要参与者并与他们核实自己的理解等方式，发现交际者解决问题的方法。

进行交际民族志调查之后，互动社会语言学家选择那些有代表性的交际互动事件进行录音或录像，然后，对录音材料进行两个层面的分析：①内容（content）；②发音和韵律（pronunciation and prosodic organization）。此处的目的是提取结构上紧密一体的单位。这些单位与录音预料中的其他单位相分离，内部有一定的主题连贯，有较为明显的开始和结束，其标志是内容、韵律、文体以及其他形式标记的同时转换。Gumperz（2003）还将交际民族志的实践做一定的扩展，用"事件"（event）来指称这些临时组合在一起的单位。目的是发现交际的自然结构片段，它们包含了支持或反驳分析者之理解的实证依据，可以用它检验有关序列中其他位置上的交际意图的假定。

接下来，将这些录音整理成文字——转写为"互动文本"（interactional text），以书面形式呈现所有观察到的有交际意义的言语和非言语符号。互动文本中包含说话者和听话者进行会话推理所需的所有提示信息：言语和非言语的、音段和超音段的、韵律的、副语言的，等等。以往和目前的研究都显示，说话人和听话人都依靠这些线索进行推理。

这种研究方法不仅帮助研究者深入了解交际者进行交际时的情景语境和民俗语境，还能分离出反复出现的语言形式与语境及背景知识之间的互动关系及其对会话释义所起的作用（Gumperz，2001）。研究话语互动时，理解和解释会话意义的标准不是由互动社会语言学家事先设定的，而是以交际参与者的理解和解释为基础。互动社会语言学家只是对交际参与者的解释进行重新构建，以了解和理解社会意义在互动过程中构建和生产的过程。

3.2.3 讨 论

互动社会语言学认为，社会结构存在于每一个交际互动过程中，每一个交际互动都代表或者设定一种社会结构（Bourdieu，1994）。互动社会语言学的任务就是把这些社会结构的实现过程呈现出来，使之成为可以解释说明的现象。通过对互动过程中社会结构的生产和再生产进行互动社会语言学分析。互动社会语言学使我们注意到一个事实：交际互动中的误解和歧视现象有它的语言维度。从这个意义上说，语法结构就变得不那么重要。相反，我们应该关注的是交际的社会意义以及制约交际的社会和文化规约。

3.3　权　　势

"权势"（power）和"等同"（solidarity）这两个术语作为社会语言学中的重要概念，首先由 Brown & Gilman（1960）在关于第二人称代词 T（单数）和 V（复数）用于单数的研究中提出，用来概括复杂的人际关系。"权势"是指如果一个人能控制另一个人的行动，他对后者就具有权势。权势指的是至少两个人之间的关系，是一种非对等的关系，因为两人不能在某种行动范围内同时对对方拥有权势。权势关系中的一方处于强势，另一方则处于弱势。例如："甲是乙的领导"，说明甲对乙拥有权势。"等同"则是指说话人之间的社会距离小，侧重双方的共同点，即双方在各种社会条件方面拥有共同点。例如，相同的社会背景，相同的宗教信仰，相近的年龄、职业，相仿的社会经历。

在 Brown & Gilman 的研究中，T 和 V 作为拉丁词语 vos 和 tu 的首字母大写形式，V 表示礼貌客气的尊称形式；T 表示亲近随和的通称形式。研究这种称代形式及其用法的重要性在于观察了解同一形式的非交互性或非对称性的使用情况；互动双方通过这种非对称形式的选用，表明各自在等级社会中身份地位的异同，以及在错综复杂的人际关系中角色的认定。通常，说话人都能够正确选用适宜的对称形式，但是当代词对应的两种基本语义与社会关系的复杂性发生冲突时，如何解决这一矛盾就使得社会语言学称代研究不仅具有语言学研究的意义，还有跨文化比较研究的意义。12—14 世纪中叶，欧洲各个语言中都形成了非对等性的权势规范：权势拥有者对别人使用 T，而别人对他则用 V；在权势大致相等的人之间，称呼代词最初没有区别（根据社会地位的高低相互使用 T 或 V），但是后来逐渐发生了变化，T 成为亲近的标志，V 成为礼节标志，这个因素就是等同关系。最初，权势相等的人之间有共同点的相互称 T，无共同点的则称 V，等同只用于权势相等的人之间的称呼。后来，等同因素扩大到权势不相等的人之间的称呼使用上，也就是说无论权势的强与弱，只要双方有共同点就相互称 T，没有则称 V（杨永林，2004）。

Brown & Gilman 的研究还发现，T 或 V 的使用和社会结构和思维体系有密切的联系。一般情况下，在相对静止的社会中或保守思想强烈的群体里，使用非相互的权势语义较为普遍；但在流动性较大、平等意识较强的社会中或激进思想强烈的群体里，则普遍使用相互的等同意义。此外，变换 T 和 V 的使用则反映个人的情绪和态度。

Brown & Gilman 认为这种称呼的用法既受到民族传统、社会结构和思想意识的制约，还与交谈双方的身份差距及亲疏程度相呼应。

这种 T 和 V 的使用体现出现实社会中一般社会关系的最基本的两种形式，并且这种 T 和 V 的标记就任何语言而言，不仅体现了代词对称体系所蕴含的语义差异，而且可以推衍到泛指一切具有普遍社会语义区别特征的言语成分及形式。以上内容涉及语言形式与功能的辩证关系：一种语言形式可以依据言语双方社会关系、交际任务、语境等内容的不同，表达不同的引申含义或交际功能；反过来说，一种交际功能或意义概念又可以通过不同的语言形式来得以实现。

权势的来源有很多方面：体质、财富、年龄、性别以及在教堂、国家、军队或家庭内部所处的地位等等。Hodge & Kress（1993）认为，对于权力的社会分布，应该通过分析语言来理解，因为语言为社会等级结构中的权势差异的细微表现提供了最精确的表述方式。它既是静止系统，又是变化系统，所有语言形式，只要能表示距离关系、能表示"状态"和"过程"，便能表示权势。

权势在机构话语中的使用非常微妙。Thornborrow（2002）认为，不是语言形式本身是否强势（powerful），而是"谁为了什么重要目的使用了这些语言形式"。可见，话语的权势在于在言语过程中对相互关系的动态处理。Thornborrow 发现权势存在于如下两个方面：一是被赋予的（attributed）、是事先存在的，存在于级别和社会地位中；二是在言语协商（negotiated）中得到的。她认为话语权势属于后者，并把它定义为"说话者使他或她的意思被其他人接受的能力"。大部分对机构谈话的研究着重于两方面的研究，一是认为机构性的组织赋予某些个体以权势，同时研究在互动的细节中这种权势是如何获得的。因此，从广义上说，权势既包括个体在日常语言互动中获得的高于其他个体的权势，也包括社会阶层和组织结构中被赋予的社会权势。

3.3.1 权势的定义及其表现形式

医患谈话中的权势直接影响到话语权，而话语权的不对等造成了医患之间角色的层级性。那么权势在医患谈话中具体表现在哪些方面呢？我们先看言语中体现话语权的两种方式：打断和提问。

3.3.1.1 打 断

打断（interruption）是话语交际中的一个常见现象。许多语言学家都试图对这种日常会话中的打断现象做出定义，但是意见难以达成一致。甚至对打断的构成及其在话语交际中的功能都存在认识上的分歧。

West & Zimmerman（1977）将打断定义为，说话人话语内在结构的深层次侵犯和对当前说话人句法界限的侵入。Brown（1980）指出，打断是指交际的一方在当前说话人结束话轮前开始讲话，争抢了当前说话人的发言权，致使当前说话人停止讲话。打断不仅是对话轮转换机制的违反，而且还是对语言和社会行为规范的违反。Kollock 等（1985）认为，说话人的话轮是其完成交际目标和阻止他人完成交际目的的机会，而打断就是在他人话轮结束前就开始讲话，阻止或至少暂时阻止他人完成交际目的。

遗憾的是，上述定义没有区分不同的打断行为。例如，当前说话人稍作停顿时，打断就有可能插入进来。另外，听话人向说话人表示自己正在用心倾听对方谈话时使用的反馈词，如"嗯"、"对"、"是的"等，也是说话人谈话还在进行时插入的。这些从形式上看貌似打断，实际上并不是真正意义上的打断。这就意味着打断的有效定义不但要考虑形式上的标准，还要从意义和功能上予以严格界定。

Murray（1985）认为，打断违背了讲话者的权力，也就是说讲话者正好要讲话或是正在讲话，但是无法继续下去。李悦娥等（2002：140—141）将打断定义为："打断是在当前说话人结束话轮前开始讲话，即说话人为了取得发言权试图与当前说话人争抢话轮。"刘虹（2004）认为从动机看，打断还可以分成故意打断和非故意打断。从效果看，故意打断又可以分成合作型故意打断和非合作型故意打断。

"非合作型故意打断发生在转换关联位置以前，大多是由于听话者或者急于表达自己的想法，或者急于了解某种信息，或者急于对说话者进行反驳，强行打断说话者话轮。"（刘虹，2004：82）下面的谈话为甲乙两人商量关于兑换饭票的事情。

例 24

　T1 甲：实际上咱俩儿调就可以了，我跟那儿（指膳食科）

　　　调干吗？费 [那个劲

T2 乙: 　　　　　　　[哎？那么你就是饭卡要给我，那么

就 [就

T3 甲: 　　　[对呀，我把饭卡给你，完了以后：：：你

就用我的。

T4 乙: 你就是讲得呢太迟了点……

上面的举例 T1、T2 都被对方打断，其原因都是已经预测到下面对方要说的话。

"合作型故意打断是指乙在没有听清楚或不理解甲所说的话时，打断甲的话轮，要求甲澄清或重复所说的话。"（刘虹，2004：84）

例 25

T1 甲：嗯他原来吃的是这种药，（0.5）

　　　　[后

T2 乙：[这种药，（0.5）[这是啊 [吃什么？

T3 甲：　　　　　　　　[哎：，[需要

上例中，乙表示对甲的话不理解，甲的应答语是从句子完成位置上开始的，与乙的补充询问重叠。

"非故意打断发生在话轮中某个句子的完成位置。"（刘虹，2004：86）通常是由于打断话轮的人把这个句子完成位置当作转换关联位置造成的，所以这种自选索取话轮造成的打断并不是有意争夺话轮引起的。

例 26

甲：这种药你上次给你开没有？	1
乙：没有啊（0.5）[你要开了我肯定记着	2
→甲：　　　　　　　　[肯定	3
甲：那这次给你开吧？	4

上例中甲把"没有啊"后面的停顿当作转换关联位置，所以开始自选索取话轮，结果与乙重叠，重叠后甲马上停住，等乙说完 2 后才开始继续讲话。

综上所述，对于打断的界定，目前还没有统一的标准。本研究借鉴李悦娥等（2002）和刘虹（2004）对打断的定义，并对所收集的语料进行详细分析和归纳之后，特将打断定义如下，打断是在当前说话人结束话轮前开始讲话，即说话人为了取得发言

权<u>有意</u>与当前说话人争抢话轮。此外，本研究还结合 Rogers & Jones（1975）的方法，将与前一说话人话语出现重叠的、类似"嗯"、"好的"等表示倾听的反馈语——"听话者的行为"（listener behaviors）排除在打断之外。

3.3.1.2 提 问

提问（questioning）是会话分析中不容忽视的语言结构——"提问—回答"结构的一部分，它在会话中占有很大的比例，并对会话的顺利进行起着举足轻重的作用。但是一些看似问题的问句在一定场合可能完全没有提问的功能，而不具备问句形式的话语则有可能起到问题的功能。

例 27

What did I tell you? Don't worry!

例 28

You're a student?

例 27 以问题的形式出现，但却不是问句；例 28 则恰巧相反。鉴于提问的复杂性，不同的学者也提出了不同的评判标准。

Bolinger（1957）认为，提问是一种行为模式，很难确切定义，但是他提出了构成问句的四要素：问句的分布，问句的句法结构，问句的语调，提问时的表情。Quick 等人（1972）则认为升调是判断提问的重要依据。Hambin（1971）和 Belnap（1976）认为，提问等于一组可能的直接回答。Hintika（1981）认为，提问是问话人提出的一个请求，要答话人设法让问话人知道某一命题是否为真。

本研究则采用廖美珍（2002：42）对提问的定义，提问是"可以引出回答反应的话语行为"。也就是说，本研究专指以索引答话为目的的提问。

Goodwin（1990）认为，提问本身就是一种指令，它控制了会话过程中参与者的行为。通过提问展开权势争夺的方法有下列几种。首先，提问是一种选择，它选择了下一个要发言的人。即谁来讲话要由发问的人做决定。其次，提问限制了下一个讲话人回答问题的方式。也就是说，讲话人要谈论的话题、内容都要和提出的问题相关。即使是针对"开放性问题"的回答，其回答内容也受到一定的限制。可以这样说，提问限制了回答者的谈话内容。因此，提问人通过提问获得权势。再次，问题回答完毕后，也能预示将要发生的事情。通常提问就表明谁将进行下一轮提问。

谁进行提问，谁就控制了谈话。因此，社会语言学家认为提问是交谈过程中参与用于双方争夺权势的重要手段。

3.3.2 影响权势关系的社会变项

社会语言学家认为，如果仅从语言内部去研究语言，而不从语言外部的社会因素去考量，那么就无法真正揭示出语言的心理属性及其社会建构（Schilling-Estes，2002c）。

Gumperz（1982）也认为，由于定量社会语言学在解释语言变异和社会变异之间的联系方面所取得的成绩，该领域使用的研究方法已被应用到许多大都市社会方言调查之中，也用于跨文化交际的研究中。这一研究范式揭示了语言特征与使用者的社会属性，如性别、年龄、社会地位的联系，以及与语境之间的密切关系。这些研究都生动地展示出社会语言学因素是怎样影响着讲话人在社会生活中的语言使用的。也就是说，社会语言学研究认为语言变异不仅受到语言系统内部因素的影响，还受到很多社会因素的影响，其中最明显相关的社会因素是：社会阶层、性别、年龄、民族和种族（徐大明，2007）。这些社会范畴均可以视为不同的社会变项（social variable）。

本研究试图运用社会语言学的原理，对医患谈话这一特殊的言语活动进行实证研究。选取地点为中国华北地区的保定市，该地主要为汉族人口聚集地，因此可以将民族和种族这两个因素排除在讨论之外。这样影响医患谈话中层级关系表现形式的社会变项就缩小为如下三类：

（1）性别：性别因素在当今社会语言学中已经成为一个最具生命力的社会变项。系统的研究结果表明，女性比男性更多地使用高威信的（prestigious）变式，这种性别/威信模型至少在英语世界中是一个普通的社会语言学现象。语言变化的研究也发现：女性领导自上而下的语言变化。因此，性别因素常常处在先于社会阶层因素的位置，即性别因素先于社会阶层因素对语言的变异产生作用（Milroy & Milroy，1993）。

（2）年龄：年龄是影响语言变异的重要因素，变异学派的语言学家们不断地进行着年龄因素方面的探索。他们的研究发现，如果一个变项的确代表着语言变化，他在社区的年龄层中的分布会逐渐改变：新变式在最年长一代人的话语中会有少量出现，在中年人的话语中出现的次数有所增加，而在最年轻一代人中则会更为频繁地出现（Chambers et al.，2002：355）。

（3）社会阶层：功能主义社会学的理论构成了变异学派分析的基础，它将社会分层视为共有的价值观和广泛的社会合意的产物。功能主义者将不同的阶层视为一个连续体，而不是泾渭分明的多个个体的集合。Labov 的大部分研究都采用了这种社会合意的阶层划分模式，而且在此框架内的研究已经取得了相当一致的结论。通过 Labov 的纽约市百货公司调查、纽约下东区调查、费城街区研究以及 Trudgill 的诺里奇市调查表明，社会阶层在语言变异中起到了十分关键的作用。

徐大明等（2007：132）则认为"这里所说的社会阶层是指根据社会经济标准划分的。在西方社会，社会经济因素是区分社会群体的一个主要标准。一般说来，社会地位的高低主要取决于一个人的经济收入"。徐大明 1987 年在中国内蒙古自治区包头市的调查结合使用了 Labov & Milroy 式的方法，后来又在包头调查的基础上对 Labov 的"层化"模型与 Milroy 的"网络"模型进行了比较（Xu，1993）。徐大明的结论是网络模型应该更适应中国大部分言语社区的状况。其理由是中国没有美国那样的高度发展的社会经济分层，并且中国也缺乏市场化的人口流动，对于大部分人来说不存在借助"包装式"的手段来攀登社会阶梯的机会。与此相对应，中国人的日常生活中所依靠的"关系网"却需要密切交际互动和明显的文化认同来维系。因此，语言变异的标记作用就较多地用来显示对范围标准的熟谙。但是徐大明的调查是在 1987 年进行的，所调查的社区基本上是改革开放前单位社会化的新兴工业城市的社区（徐大明，2007）。而今人民的物质文化生活水平已经有了极大的改善，这些社区也相应地发生了很大变化。社会变化带来的语言变化需要进一步研究。

由于本研究要探讨的是医患谈话中层级关系和社会变项的关系，所以必须先确定社会变项，对每一个变项都必须给一个"操作定义"（operational definition）。性别可以分出男性和女性。年龄也是一个社会变项，可以划分出青年、中年和老年三个离散变式，因此我们的操作性定义为：35 岁以下为青年组；36—50 岁为中年组；51 岁以上为老年组。但是怎样选择一个可靠的办法对一个人的社会地位做出操作定义呢？换句话说，什么人属于中层、下层或者上层呢？

若要客观衡量，不管社会成员本人看法如何，研究者必须通过对社会实际情况的观察，来确定一个人的社会阶层。Shuy 等（1968）采用的是"地位特征指数"（index of status characteristics，简写为"ISC"）对阶层进行测量。这种方法首先将某些社会因素，如受教育程度、经济收入等划分出几个等级，然后把这些等级综合起来得出一个指数，这个指数代表一定的阶层。具体情况是：每个被调查对象都有三个不同指数，职业指数（1—7）、教育程度指数（1—7）、家庭经济收入指数（1—6）。然后将这些指数分别乘以 5、9、6，并将结果相加，得到的就是这个人的社会层次指数。社会层次指数越小，社会层次越高，反之则越低。例如，一个拥有博士学位，且收入可观的律师可以得到的职业指数是 1，教育程度指数是 1，收入指数也是 1。分别乘以 5、9、6 并相加后得到的社会层次指数是 20。如果一个人的各项指数为最低值，则他的社会层次指数为 134。社会层次指数越小，社会层次越高，反之则社会地位越低。确定指数以后就可以划分出阶层：指数是 20—48 的为上层，49—77 为中层，78—134 为下层。采用 ISC 有两个理由：①经济条件和社会地位密切相关；②这些社会因素和经济因素可以影响某一阶层的社会行为（Shuy et al.，1968）。

本研究根据 Shuy 等的划分方法，结合中国的国情和本研究地区的综合情况，提出一种新的的客观衡量标准。针对每个被调查对象的三个不同指数，职业指数、教育程度指数、家庭经济收入指数，我们进行如下划分：

（1）职业指数：我们参考 2009 年影响较大的职业声望调查数据（李强和刘海洋，2009），按照职业声望得分，将说话人的职业分为 7 类，指数分别为 1—7，依次为——国家机关、党群组织、企业、事业单位负责人和军人的职业指数为 1；大中专院校教师为 2；各类专业技术人员为 3；商业从业人员为 4；生产、运输设备操作人员与有关人员为 5；服务业人员为 6；农民为 7。

（2）教育程度指数：我们把教育程度分成 7 类，1—7 分别对应博士、硕士、大学本科、大学专科、高中、初中以及初中以下。

（3）家庭经济收入指数：我们将其分成 6 类，以月为单位，分别是——1 为月收入 20 000 元以上；2 为 10 000—20000 元；3 为 5 000—10 000 元；4 为 2 000—5 000 元；5 为 1 000—2 000 元；6 为 1 000 以下。

然后将这些指数分别乘以 5、9、6，并将结果相加，得到的就是这个人的社会分层。被调查的患者所属社会分层为三类：Ⅰ类（下层）、Ⅱ类（中层）和Ⅲ类（上层），其对应的指数分别为 78—134、49—77 和 20—48。

3.4 合作原则

美国语言哲学家 Grice 于 1967 年在哈佛大学的演讲中提出，会话是受一定条件限制的，人们的交谈之所以不至于成为一连串互不连贯的话语，是因为谈话人都遵循一定的原则，相互配合。他把这种共同遵守的原则称为"合作原则"（cooperative principle）。按照合作原则，谈话的参与者可以根据说话人在交谈的某一时刻所说出的某一句话推导出那个说话人在当时说出的那个语句所表达的意思。也就是说，说话人和听话人都假定对方遵循合作原则，因此双方可以利用这个原则推导出"会话含义"（conversational implicature），即非逻辑推理的言外之意。

Grice 认为，在正常情况下谈话不是由一连串不相联系的话语组成的。谈话总是一种合作行为。谈话的参与者总有一个共同的目的，至少也有一个互相都接受的指向。为了达到这个共同的目的，谈话的参与者必须遵守这样一条基本原则："使你的话，在其所发生的阶段，符合你参与的谈话所公认的目标或方向。"（Grice，1975：45）这就是合作原则。合作原则的具体内容体现为以下四条准则：

1. 数量准则——规定说话时所应该提供的信息量。
    a. 你说的话应包含（为当前交谈的目的）所需要的信息内容；
    b. 你说的话不应超出所需要的信息内容。
2. 质量准则——规定了说话的真实性。
    a. 不要说自知虚假的话；
    b. 不要说缺乏足够证据的话。
3. 关系准则——规定了说话要切题，不说和话题无关的话。
4. 方式准则——规定了表达方式。
    a. 避免含混不清；
    b. 避免歧义；
    c. 讲话要简短（避免冗长）；
    d. 讲话要有序。

前三条准则都与"说什么有关"，而方式准则则与"怎样说"有关。总的要求是"要清楚明白"。这些准则的重要性不一样，例如质量准则的第一次则必须首先得到遵守，然后才能使其他准则发挥作用。合作原则要求每一个交谈参与者在整个交谈过程中所说的话符合这一次交谈的目标或方向。然而在实际交际中，并非每一个交谈参与者都会一直遵守合作原则中的四条准则。Grice（1975）认为，有时人们为了实现某种目的，会故意违反上述准则，从而产生特殊的会话含义。

3.5　图式理论

图式理论（schema theory）是认知心理学家用以解释理解心理过程的一种理论，是指围绕某一个主题组织起来的知识的表征和贮存方式。图式概念最早是认知心理学界的术语，由德国心理学家 Kant 于 1781 年在他的著作《纯理性的批判》（*Critique of Pure Reason*）中提出，他认为概念本身并无意义，只有当它与人们已知的事物相联系时才产生意义（章柏成，2005）。英国格式塔心理学家 Bartlett（1932）将其发展，并在其著作《记忆》（*Remembering*）中提出了图式理论，把图式理论用于讲述和追忆故事。他认为图式是已有信息在大脑中的储存方式，是大脑对过去经验的反映，是已有信息对新信息进行重构并使其与已有信息相融合的过程。后来美国人工智能专家 Rumelhart 完善了图式理论。迄今为止，图式理论已经经历了 200 多年的历史。

现代图式理论产生于 20 世纪 70 年代中后期，该理论创始人之一 Rumelhart 把图式解释为以等级形式储存于长时记忆里的一组"相互作用的知识结构"或"构成认知能力的建筑砌块"（王初明，1990：151）。Pearson 将图式定义为人们听到或读到某些信息时在脑海中产生的情景或联想（童珊，2009）。Cook（1989）认为，图式是头脑中的预先存贮的知识或背景知识。Widdowson（1983）则认为，图式是已知事物或信息存储于头脑中的知识结构。可见，不同的学者对图式的诠释基本是一致的。因此我们可以这样理解，图式理论的主要观点是，人们在理解新事物的时候，将新事物与已知的概念、曾经的经历，即背景知识，联系起来的知识表征形式。对新信息的理解和吸收取决于头脑中已经存在的图式，输入的信息必须与大脑中这些图式相吻合。人的一生要学习和掌握大量的知识，这些知识并不是杂乱无章地贮存在人的大脑中的，而是围绕某一主题相互联系起来形成一定的知识单元，这种单元就是图式。比如，我们见到"牡丹"的图片，很快就能想到它的名称、产地等许多有关该植物的知识，立刻与"洛阳"、"富贵"等词语联系到一起。这说明该植物的外观特征与它的名称、地理位置等有关知识是联系在一起贮存在人的大脑中的。所以说，图式实际上是一种关于知识的认知模式。图式理论研究的就是知识是怎样表征出来的，以及关于这种对于知识的表征如何以其特有的方式有利于知识的应用的理论。

图式不仅指导我们理解各种事物和经历，而且还帮助我们理解对这些事物和经历的语言描述，是关于背景知识在语言理解中的作用的学说。在解释话语理解的过程时，图式理论强调两种基本的信息处理方式，即"自下而上"（bottom-up）和"自上而下"（top-down）的处理方式。"自下而上"的处理方式中，输入头脑中的信息起始于最基本的具体图式。这些具体图式合成较大的高层次图式，从而激活头脑中较大的图式发生作用。这种"自下而上"的方式使听话者或读者容易注意到新信息，注意到那些与他们所设想的话语内容和结构不相符的信息。"自下而上"的处理方式是一个从部分到总体的过程，亦称作"受数据所支配"（data-driven）的方式。"自上而下"的方式认为，头脑中的高层次图式预测输入的信息，并对这种信息予以肯定或否定。"自上而下"的方式加速信息的吸收或同化，有助于听话者或读者消除歧义；当输入信息有不同解释的时候，帮助我们做出抉择。"自上而下"的处理方式是一个从总体到部分的过程，利用图式的预期作用对总体进行预测，也被称作"由概念所支配"（conceptually driven）。上述两种信息处理方式通常在话语分析和理解过程的各个层次上同时发生（王初明，1990）。

理解的过程是图式具体实现（instantiation）的过程，相应的图式一旦被激活，就可指引人们加速理解过程。图式是一种抽象的包含着空档（slot）的知识结构。它的每一个组成成分为一个空档。同时图式又是固定的（stereotyped），它表明各组成部分之间的典型关系。用以填补空挡的内容不一定来自话语中的信息，而有可能是说话者或听话者或读者自己提供的。当有足够的具体事例填充了图式的空档时，图式便具体实现了。"自下而上"的处理方式是提供数据使图式具体实现的主要方式。理解过程是我们的已有知识或图式与所接触的话语之间互相作用的过程，这种相互作用由两个同时起作用的激活过程引导，即上述的两种信息处理方式。图式理论认为，话语本身是无意义的。它只是为我们指路，让我们根据自己早已具备的知识，去建立起说话者或作者表达的意思。因为话语的理解涉及话语本身以及听话者或读者，所以，有效的理解要求听话者或读者具有把话语材料与个人的知识联系起来的能力。

图式的激活是多层次的、反复的。我们不具有与文本相关的图式时，便会发生理解受阻。而具有合适的图式但由于某种原因未能激活它，仍不能正确理解文本（童册，2009）。可见，图式是认知的基础，一旦在人们的大脑中形成，将会对以后获得的信息进行富有想象力的重组、理解和记忆。图式理论揭示了人们大脑中先验的知识结构与新事物之间相互影响，相互作用的关系。人们在接受新概念、新资讯和新信息时，必须构建与自身所拥有的知识框架相吻合的图式，方可对新概念和新信息等产生更好的理解。

3.6 小　结

会话分析与互动社会语言学之间有许多共通之处，集中表现在对真实的日常交际行为感兴趣。但不同之处在于，互动社会语言学能够更深入、更详细地探索社会交际实践的各个维度和过程，因为互动社会语言学强调交际者的主体建构作用，强调语言与语境的互动关系。

会话分析的研究对象是日常对话实例，注重对真实交际话语的分析，探索日常会话的规律性特征。会话分析关注的中心问题是：会话参与者如何说出能被人理解的话语以及他们如何理解别人的话语？这个大问题可以分解成以下几个小问题：①会话参与者如何构建谈话的方向（orientation），即他们如何使自己和对方开始交际，例如，问候语的使用；②参与者如何分配谈话量；③参与者如何构建会话的主题（Heller，2001）。在会话分析者看来，会话是由一系列话轮组成的，承接话轮既是会话参与者的权利，也是他的义务。会话参与者以单位来组织话语，会话分析家把这些单位叫作话轮构建单位（Turn Construction Units）（Sacks et al.，1974）。除了关注话轮转换外，会话分析家还研究焦点转移、语流控制、顺序和相邻语对以及会话修补等等。但是"会话分析学者却沿用了一种孤立的调查传统研究上述会话机制，而对会话事件、交际框架至今尚无能为力"（Gumperz，1982：205）。

互动社会语言学则认为，语言研究只研究语言本身是不够的，还需要对语言的功能进行研究，因为语言是服务于社会的，言语交际的参与者都是社会的人。互动社会语言学继承了会话分析的观点，认为会话是由按顺序组织起来的话语交流构成的，而且会话以某种方式创造了它自己的交际生态环境。但是互动社会语言学对会话推理的定义与会话分析的定义截然不同。会话分析只关注会话本身的规范化秩序，不对交际参与者的社会文化背景做任何的预设。而在互动社会语言学中，会话推理是"话语理解的情境化或语境化过程，通过会话推理，交际参与者评估双方的目的，并以此为基础做出相应的反应"（Gumperz，1982：153）。有了这个定义，我们就不能不重视会话理解过程，因为相邻语对之间的关系总是受到评估的介入，这种介入的评估正是下一个话轮产生的条件。因此，我们可以这样认为：互动社会语言学有别于会话分析，它更适合分析社会特征明晰的机构话语，而会话分析则可以用于分析会话程式和结构。将两者结合起来，可以更好地从微观和宏观层面对医患谈话进行分析。

van Dijk（1987：32-33）认为，"话语是在社会情境下社会成员之间产生的一种社会互动的形式，而这种社会情境则受到了社会结构和文化框架的制约"。根据这一观点，本研究采用互动社会语言学和会话分析相结合的方法研究医患谈话，其理由是：

第一，会话分析侧重于分解会话的微观特征，目标是研究"有助于理解人们行事方式"的"小现象"（Sacks，1984：18），"对相对较小的语言样本进行非常详尽的分析"（Nunan，1993：86）。会话分析家认为，对会话的微观结构和机制的分析，例如话轮转换和会话修补，应该先于对会话宏观结构的分析，例如性别、年龄和阶层等（Schegloff，1987）。只有对会话的内部组织机制有了充分的了解之后，才有可能分析它的社会特征。但是如何联系会话中社会特征的影响作用呢？会话分析没有涉及。会话分析只关注会话本身的规范化秩序，而忽略了交际参与者的社会文化背景因素。因此，会话分析为本研究提供了分析工具的便利，使我们掌握医生和患者在诊疗过程中究竟进行了什么样的谈话，解释了在这种类型的谈话过程中所呈现的具体内容。

第二，互动社会语言学分析的目标不是会话过程中现成的话轮顺序，而是一种动态的、不断转换的话语流。也就是说，任何交际都取决于交际参与者基于既定文化预设的理解行为。除了通常意义上的语义过程之外，反映社会权势关系的意识形态也进入到评估过程中。通过运用互动社会语言学的方法分析话语，可以将交谈双方的话语分成若干单元或情节（van Dijk，1982），而这些单元或情节所描述的内容都具有相似性，比如提问、讲故事或肯定的话语策略。此外，在对话语的解释方面，互动社会语言学不仅能对话语单独解释，而且还能将话语引入谈话当时的情境以及更宽广的社会文化框架中加以分析。以上综合的分析方法不仅可以模拟出有利于交谈的情境，还能够模拟出阻碍交谈的场景，而这样的场景都是使用"语言中的无序性"的表现（disorders in discourse）（Wodak，1996）。

通过使用会话分析这一工具，记录发生的事件并加以分析，并且结合社会文化背景知识描写整个互动过程，这是本研究采用的主要研究方法。其目的是不仅从微观层面分析医患谈话，而且从文化情境的宏观层面把握这一特定言语交际事件。本研究的理论框架概括如下图2。

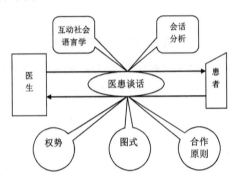

图 2　理论框架关系图

我们运用会话分析对机构谈话的分析理论，具体分析医患谈话这一话语类型的机构谈话特征。医患谈话的机构谈话性质成为统揽随后几章的基本语言性质，对语言类型和层级的研究都围绕这一话语性质展开。此外，对医患谈话语言特征的研究，依据会话分析理论和互动社会语言学理论对话语类型的研究，我们将医患谈话分为若干次类。我们在对各类具体分析的基础上，总结以谈话策略和功能为框架的医患言谈特征。

对言谈主体部分的解构，主要采用 Goffman 的研究思路，侧重立足点方面的讨论，从宏观和微观层面解释医患之间角色的动态变换过程。对话语层级的研究，借鉴 Goffman（1981：125-175）和 Drew & Heritage（1992：49）的研究成果，从医患谈话的实际出发，用权势理论和图式理论对机构谈话特征制约下参与者不对等的话语角色关系及其在诊疗过程中所起的作用进行分析。

总之，本研究的理论框架采用会话分析和互动社会语言学理论为主导，并引入权势理论、图式理论和合作原则作为整合的理论框架综合分析医患谈话。以这一新的理论框架为基础，我们在下一章将介绍研究设计，提出研究问题。

第四章　研究方法

为了便于对本研究所选语料的把握，本章首先介绍研究设计、语料收集方法、语料范围、语料数量及语料转写等方面的内容，然后概述本书中相关章节的语料运用和取舍情况。

4.1　研究设计

医患谈话作为本研究的中心内容，其方方面面都是研究的焦点，因此我们采用"自下而上"（bottom-up）的分析方法。先转写医生和患者间谈话的录音语料，找出其中的语言特征，再总结医患谈话的共性，这是本书研究的过程。

4.1.1　研究场所

分析不同场所的医患交流，会因不同的环境条件，有不同的语言分析结果。例如：急诊科的谈话语言肯定和理疗科、康复科的语言模式不同。因此需要详细描述本研究所涉及的医院。

本研究选择的医院位于河北省保定市中心，是一所综合型的三级甲等医院[①]，承担着全市所属 25 个市县区百姓疾病的诊疗和救助任务，拥有 33 个专业临床科室，

[①]　三级甲等医院（简称"三甲医院"）是依照中华人民共和国现行《医院分级管理办法》等的规定而划分的医院等级之一。三级甲等医院在中国是国家特殊医院以外的最高等级的医院。该级别医院建设成绩显著，科室设置、人员配备、管理水平、技术水平、工作质量和技术设施等，按分等标准综合考核检查达 900 分及以上。

并配备最为先进的诊疗设备，它还承担河北大学、河北医科大学等院校的临床教学任务，是一所百姓认可度极高的公立医院。

4.1.2 研究内容

患者在门诊与医生交流的步骤较为复杂，ten Have（1989）认为诊疗程序（interview segments）的"理想序列结构"（the ideal sequence）由如下六个步骤构成：

（1）开始：招呼、欢迎语、开始问话。

（2）问诊：医生询问患者的主诉、现病史、个人史、医疗背景、生活习惯或其他社会心理问题。这是正式检查的前导。

（3）检查：对患者实施相关检查。

（4）诊断或治疗：对疾病下诊断，若需当即治疗的则予以及时处治。

（5）咨询：针对患者的疾病，医患互相提问。

（6）结束：让患者意识到面谈结束。

因为中国现代医学理论和实践体系源自西方，所以本研究按照上述六个阶段分别分析医患谈话的语言结构。在整个诊疗过程中，医生从收集病史，下诊断到开处方，使用不同形式的语言；同样，患者使用的语言也不同（Cordella，2004）。因此，为使研究更为深入，更加接近语言本原，本研究拟将医患双方的语言进行分类，分类单位为"言谈"（talk），用以确定话语形式与蕴含意义之间的关系。医生的话语可以概括为大夫式言谈、教导式言谈和伙伴式言谈，患者的话语则可以归纳为描述式言谈、社交式言谈和探寻式言谈。然后用 Sinclair & Coulthard（1975）提出的描述分析（descriptive analysis）检验标准，判断其准确性和代表性。

Sinclair & Coulthard 的检验标准是：①每一个类别可以进一步细分。②为避免分类的重合，描述性分类应直接与数据挂钩。③需要将整个转写用于描述分析。④描述的部分结构上应具有相似性。本研究中的语言分类严格遵循以上原则，各分类之间依据清晰、区别明显、尽量避免分类重复。

Gumperz（1982）对话段（utterence）的分类主要依据语法和交际功能的结构相似性。但是由于话段具有多功能性，因此这一分类过程复杂且棘手。对于诸如寻求信息的提问，分类简单明确，但是对于其他的（比如嵌入患者谈话的提问）的分类则需借助功能和情境的阐释。本研究为了避免重复分析相同的话段，先将交际功能的相同话段编码，然后再确定其语言的形式。这样既保证不重复分类，也不会有遗漏，兼顾全面。

4.1.3　研究许可和流程

语料是社会语言学研究的基础，"田野调查"（field work）是基本方法。所谓田野调查是指进入某一社区，收集各种语言材料的过程。本研究在事先征得该医院院务部主任的许可后，进行现场录音采制医患谈话的第一手资料。同时，本研究也征得了患者和医生的许可。本研究流程依照如下步骤进行（见下图3）：

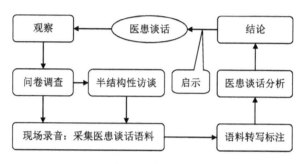

图 3　研究流程图

上图显示，本研究的各步骤包括观察、问卷调查、半结构性访谈、现场录音（采集医患谈话内容）、语料转写标注、医患谈话分析等。总的说来，就是通过直接观察、问卷调查、录音，转写医生和患者间谈话的录音语料，找出其中的不同语言特征，分析并总结医患谈话的共性，最后得出结论，并作为启示指导医患谈话。这就是本研究的流程。

4.2　研究方法

4.2.1　参与者观察

社会语言学研究侧重以自然状态下的语言使用为基础，所以田野调查最主要的目标是获取大量的自然语料。而要达到这个目标就必须克服 Labov 所提出的"观察者的悖论"（observer's paradox）：搜集语料的可靠方法是进行个别访谈，并将谈话录音记录。但是在访谈过程中，受访者会因为警觉到采访人的意图而刻意调整自己的语体，此时的语言较平常与熟人交谈的语言正规。也就是说，观察者搜集语料手段影响到语料的质量（祝畹瑾，1992）。但是要想获得真实的第一手资料，观察者又必须亲自参与。为了弥补这种不足，本研究采用参与者观察（participant observation）的方法。

参与者观察法是人类学家采用的传统方法，在社会语言学领域已被广泛采用，它是指"调查者作为社区的一员在该社区中生活，从一旁观察人们的言语行为"（徐大明，2006：26），包括与研究对象长期居住、直接联系、反复观察、询问、闲聊等，在自然情境中收集资料。因为调查者与被调查者打成一片，被调查者往往不会觉察到自己在受到观察，这样就使调查者在一定程度上克服了"观察者的悖论"，可以观察到最为自然的语言状态。

本研究作者亲自参加此项目的田野调查，因为本人从小生活在北方，熟悉并能够流利讲河北保定方言，又与医院某些部门人员熟悉，所以比较容易和医院的工作人员保持紧密联系，参加医院组织的各类日常和学术活动。

在最初调查的两个星期里，研究者首先和医院的护理部主任沟通，目的是了解医院的管理体制、医生情况、各临床科室概况和分布以及医院的就诊程序，同时掌握当前中国的医疗保健体制，为社会因素变量分析提供可靠依据。

在正式录音开始前几周，研究者还身着工作服扮成医院的主治医生，出现在医院的各个科室，了解该医院的基本情况，观察各群体的社会交际活动，如言语和行为风格等，以便能及时掌握医院的各项情况，并尽快取得参与者的信任，因为要在一个陌生的环境里取得最多数人的配合至关重要。此外，研究者为了提高亲和力，还模仿医生的言谈举止，尽量贴近医生的生活和工作，希望尽快被医生、领导、患者等各个方面接受，以便研究的顺利展开。

此外，研究者还熟悉了医院的就诊程序：

（1）挂号：患者首先应凭借标有患者姓名、年龄、地址等个人详细信息的就诊卡挂号及付费。

（2）分诊：到门诊服务人员处咨询，正确选科室。

（3）候诊：患者挂号后到相应门诊科室候诊。

（4）就诊：患者凭挂号、就诊卡和病历到各科室候诊，在各科室分诊护士安排下就诊。接下来医生根据患者的病情和检查做出初步诊断，同时，医生提出的治疗意见应向患者清楚而如实地说明，在征得患者同意后才能予以治疗（包括手术）、或开出处方到药房取药或到药店购药。

一般情况下患者的平均等候时间为 10—15 分钟，但是如果前一名患者为急重症患者，等候的时间则会延长。

4.2.2 问卷调查

采用问卷调查的目的是为了准确掌握参与者（包括医生和患者）的人口统计学特征（包括年龄、性别、种族、教育程度、籍贯、职业等），这些变量大多较为客观，报告误差不大。考虑这些变量是为了检验该样本是否与群体有相似的组成。也就是说，这些信息资料对于语料的取舍至关重要，决定了数据统计研究结果是否具有代表性。

问卷 1（详见附录 II）针对患者进行调查，内容包括：患者性别、出生日期、月收入、教育程度、居住地、就诊日期、就医状况、就诊医生性别、就诊原因、就诊感觉、与就诊医生的熟悉程度，以及喜欢和不喜欢什么样的医生等。问卷 2（详见附录 III）针对医生，内容则包括：医生的接诊日期、性别、居住地、职称以及与患者的熟悉程度。这些问题打印在问卷上，编制成书面表格，由调查对象填写，再收回整理分析，从而得出结论。

4.2.3 半结构性访谈

半结构性访谈（semi-structure interview）（即焦点式访谈），是访谈方式的一种。一般情况下是在访谈前拟定好访谈提纲（interview guide），个案回答方式则是开放性的。研究者本身应就个案所叙述内容加以分析。此法与结构性访谈不同，主要区别在于结构性访谈主要以结构性问卷来配合访谈，而与无结构性访谈不同处则在于无结构性访谈主要以访谈者本身的经验与素养来进行，并无事先拟好的访谈提纲或结构性问卷。

本研究进行半结构性访谈的目的是了解患者对医生的态度并检验患者的观点是否在诊疗的过程中有所反映。通过使用这种民族志方法分析医患之间的话语，我们可以掌握患者喜欢什么样的医生以及不喜欢什么样的医生。这两个问题附于问卷的末尾，被访者根据个人的意愿填写答案。提出的两个问题是：

（1）你们喜欢什么样的医生？

（2）你们不喜欢什么样的医生？

共有 102 名患者参与了半结构性访谈。患者的回答完全是开放性的，本研究的转写也是逐字逐句地记录，从而使得患者的意见精确地记录下来。完成每一个半结构性访谈大约需要 10—15 分钟。

4.2.4　现场录音

"现场录音"是社会语言学调查的一种基本方法。该方法主要利用录音设备采集调查对象的谈话内容，并将此作为语言材料。其主要的优点是：录音材料具有持久性，研究者可以反复辨听并加以转写，提高了研究的可信度。此外，它为日后研究提供了可以随时调用的便利。本研究采集数据的情况如下：

（1）语料收集：本书所研究的语料，都由研究者亲临现场采录。语料数据收集的时间跨度是 2009 年 1 月至 2009 年 5 月。通过旁听 315 次医学诊疗，研究者做了详细的田野笔记。在此基础上，研究者设计了抽样框架（见 4.3），进行了语料的收集。包括 10 个门诊科室内、30 位老中青、高中低职称的男女医生与 30 位老中青男女患者进行门诊交谈的完整录音材料。经过详细地转写，形成了约 12 万字的语料。有关道德伦理方面的问题，Cameron（1992：121）认为："研究的过程和研究的结果同样需要授权。"因此，参与者秉承自觉自愿的原则加入实验。他们有权利听录音回放，也可以随时退出实验。对参与者的信息绝对保密（本书中出现的姓名都是化名），包括他们的住址、籍贯、民族等。如果患者同意参加本次研究，需要签署一份同意书（见附录 IV）。

（2）录音设备：在选择录音设备时应当充分考虑以下两点：首先，录音效果好，这样才能保证采集的录音文件音质清晰，提高转写的精确度；其次，体积小巧，携带方便，最大程度地分散参与者的注意力。我们的录音设备采用的是 Samsung YP-55 型录音笔，它不仅能够保证录音效果，而且便于携带。

（3）语料范围：为了缩小研究的范围，本书研究重点涉及的是门诊医疗诊疗过程中的语言。

（4）语料数量：本研究实际使用 30 次医患诊疗的语料，约有 3 万字，录音时间长约 60 小时。

（5）语料转写：语料转写的标注方法是为研究目的服务的。因此，为了研究需要，专门的语料转写标注符号必不可少（详见附录 I）。

需要说明的是，本书所收集的语料只为本研究所用，其中的当事人的名字一律都用化名来代替。

4.2.5 数据分析与统计

本研究使用 SPSS 11.5 统计软件对收集到的数据进行分析与统计，目的是考察各个变量对医患谈话中权势关系的影响。主要运用的统计方法包括描述性统计、独立样本 T 检验、相关分析、方差分析（ANOVA）。

使用描述性统计的目的是对收集到的原始数据进行概括，显示数据包含的总体趋势、特征。独立样本 T 检验用于检验两个独立样本的均值是否存在显著性差异。相关分析用以检查几个变量之间是否存在相关关系，相关系数越大则相关关系越强。根据本研究采用的数据类型，计量方法采用 Pearson 积差相关系数进行相关分析。方差分析则是多个变量同时起作用时的差异检验，主要目的在于决定哪个变量具有显著效应，并且估算这些效应。

4.3 参 与 者

田野调查是一项交际性的工作，离不开调查者和调查对象的参与，下面就是对参与者情况的具体介绍。

所有的医生都参加了问卷调查，他们的初、中、高等教育都在中国大陆完成。年龄为 28—61 岁，都拥有 5 年以上的行医经验和初级以上的职称[②]。

所有参与研究的患者有 134 人，其中 96 名为女性，38 名为男性。年龄为 15—87 岁，职业涵盖工人、农民、商人、学生和军人等各个领域。笔者选择的年龄范围具有较大的代表性，这对患者的会话分析至关重要。儿童和上了年纪的高龄人群被排除在外；对到医院看病的患者接受同一个医生诊疗的次数也有考虑；还要包括熟悉就诊程序的患者，对于第一次到医院（指任何医院）就诊的患者则不予考虑。

为了研究的精确，对医疗访谈过程中参与访谈的人员数量控制在两人，即医生

---

② 根据中华人民共和国卫生部 1986 年 3 月 15 日颁布的《卫生技术人员职务试行条例》的分类：医生的职称从初级到高级分为四级：医师、主治医师、副主任医师、主任医师，是临床的职称评定级别，通过考试后每 5 年晋升一级。医生的职称不以其所在医院级别相挂钩，不同级别医院相同级别的医师，资格是一样的。

和患者。因为有第三方参与的访谈内容不能保证真实性、可靠性。这也就是本研究为什么有意排除儿童和高龄患者的原因，因为这些患者通常不能亲自参与同医生的交谈，多由就诊时陪伴的家人代言。

此外，如果录音的声音质量不好，比如说回声太大，噪音过大，区分不出医患的声音，这样的声音文件都被视作无效文件。因为噪音太大直接影响到语料的转写质量，造成分析结果的误差。

最后，通过分层抽样和随机抽样，本研究选择了 30 名医生与 30 名患者。下面是语料的分布情况（其中 A 代表 35 岁以下；B 代表 36—50 岁；C 代表 51 岁以上）。

表 1 语料分布图

诊疗编号	科室名称	医生					患者							
		性别		年龄			性别		年龄			社会阶层		
		男	女	A	B	C	男	女	A	B	C	I	II	III
1	呼吸内科	●				●		●	●			●		
2	皮肤科	●			●		●		●			●		
3	传染科	●			●		●				●		●	
4	内分泌科		●	●				●		●			●	
5	呼吸内科		●	●				●	●				●	
6	肝胆外科		●	●			●			●				●
7	眼科	●				●	●		●			●		
8	肝胆外科		●	●				●		●			●	
9	普通外科	●			●			●		●			●	
10	内分泌科		●	●			●				●			●
11	眼科	●			●			●			●			●
12	皮肤科	●			●			●		●				●
13	传染科		●			●	●			●		●		
14	消化内科		●			●	●		●				●	
15	消化内科	●			●			●		●				●
16	传染科	●			●			●			●	●		
17	呼吸内科	●			●		●				●		●	
18	血液内科		●			●	●				●		●	
19	血液内科		●			●		●	●				●	
20	普通外科		●		●			●		●				●
21	皮肤科	●			●		●		●					●
22	呼吸内科		●	●			●		●				●	
23	眼科	●			●			●		●			●	

续表

诊疗编号	科室名称	医生					患者							
		性别		年龄			性别		年龄			社会阶层		
		男	女	A	B	C	男	女	A	B	C	I	II	III
24	肝胆外科		●			●		●		●		●		
25	普通外科	●			●		●				●			●
26	内分泌科		●		●		●				●			●
27	心血管内科	●			●			●			●		●	
28	心血管内科		●	●				●		●				●
29	血液内科	●		●			●				●			●
30	消化内科		●			●	●		●				●	

4.4 研究问题

本书研究的主要目的是：通过对医院门诊医患谈话的分析，进一步了解中国的医疗话语，即医患谈话的过程及语言特点。因此，本研究试图回答下列问题：

医患交流是如何进行的，采用了哪些谈话形式？结构是什么样的？有哪些语言特点？

医生和患者在互动过程中，如何运用权势关系？

微观层面的医患谈话特点和宏观层面的社会文化因素有何联系？受哪些因素影响，影响的程度如何？

第五章　中国医患谈话的语言特征

本章主要从医生和患者两个角度，分别讨论医患谈话的语言形式及其区别于一般日常谈话的特征，以及在医学诊疗过程中，医患谈话的语言结构以及医患的互动模式。研究的重点是，诊疗过程中医患双方如何使用语言。

5.1　医患谈话的语言形式

在门诊医患谈话的"理想序列结构"（ten Have，1989）中，医生和患者分别使用不同形式的语言进行沟通，包括医生的语言和患者的语言两种。医生的语言又可细分为大夫式言谈、教导式言谈和伙伴式言谈，而患者的语言也可细分为描述式言谈、社交式言谈以及探寻式言谈。下面我们做详细探讨。

5.1.1　医生语言

医生的语言有三种功能：①收集与患者身体健康状况相关的信息；②教导患者遵循医嘱；③给予患者情感关怀（Cohen-Cole，1991）。相应的，本研究把医生在医学诊疗过程中的语言根据上述功能分成以下三类："大夫式言谈"、"教导式言谈"和"伙伴式言谈"。这样，医生在医学会谈过程中的各部分谈话都区别明显，而且每一种言谈与其相对应功能的关系都明确且紧密。

5.1.1.1　大夫式言谈

医生接诊时的工作惯例是：首先，采集病史，然后处理患者的疾病问题，提出治疗方案（Pauwels，1995）。"大夫式言谈"是医生用于收集与患者身体健康状况相关信息并做出诊断的专业性话语。这与医生在诊断过程中"问诊"的功能基本一致。问诊是"医师通过对患者或有关人员的系统询问而获取病史资料的过程，又称为病史采集"（邵先玉，2007：1）。

问诊的过程实质上是医生通过与患者交谈，了解病情，并通过分析、推理、综合，做出结论的一种临床诊断方法。患者能否准确传达信息，医生能否准确接收信息，医患者之间能否彼此理解和沟通，直接影响到病史采集的全面性和准确性，从而决定诊断的及时性和正确性，为进一步治疗打下基础。

即使在医疗水平飞速发展的今天，问诊作为病史采集的主要形式仍然起着重要作用，医生通过问诊"可了解疾病的发生、发展、诊疗经过、既往健康及患病情况等，对疾病的诊断有很重要的意义，尤其是在某些疾病的早期，对患者尚无病理形态改变时先出现的症状的采集，有利于疾病的早期诊断"（邵先玉，2007：1）。

问诊过程中，医生通过使用"大夫式言谈"，询问患者病情、总结患者谈话、再对患者疾病做出诊断。因此，大夫式言谈还可再分为询问、诊断、总结言谈。下面将逐一讨论这三种言谈，并分析具体交谈实例。

5.1.1.1.1 询问言谈

"询问言谈"是医生为了了解患者疾病的发生、发展、治疗经过、既往史[3]及家族史[4]等信息，向患者发出的索取信息话语。医生赖以诊断疾病的主要资料是患者的病史、体格检查[5]和辅助检查，其中病史的采集是最基本的诊断方式，包括主诉[6]、现病史[7]、既往史、个人史[8]、家族史，针对女性患者还有婚姻史、月经史及生育史。

"询问言谈"是医生行医过程中使用频率最高的语言种类，是医务人员对患者进行调查研究的主要手段，是诊断的最初程序，是临床诊疗的基础之一。只有经过

---

③ 既往史是患者既往的健康状况和曾经患过的疾病，特别是与现在疾病有密切关系的疾病。

④ 家族史则包括父母、同胞及子女健康状况，有无与病人相似疾病，有无与遗传相关的疾病。

⑤ 体格检查是医生运用自己的感官或借助于传统的检查器具来了解身体健康状况的一系列最基本的检查方法，体格检查的基本方法有五种，即视诊、触诊、叩诊、听诊和嗅诊。

⑥ 主诉指患者感受最主要的痛苦或最明显的症状或体征！也就是本次就诊的重要原因以及患病到就诊的时间。

⑦ 现病史是病史的主体部分，包括疾病的发生、发展、演变和诊治的全过程，必须认真、详细地询问。主要包括六方面内容：起病的情况及患病的时间，主要症状特点、病因与诱因、病情发展与演变、诊治经过和治疗中的一般情况。

⑧ 个人史包括社会经历、职业与工作条件、习惯、嗜好、冶游史和吸毒史等。

详尽的询问调查，才能获取有价值的主诉，确保诊断准确无误。医生获得信息的主要途径就是"询问言谈"，它是医疗"问诊"的方式之一。

"询问言谈"作为"问诊"的一种方式，形式简单，就是医生向患者提问。大多数医生的问题都是在生物医学的框架下发出的，其目的是对患者下诊断、开处方，最终治愈患者疾病。提问的类型可以分成开放性问题、半开放性问题和封闭性问题三类。

第一，开放性问题，也被称作"一般问题"，这样的问题没有固定的答案，只是导出一个探寻的范围，而不过分限制或聚焦回答的内容。患者可以根据自身的情况自由回答，通常发生在医学诊疗的开始。例如："请告诉我你的一般健康情况吧！""是什么不好了？""怎么了？""哪里不舒服了？"等等。医生通过开放性问题可以初步掌握患者疾病的大体状况，让患者像讲故事一样叙述他的病情，待获得一些信息后，就可以有的放矢地重点追问。开放性问题可诱导患者详细讲述病情，能使患者主动地表达自己的愿望和意愿，使医生获得更多的病史信息。既体现了医生对患者独立自主精神的尊重，也为全面了解患者的思想感情提供了最大的可能性。

第二，半开放性问题，又称特殊问题，用于收集一些特定的有关细节。如"几岁切除的扁桃体？""你什么时候开始肚子疼的？""你腹痛有多久了？"，这类特殊问题要求获得的信息更有针对性。

下面是一位女患者（35岁）因为持续多日发烧前来就诊的谈话记录，从经过转写的语料中可以看出，医生使用半开放性问题向患者提问。

例 29（呼吸内科）

【1】　医生：发低烧多长时间了？

【2】　患者：好久了。

【3】　医生：好久是多久？

【4】　患者：七八天了。

医生使用半开放性问题"多长时间"询问患者发低烧的具体时间。这样的言谈要和疾病本身有关联，还要包含该疾病对患者日常生活的影响。

第三，封闭性问题，属于重点选择性提问，是医学诊疗中对细节性问题的一种确认方式。这种问题的答案被医生限制在很窄的范围内，要求患者回答"是"或"不是"，或者对提供的选择给出答案。封闭性问题较好地控制了问诊的进行，提高了诊断效率。下面片段中的患者 55 岁，女性，因为呕吐不止前来就诊。

例 30（消化内科）

【1】 医生：怎么个吐法，是喷出来么？

【2】 患者：不是。

【3】 医生：肚子胀不胀？

【4】 患者：不胀。

呕吐虽然是胃或小肠的内容物通过口腔排出的一种反射动作，但是引起呕吐的原因很广，几乎涉及身体各个系统。因此，医生需要鉴别诊断，排除其他系统疾病引起的呕吐，为最终确诊打下基础。医生询问"是喷出来么？"，如果患者的回答是否定的，则可以排除脑部神经系统疾病，因为脑部神经系统疾病导致的呕吐才呈喷射状。问"肚子胀不胀？"，否定的回答就可以排除肠道系统疾病引起的呕吐。因此，封闭性问题可以让医生的诊断更加明确。

一般说来，医生使用"询问言谈"时，都是遵循从开放性问题到封闭性问题提问的原则。医生首先采用开放性问题提问，获得问题的总体概貌，然后采用半开放性问题，逐渐锁定特定内容，最后使用封闭性问题引出患者提供的细节。这样，医生的询问才能由面到点，逐层缩小信息范围，系统有效地获得准确的资料。以下语料体现了医生在问诊中，从开放性问题到封闭性问题逐步集中焦点的过程。

例 31（消化内科）

【1】 医生：你哪里不舒服？

【2】 患者：我的胃一直疼，疼了有快半个月了，就这个地方（（指着小腹胃疼的地方））。

【3】 医生：疼的情况是什么样？

【4】 患者：疼极了。

【5】 医生：怎么个疼法？

【6】 患者：烧灼样。

【7】 医生：疼的部位深还是浅？

【8】 患者：深。

【9】 医生：疼痛的部位有没有变动？

【10】 患者：没有。

【11】 医生：有没有疼得更厉害的时候？

【12】 患者：有，吃饱的时候。

开始提问时，医生使用开放性问题"你哪里不舒服？""疼的情况是什么样？"（第1、3行），随后转入半开放性问题："怎么个疼法？"（第5行），接下来连续使用封闭性问题发问（第7、9、11行）。医生一开始未使用半开放性或封闭性问题提问的原因是，如果这样提问，会限制患者交流信息的范围，难以获取必要的信息。如果诊断一开始，医生就用一系列封闭性问题提问："是持续痛吗？"、"是刺痛吗？"、"是钝痛吗？"，那么患者只能给予一系列的否定回答，使得医生的问诊变得盲目，没有目的性。

Grice 的合作原则要求每一个交谈参与者在整个交谈过程中所说的话符合这一次交谈的目标或方向。然而在医患谈话中，患者不一定都会一直遵守合作原则中的各项准则。各种原因在会话中背离合作原则的现象比比皆是，所以医生就会根据需要，就同样的问题重复提问，使患者提供的信息更加清晰、精准。重复提问的情形有以下几种。

首先，患者违反关系准则。如果患者提供的信息非医生所需，那么医生就会重复发问，但是表达的语言形式略有不同。下面的患者因为甲型肝炎复发前去就诊，医生经过询问，结果不够满意，又重新组织语言，再次发问。

例 32（传染科）

【1】 医生：哪里不舒服？

【2】 患者：以前得过甲肝。

【3】 医生：什么时候？

【4】 患者：06 年。

【5】 医生：当时什么情况？

【6】 患者：全身都是黄的，医生说是黄疸。看见油腻的东西就想吐。

【7】 医生：治好没有？

【8】 患者：好了。现在好像又犯了。

【9】　医生：现在怎么不舒服？

【10】　患者：看好了。去年有段时间又犯了。

【11】　医生：是哪里不舒服？厌不厌油食？平时有没有疲劳感？

【12】　患者：哦！有的。

　　这则病例中，医生向患者寻求信息"现在怎么不舒服？"，患者答非所问"看好了。去年有段时间又犯了"，没能给出医生心里所预期的答话。因此，医生再次发问，使用更加详尽的内容提问"是哪里不舒服？厌不厌油食？平时有没有疲劳感？"，终于得到满意的答案"哦！有的"。也就是说，由于患者的原因，或没有听清医生的问话"哪里不舒服？"，或急于告之医生自己的病情，给出了与问题不相关的答语而违反了关系准则。于是造成了医生重复使用"询问言谈"。

　　其次，患者违反方式准则，医生也会重复使用"询问言谈"，即"回述"现象（关于回述，详见5.2.2.3的讨论）。这种情况并非是患者提供的信息不正确，而是医生要确定患者的表述是否准确无误，或者说是为了核实患者的表述是否正确。出现这种情况的原因也是由于患者自身的原因造成，主要有三个方面的原因：

　　（1）患者有意使用含混表达。患者使用含混的表达方式多是因为不便直说或是觉得难为情，因此以委婉的方式表达。但这是在谈话双方共享相同认知图式的前提下进行的。这种图式的作用是，即使没有提及细节，听话的人只需具备这种图式，就能够根据所说的事件及其对认知图式的知识建构相关细节。这种认知图式尽管对于人们如何诠释话语中的意义有重要作用，但是这一概念在使用中极其不明确，经常涵盖多个不同的现象。尤其是在医疗机构情境中，医生判断患者病情时，仅凭猜测是远远不够的，需要科学的、精准的答案，因此造成下面医生重复使用"询问言谈"的现象。

例33（妇科）

【1】　患者：我原先下面就不好。

【2】　医生：什么地方？

【3】　患者：肚子啊。

【4】　医生：什么病？

【5】　患者：那个过量。

【6】 医生：月经？

【7】 患者：嗯。

这里，患者向医生说明"那个过量"（第5行），医生可以通过推断得到"那个"可能是"月经"，但是在医疗机构情境中，医生是不可能猜测的，需要得到确切的答案，而直接询问则是得到确切答案最为简便的方法。于是，医生问患者："月经？"（第6行），重复使用了"询问言谈"。

（2）患者有意使用医学术语。患者在向医生说明个人的疾病状况时，也会使用一些医学术语，但是医生为了确保患者的表述无误，通常就会仔细追问。

例34（心血管内科）

【1】 医生：以前还得过其他疾病没有？

【2】 患者：哦，有的·脚气病⑨。

【3】 医生：脚气病？

【4】 患者：对，脚气病？

【5】 医生：脚上的脚气？

【6】 患者：不，脚气性心脏病。

该患者45岁（女性），因为呼吸急促就诊。医生通过询问既往史，得知其患有"脚气病"，该疾病是由于缺乏维生素 B_1 而引起的一种以消化、循环和神经系统不正常为主要表现的全身性疾病。心血管系统损害称为湿性脚气病，就表现为心脏扩大，周围血管扩张，静息时心动过速，气促，胸痛，水肿。但是医生不能确定患者能否分清普通意义上的"脚气"（由真菌感染所引起的皮肤病）和此处的"脚气病"的区别，因此再次向患者询问"脚气病？"（第3行）和"脚上的脚气？"（第5行），以求检查问诊的准确。

下面的诊疗片段同样也说明了医生就患者上一段谈话重复使用"询问言谈"进行提问的情况。

例35（传染科）

【1】 医生：用什么药没有？

---

⑨ 1630年，一位叫邦突斯的荷兰医生首先发现了脚气病。按照他的解释，当时"脚气"的意思是指绵羊，因为"患这种疾病的人，在走路时像绵羊一样膝部摇动和腿抬高"。

【2】　患者：那个大夫打了针山莨菪碱。

【3】　医生：山莨菪碱？！

【4】　患者：对啊（2秒），就是那个（2秒）什么654-2。

【5】　医生：好的！

这名患者，女性（66岁），因为肝区疼痛就诊。医生向患者询问在上一个诊疗单位的用药情况（第1行）。患者回复"山莨菪碱"（这种药物可使平滑肌明显松弛，并能解除血管痉挛，尤其是微血管，同时有镇痛作用）。但是由于该药物名称专业性较强，医生担心患者的讲述不够准确，掩盖病情，因此医生再次向患者询问"山莨菪碱？"（第3行）用以查证，避免给患者重复用药（该药有一定的副作用）。直到患者说出"654-2"（该药物别名）时，医生才确信无疑，说声"好的"（第5行）。

（3）患者措辞不当。医疗机构中的词语选择是医生和患者适应机构情境、达到个人目的一项重要手段，使用特定的词汇是由机构情境决定的。在日常谈话中能够接受的表达，在医疗机构情境中可能变得不准确、不规范。下面的实例中，该患者为女性（65岁），在家帮助自己的女儿带孩子1年余，临近春节，女儿全家未征询其意见，擅自到深圳公婆家过年。女儿走后，该患者因为郁闷烦躁，遂感到头部眩晕、恶心，于是前来就诊。

例36（心血管内科）

【1】　医生：怎么不舒服？

【2】　患者：头晕得慌。

【3】　医生：多久？

【4】　患者：我女儿他们一走就不行了。

【5】　医生：那他们啥时走的？

【6】　患者：哦！昨天。

针对第3行和第5行医生询问患者的发病时间，该患者使用了不同的表达方式："找女儿他们一走"和"昨天"。前者属于Drew & Heritage（1992）分析的传记时间，后者则属于日历时间。在日常谈话中，针对"多久"这样的问题可以结合相关事件进行回答，因为谈话双方彼此熟悉，拥有一致的图式框架，因此进行此类的表述，能够做到相互理解、顺畅交流。即使互动双方图式框架不够一致，询问者不知道对方女儿离开的具体时间，这也不会影响询问者对问题的理解，双方的沟通仍能正常进行。这是因为日常交谈中询问者的询问目的与医疗机构谈话中医生的询问目的不一致，日常谈话是以情感交流为目的，而医疗机构谈话则要掌握患者病情，使患者康复。因此，在医疗机构谈话中，医生需要掌握准确、具体、客观的信息。如果患者提供的信息不符合要求，医生还要继续发问，直至得到确切的答案。可见，日常谈话与机构谈话的表述形式也是互动双方的动机冲突。

5.1.1.1.2 诊断言谈

"诊断言谈"是门诊医生根据患者的主诉、现病史，参考相关的辅助检查报告，通过分析、综合、推理及判断，对患者所患疾病做出诊疗结论时使用的语言。在机构谈话中谈话的双方都有相关的目标、任务和身份，即受到一定的目标指引。在门诊诊疗中，医患双方的目标指向性十分明确、单纯，患者身患疾病前来就诊，希望医生治愈疾病、解除痛苦；医生则必须履行"救死扶伤、治病救人"的义务，而完成双方目标的前提就是医生做出准确无误的诊断。此时，离不开医生的"诊断言谈"。

"诊断言谈"是医学诊疗的核心，对于医患双方而言皆具有极其重要的意义。医生的正确诊断是对患者进行治疗的依据，诊断结论的偏移会给治疗带来障碍，增加患者的痛苦。而对于患者而言，"诊断言谈"就是对自己疾病的"宣判"，错误的诊断不仅会影响治疗，更有危及生命的可能。

例 37（内分泌科）

（医生拿着患者的检查报告）

【1】　医生：TSH 值 0.17，T3 值 16.65，T4 值 25.47。

【2】　患者：*怎么样？*

【3】　医生：*所有的检查结果都支持·我们的诊断是甲状腺功能亢进。*

上面语料中，患者 42 岁，女性，因为眼球突出、心跳过快前来就诊，就诊时眼睛凝视呈现惊恐眼神，随后进行甲状腺激素血液检查，结果显示患者的 TSH 值低于正常值，而 T3、T4 值明显偏高，因此医生根据患者主诉"心跳过快"、体征"眼球突出、呈现惊恐眼神"，并通过血液辅助检查结果得出"所有的检查结果都支持·我们的诊断是甲状腺功能亢进"（第 3 行）的诊断。

"诊断言谈"最为突出的特征是用词谨慎。医生并没有用"肯定是……疾病""一定是……疾病"等表达,而充分保留余地,用"目前的证据都支持……诊断"来保护自己。对于不能马上诊断的疾病,医生在介绍病情时,给患者的说明通常是本次所检查部位未发现问题,如"骨盆平片未见异常""胸透未见异常""排除脑血栓"等,而不会统而概之地说"你没问题"。这与当今中国《医疗事故管理条例》中所规定的"举证倒置"制度的实施,以及患者的知法维权意识增强有关。首先,由于当今医学技术检查水平有限,很多疾病和现象无法解释、解决;其次,医务人员对疾病的认识和医学辅助检查技术的运用还有差距,加之患者的个体差异,相同的疾病会有不同的症状、体征,而相同的治疗也会产生不同的结果,因此医生为了保证自身的权益,产生了谨慎言辞的心理。

5.1.1.1.3 总结言谈

"总结言谈"是医生在门诊医患交谈中有意采取的重要步骤,是指医生就已经收集到的信息,做出明确而又详细的话语总结。"总结言谈"经常会周期性地出现,针对问诊会谈中某一具体部分或简明扼要地归纳整个会谈,确保医生诊断的准确性。"总结言谈"也属于一种"回述"(关于回述,详见 5.2.2.3 的讨论),它可以检验医生是否正确理解患者,使患者肯定医生已经理解了他们的表述,并纠正误解。这样医患双方就能够在共同的基础上相互理解。

例 38(消化内科)

【1】 医生:哦!也就是说,以前您的消化不好,现在胸口有锐痛,

【2】 嗳气、反酸,睡眠不佳,怀疑芬必得止痛带来的副作用?

【3】 患者:对。

该患者 56 岁,因为胸痛就诊,通过医生的问诊,患者描述个人的疾病症状,经过一番谈话后,医生进行总结(第 1、2 行),使用这种言谈向患者验证是否理解正确。患者使用语言的赞同标记"对"肯定了医生的描述(第 3 行)。当然如果医生的理解不准确或不完全,患者也会及时向医生说明。

"总结言谈"是门诊会谈中十分重要的言谈。交流中医生及时把所理解的内容重新归纳、描述,反馈给患者,无论对医生还是对患者来讲都十分必要。一些患者由于自身文化知识水平和语言表达能力有限,或由于疾病的痛苦影响其精神状态,有时讲话会语无伦次,使医生无法了解病情。此时医生通过提示或启发等方法加以

总结、概括，使患者知道医生如何理解他的病史，并能起到鼓励患者的作用，唤起患者的记忆以免忘记要问的问题。"总结言谈"可以给医生提供机会核实患者所述的病情，帮助患者理清思路。此外，它也是一个转折，能引导话题按医生的思路进行。

医患双方的沟通是互动的沟通，而不是单纯的信息传递。如果将医患谈话仅仅视作单纯的信息传递，那么信息的发送者就会认为，信息一旦发出，沟通的责任就算完成。但是如果将医患谈话视为一种互动的过程，那么只有当信息的发送者接到反馈，互动才算完成，这个过程包括信息的解读与理解，还包括信息对接收者的影响。换言之，医生与患者的交谈应相互依赖，建立双方相互理解的信息平台。

5.1.1.2 教导式言谈

"教导式言谈"是医生用于教育、指导患者的医学专业言谈。"教导式言谈"内容依旧涉及整个医学领域，是医生在职业医师生涯中经过多年沉淀与实践获得的。医生与患者交谈时采用这样的语言，其目的无非是要帮助患者充分了解自身的健康状况并掌握经过医生的对症治疗后其疾病的预后。

"教导式言谈"的首要功能是交流医学诊疗信息。常规诊疗过程中的疾病治疗阶段，医生如果使用"教导式言谈"可以及时让患者知晓自身所出现的健康问题及身体各部分状况，包括：生理机能、生活习惯、物理检查的目的、治疗要求、用药、治疗方案等。因此，"教导式言谈"可以分成以下三个次功能：

（1）交流医学信息；

（2）指导患者的行为；

（3）对患者提出的不适给予反应。

接下来，本章将分别根据"教导式言谈"的功能讨论相应的言谈。

5.1.1.2.1 交流医学信息言谈

本研究讨论的"医学信息"是指医生在为患者诊疗过程中，有针对性地向患者介绍说明有关疾病和治疗方面的信息，以便患者做出某种治疗选择或保障其知情权益。

在我国的医疗活动中，医生有使用患者能够理解的语言来说明其所患病情的义务，要介绍可能的治疗方案及每种治疗方案的优劣和预后。患者听取说明和介绍后，有选择某种治疗方案的权利，这是患者的知情权。所谓"知情权"，又称知悉权、了解权或者得知权，是指自然人、法人及其他社会组织依法享有的知悉获取与法律赋予该主体的权力相关的各种信息的自由和权利。在医疗活动中，患者的知情权有两个特征：一是患者知情权发生在医疗活动过程中，建立在正常的医患关系基础之上；二是患者有主动询问病情、被动接受医务人员的告知和自主选择医疗机构、医生和诊疗方案的权利。

具体的医学信息又可以分为以下四种：

（1）疾病治疗的信息；

（2）检验结果的信息；

（3）推荐检查的信息；

（4）解释人体生物功能信息。

将医学信息进行如此分类，是因为医生需要和患者共同掌握这些客观的、科学的医疗知识，只有这样患者才能够熟悉自身病情，配合治疗。还有一些医生拒绝提供这些信息，因为他们认为这不是医生的义务，具体原因在本章最后分析。

5.1.1.2.1.1　关于疾病诊治

有时医生会和患者交流疾病的治疗方案，对患者进行有关复诊、用药、心理状态及简单护理技术等方面的指导。"教导式言谈"会向患者提出配合治疗而必须采取的行动（如按时服药、进行手术、减肥、戒烟等等）。患者常常会因此和医生争执（Fisher & Todd，1986）。从医学诊断信息和医生对患者不适的反馈来看两者并不矛盾。对于疾病的处置的讨论属于动态的协商的语言，是随着访谈的过程逐渐展开的。

医生使用"教导式言谈"向患者交流"疾病的治疗"信息的具体内容通常包括用药指导、饮食指导、技术操作指导和生活指导。

（1）用药指导。医生通常会针对所开具的药物向患者介绍用法、用量及不良反应等；对特殊药物进行详细说明，如对肾炎患者，会将停药的步骤讲清楚，使患者严格遵守逐渐减量的原则，防止因骤停药物引起意外发生。

下面语料中的患者为女性（27岁），怀孕6月余，患有缺铁性贫血前来就诊，就诊时皮肤苍白，头发稀疏。诊断过后，医生为患者开出药方，进行补铁治疗（这是纠正缺铁性贫血的主要治疗方法），同时医生又向患者解释说明药物用量和注意事项。

例39（血液内科）

【1】　医生：给你开了硫酸亚铁、富马酸亚铁、琥珀酸亚铁，

【2】　　都是铁剂治疗，补铁的。

【3】　　患者：哦!

【4】　　医生：口服，饭后吃，每天 3 次。

【5】　　患者：好的。

【6】　　医生：但是前两天，每天 1 到 2 次，知道吗?

【7】　　要不然的话，胃肠道会有反应，如果有反应的话就不要吃了，

【8】　　没有的话，再逐渐加量，到每日 3 次。

【9】　　患者：那么麻烦?

【10】　医生：还有，吃药的同时也不要喝牛奶、茶水、咖啡，

【11】　都不要喝，那样的话，会影响铁的吸收。

上面诊疗片段中，医生为患者开出了药方（第 1 行），同时向患者说明药物的作用，"铁剂治疗，补铁的"（第 2 行），紧接着又向患者说明药物的用法"口服"、"每天 3 次"（第 4 行），以及注意事项"饭后吃"、"但是前两天，每天 1 到 2 次，知道吗? 要不然的话，胃肠道会有反应，如果有反应的话就不要吃了，没有的话，再逐渐加量，到每日 3 次……"（第 6—8、10、11 行）。在现代医学诊疗过程中，这种解释说明性的"教导式言谈"是医生的义务和本职，是必备的能力之一。

（2）饮食指导。各种疾病的饮食原则不同，而且一种疾病不同阶段的饮食也不同。因此，医生会在有利于治疗又顺应其饮食习惯的基础上给予指导，如对肾炎患者的低盐饮食，对糖尿病患者的摄入要求等，以便患者自己控制盐、糖等的摄入。

有时医生会提供多种治疗方案供患者选择，属于条件式。但是除法律、法规规定的传染病需实施强制治疗外，患者有权决定接受或不接受任何一种疾病的治疗方案。因此，医生需要与患者商讨，决定是否进行治疗。下面就是医生和患者共同商讨疾病治疗方案的片段。

例 40（内分泌科）

【1】　　医生：粥等的流食最好别吃 =

【2】　　患者：= 我牙不好，别的没有办法吃 =

【3】　　医生：= 这些东西太稀了，吃下很快就吸收了，血液中的含量增高的话，

【4】　　胰岛素跟不去，血糖就高。你这个病是慢性病，平时要控制，

【5】　饮食一定注意，我给你的食谱一定注意，要不你就随便吃，

【6】　没办法好了，我们就不管了。

　　语料中的男性患者（65岁）患有糖尿病，临床属于高血糖阶段，即糖调节受损阶段。针对患者疾病的分析，医生给出了饮食指导"粥等的流食最好别吃"，并向患者解释说明原因（第3—6行），糖尿病主要是胰岛B细胞破坏，导致胰岛素绝对缺乏，胰岛素分泌及作用不足的后果是糖、脂肪及蛋白质等物质代谢紊乱。也就是说，如果患者喝粥等吸收快的食物，体内血糖会急剧增高，加重病情。因此，医生对这位患者，在有利于疾病治疗又顺应其饮食习惯的基础上给予了饮食指导。

　　（3）技术操作指导。对患者需要掌握的技术操作当面指导，对其提出的问题耐心解答，直到熟练掌握为止，如高血压病患者正确使用血压计的方法等。下面的语料就是医生向患者指导血糖仪的正确使用方法。

　　例41（内分泌科）

【1】　患者：大夫，血糖仪我买了，咋用啊？

【2】　医生：哦，你把它拿出来，强生的。

【3】　患者：好。（（取出血糖仪））

【4】　医生：从这个地方把试纸推进去，看见没？推到底，推不动了为止。

【5】　患者：这样？

【6】　医生：好的。你再看这两个地方的代码一不一致。

　　　　　（（分别指向仪表显示的代码和试纸小瓶上的代码））

【7】　不一致的话，试纸的代码要和仪器一致，按这个按钮调一下。

【8】　患者：等会儿，我看下（（看按钮）），哦！

【9】　医生：两个代码一致的话，说明可以用，这里（（指显示屏））就闪，

【10】　看见没？像水滴一样，说明缺血。下一步采血。

【11】　患者：嗯。

【12】　医生：血采好，就把这滴血放到这里（（指试纸顶部边缘的狭窄通道）），

【13】　一直到这个窗口满了。这个地方（（指仪表屏幕））就会5、4、3、2、1，

【14】　倒数，5秒，一点点血，就有结果了。懂没有？

【15】　还有，把试纸抽掉就自动关机了。

【16】　患者：哦，我再给你说一遍吧……

此外，对于生活指导，就是医生指导患者休养的环境、生活起居、卫生习惯、体育锻炼，告诫患者避免劳累、保持心情舒畅、情绪稳定、无思想顾虑，增强患者战胜疾病的信心、尽早地重新步入社会。

"教导式言谈"在常规医学诊疗交际过程中使用不同的谈话策略，这些都可以看出医生在谈话的过程中树立权威，同时也在强调医生和患者分属不同的社会阶层。

5.1.1.2.1.2　关于检验结果

患者在复诊时需要携带前一阶段诊疗的检验结果，针对检查结果的解释，已经在上一章医生语言中的"总结言谈"中讨论过了，本节主要研究医生针对辅助检查的数据向患者提供额外的教育信息。当然，这需要使用"教导式言谈"，此时，医生多会根据自身多年的经验积累出口成章。

例42（呼吸内科）

【1】　医生：你看你的白细胞计数！你的白细胞的数量是：$22 \times 10^9/L$=

【2】　患者：怎么了？

【3】　医生：=正常的成人的白细胞计数是 4 到 10，

【4】　　　　你的白细胞数量明显高于正常值，

【5】　　　　这叫白细胞增多。白细胞是用来干什么的你知道么？=

【6】　患者：不知道。

【7】　医生：=是人体的防御系统，如果有疾病感染机体，那么白细胞就

【8】　　　　会出动，抵抗疾病的侵袭，自然数量上就会增加，你的白细胞

【9】　　　　增加了那么多，说明机体有炎症。需要消炎治疗。

医生使用"教导式言谈"解释血液检查的结果，向患者说明数据（见第 1 行），当患者提出疑问时，医生进一步说明情况（见 3、4、5、7、8 行），最后解释白细胞的具体作用使患者掌握自身病情。可见医生向患者详细解释每一项检查结果，同时向患者说明白细胞的作用，体内白细胞的正常值，患者阅读时就会格外注意这些检查结果。

5.1.1.2.1.3　关于推荐检查

"教导式言谈"可以让医生为患者解释进行相关检查的原因。下面的例子中，一名患者因患有糖尿病前来进行血糖测定（血糖测定是判断糖尿病病情和疗效的主

要指标），测定结果查出患者血液内的静脉血浆血糖值在正常范围内。但是医生还想再做一个检查，因为这样可以掌握血液内的葡萄糖值是否维持在正常范围内达到一定时间。可患者有权决定接受或不接受任何一项检查项目，于是医生向该患者解释了该检查的作用，以征得患者的同意。

例 43（内分泌科）

【1】　医生：我得知道你这两三个月的血糖情况，现在还有一种化验可以

【2】　粗略地检测出这两三个月以来你的体内血糖状况，糖化血红蛋白。

【3】　现在你做的这种只是当时的状况……

控制血糖是治疗糖尿病和预防糖尿病众多并发症（包括心脏病）的其中一个方法。因此医生常鼓励糖尿病患者经常测量血糖。这名患者通过血糖仪检测可以知道自己当前的血糖水平。而医生推荐的另外一个血糖指标 —— 糖化血红蛋白，则可以了解患者长期的血糖情况（最近的 2—3 个月）。医生用"教导式言谈"，对患者说："现在还有一种化验"，接着向患者解释进行该项检查的目的，以及与目前检查的区别（第1、2、3 行）。

5.1.1.2.1.4　关于生理功能

在医学诊疗过程中，医生还会向患者普及生理卫生知识，解释人体生物学功能。以下两段谈话中医生向患者解释相关机体的"生理功能"。第一个例子是医生向一位智齿冠周炎的患者说明他的牙为什么会疼？第二个则是向患者解释他牙疼的另外一种原因。

例 44（口腔颌面科）

【1】　患者：这牙怎么那么疼？

【2】　医生：如果神经末梢受炎症侵扰的话就会疼痛

【3】　患者：哦 =

【4】　医生：= 你的牙，就是智齿开始生长，但是没有地方出来，怎么办？只

【5】　有硬顶，这样就和你的牙周组织摩擦，就会发炎，发炎了碰到你的牙周

【6】　神经就疼啦，你看，牙不就疼了。不过你的第一磨牙疼痛不是这个原因。

在第 2 行，医生的"教导式言谈"引出基本的医学常识，患者表示肯定（第 3 行）。第 4、5、6 行，医生继续提供信息，解释患者的主诉。第 5、6 行得出结论，尤其是

在第 5 行，医生使用"碰到"一词替代"炎性渗出"，十分口语化，也十分通俗，目的是患者能够听懂。因此，医生在这里的"教导式言谈"有积极的效果。

医生向患者解释问题产生的原因，并对患者牙疼的原因做出生动形象的解释。而言谈中的转折词"不过"（位于第 6 行）则是说明或者是要强调教育患者的重要性。这样的情形发生在下一幕：

【7】 医生：你的那个牙是龋齿，龋齿就是牙坏了，腐蚀了，这样的话，如果

【8】 腐蚀到牙根的神经，也会引起剧烈疼痛，平时应该注意口腔健康啦……

医生用表示因果关系的关联词"这样的话"来解释患者第一磨牙疼痛的原因（见第 7、8 行）。可见"教导式言谈"能使患者清楚地懂得牙齿疼痛是生理应激反应。与此同时，医生向患者展示了自身的专业知识。这一点"教导式言谈"和"大夫式言谈"是一致的，都是向患者树立了医生的医学权威。

5.1.1.2.2　指导患者行为言谈

"指导患者行为言谈"是医生在对患者进行诊疗的过程中，根据患者病情提出需要患者配合的医学工作性指令。当需要患者必须严格按照规定的动作或程序去执行时，使用指令性的语言是必须的。例如：

例 45（眼科）

【1】 医生：你先坐到这。

【2】 患者：嗯（（坐在裂隙灯前））

【3】 医生：把下巴放到这。

【4】 患者：嗯（（把下巴放到裂隙灯前的固定位置））

【5】 医生：不要闭眼睛，睁开眼。

【6】 患者：嗯（（睁开眼睛））

【7】 医生：好！（5 秒）转动眼球。

【8】 患者：嗯（（转动眼球））

这名患者因为眼部角膜划伤，前来进行裂隙灯检查。在检查进行的过程中，医生分别指令患者"你先坐到这""把下巴放到这""不要闭眼睛，睁开眼""转动眼球"，患者都积极主动地配合，因而顺利地完成了眼角膜光学检查。

从语言角度看，"指导患者行为言谈"多为祈使句，要求患者配合完成某些动作，

因而医生通常使用祈使句。例如，当医生做精细的处置时，指令患者"不要动"；患者进行肝功能检查必须空腹抽血，或检查时医生指令患者"早上别吃东西"；患者静脉点滴时，医生指令"不要调得太快"；医生对肾脏和心脏病患者强调的"一定要低盐饮食"，等等。可见，医生在表达这种言语时，具有相当的权威性。

5.1.1.2.3　反馈患者不适言谈

患者就诊时，通常都会对个人疾病的持续抱怨不已，或是对前一阶段的治疗所产生的副作用大惊小怪。因此，医生不得不使用"教导式言谈"向患者解释症状产生的原因和性质，还要说明治疗的措施是否合理。这也导致解释的话语形式多种多样。

医生通常将患者的抱怨视作在医学机构中产生的医疗问题，必须对这样的问题负责。从以下的三个例子可以看出，在医生反馈患者的不适时，所使用的"教导式言谈"是对不当施治造成影响的辩护，同时也从交流医学信息转移到树立权威，并认为任何决定都是无可指责的。因此，该现象有三个特点：

（1）医生把患者的不适看作医疗问题，要从医学上给予解释。

（2）医生对上一阶段的治疗情况充满信心，间接地或直接地对治疗方案给予
　　　肯定。

（3）医生将施治过程所造成的副作用与治疗的联系最小化。

下面三个例子分别体现了上述三个特点。第一个例子是一名女性患者（70岁），因为感到周身不适前来就诊。该患者持续用药10年，近日中断用药。

例46（内分泌科）

【1】　医生：你看，你都吃这个药那么多年了，有10年了吧，身体有一定的

【2】　适应了，你突然不用肯定身体会有反应，暂时的＝

【3】　患者：＝多久啊？

【4】　医生：半个月吧。

可见，医生使用"暂时"一词（第2行），将患者周身不适最小化，说明是正常的生理反应。下面的语料中，患者的头痛剧烈，医生对此做了解释。

例47（神经内科）

【1】　医生：阿司匹林是最常用的、普遍的解热镇痛药，你的头要还疼的话，

【2】　可能是个体差异造成的，再观察观察，不行再换。

从上述分析可以得出两个结论，首先，"教导式言谈"是医生运用自己拥有的知识和个人的观点，与医学紧密相联，不可分割。其他知识和意见，如患者的主诉都不能包含在内。其次，"教导式言谈"既是向患者通报诊疗信息的手段，也是维护自身职业可信度的一把巨伞。正如上例所示，医生运用特殊的谈话技巧向患者解释头痛的原因，如果医生不这样解释的话，他们就要承认犯了错。这样一来，医生本人和他所代表的医疗机构恐怕就要"丢面子"（Brown & Levinson，1987；Goffman，1967）。当医生的可信度下降的话，那么医生的教育和权威就大受影响。

在第三个例子中，患者服用含有扑尔敏的药物后嗜睡。就诊后，医生没有做任何检查，还说处理这种问题的最好办法是"再看看"。

例48（呼吸内科）

【1】　医生：别担心，扑尔敏的主要副作用就是容易困，没事的，

【2】　不行咱们再看看！

医生使用"教导式言谈"的策略多种多样，要看医生是在和患者交流医疗真相，还是针对患者的不适给予反馈。对于前者而言，针对解释机体的生理功能，医生只不过是解释客观存在的事实，而这对于一名合格的医生而言，早就烂熟于胸，只不过是调用一下自己积累的医学知识。而在回答患者的不适时，"教导式言谈"有两种功能，一种如Goffman（1981）所说，医生是自身排练成熟演说的"作者"（author）和"主演"（principle），需要使用的时候，只需调用即可；另一种，则是医生用来建构职业可信度的手段，抵御来自各方对权威的挑战。如果是由于不恰当的处置造成患者身体的不适，这时医生的可信度就会降低。研究表明，如果医生对患者的治疗不当造成了患者的不适，那么医生通常会弱化（甚至忽略）两者之间的联系，通常采用的手段是：强调患者的症状属于正常的生理反应或是说是由患者不良的生活习惯造成。

还有一种医生的言谈和上面两种言谈有所不同，更接近于日常谈话，那就是"伙伴式言谈"。

5.1.1.3　伙伴式言谈

"所有医生必须学会交流和处理人际关系的技能。缺少共鸣（同情）应该看作

与技术不够一样，是无能的表现。"⑩ 因此，在医学诊疗过程中，医生还会用其他言谈方式同患者交谈，既不是"大夫式言谈"也不是"教导式言谈"，而是"伙伴式言谈"。

"伙伴式言谈"是指医生在与患者接触时，为密切医患关系进行的交际性言谈。"伙伴式言谈"无需像"大夫式言谈"那样从患者的主诉、检验报告中找寻信息，也不必像"教导式言谈"那样对患者的问题给予说明和解释。"伙伴式言谈"目的在于给予情感关怀，鼓励患者说出病情。

医生要想全面了解患者的身体状况，还需要了解影响患者身体健康的社会因素，比如家庭、事业、婚姻等。这样医生通过交替使用"大夫式言谈""教导式言谈""伙伴式言谈"就可以全面地了解患者的病史、判断患者的病情。"伙伴式言谈"的谈话策略可使医生与患者增进了解，加深感情。相比较而言，这样的言谈与前面讨论的言谈不同，是对称的，医学性的内容相对较少，更能促进医患沟通。

当然，"伙伴式言谈"作为一种日常谈话语言，无法穷尽其所有语言学特征和交谈策略，只能从语言的功能入手探究在医疗机构情境中医患之间最为普遍的交流方式。"伙伴式言谈"按照功能分为协助患者陈述、情感关怀、询问与疾病以外的问题三类。

5.1.1.3.1　鼓励言谈

本节讨论的"鼓励言谈"是以协助患者讲述为目的的鼓励，针对以治疗康复为目的的鼓励将在 5.1.3.2.2 中讨论。

在医学诊疗过程中，医生通常会使用大量的口头鼓励暗示患者继续讲述，这些口头鼓励属于中性的辅助性评论，如"嗯""啊""接着讲""是啊""哦""我明白"等，它也是一种话语持续标记（continuer markers，简写为"CM"）。会话分析学者 Jefferson（1979）、Sacks 等（1974）、Jefferson 等（1977）和 Jurafsky 等（1998）认为，话语持续标记是·种非常短小的可以建构话语的话段。这类话语持续标记通常在二段序列中出现，在医生和患者沟通时，医生的 CM 代表序列的第一部分，患者在序列的第二部分回应医生。CM 本身不能引起一段谈话，需要有前一部分的话段出现。显然，医生的话语中的 CM 是邀请患者加入谈话。

---

⑩　选自 1989 年日本福冈世界医学教育联合会（World Federation for Medical Education，缩写为"WFME"），《福冈宣言》。

　　Jefferson（1979：80）指出，"被邀请者或接受邀请或拒绝邀请，研究中仅有极少的患者拒绝谈话（1.1%，3/261）"。通常这样的情况一旦发生，医生会迅速控制谈话。仅有一例患者认为实在是没有什么可以谈的，于是拒绝了大谈特谈的机会。其他的病例中，患者愿意接受邀请，进行谈话。本研究则是针对这些愿意谈话的患者，研究医生是如何鼓励患者交谈，让患者融入医患沟通的。

　　"哦（噢，喔），Mm"是医生使用频率最高的CM（Stiver & Heritage，2001），他们认为"Mm，hm"是交谈过程中听者对讲述者发出的信号，说明听者正在倾听并且愿意倾听，因此这些CM可以传达交互意义，表示"我明白""我听着呢"等意义。

　　下面这段谈话，则记录了一位做了心脏支架的患者在谈论个人的既往史，同时医生用"嗯"等鼓励患者继续讲。

例 49（心血管内科）

　　【1】　患者：我这病时间可不短了，原来呢，

　　【2】　　　　我这心脏不好，[一块儿百分之九十堵死 =

　　【3】　医生：　　　　　　　[嗯。

　　【4】　患者：= 一块儿百分之七十，还有一个，

　　【5】　　　　也是百分之七十，[百分之九十的 =

　　【6】　医生：　　　　　　　　[嗯。

　　【7】　患者：= 给我安的是进口 [的 =

　　【8】　医生：　　　　　　　　　　[哦。

　　【9】　患者：= 一个百分之七十的安的是国 [产的，=

　【10】　医生：　　　　　　　　　　　　　　[哦

　【11】　患者：= 还有一个百分之七十的是进 [口的。

　【12】　医生：　　　　　　　　　　　　　　　　[怎么有国产的，还有进口的？

　【13】　患者：没钱啊。

　【14】　医生：唉。

　　如例14中，医生在第3、6行中的"嗯"和第8、10行中的"哦"，都属于一种接收信号，证明"我在听你的讲话，我明白。"医生丝毫没有打断患者的意愿。

这些反馈语表达了医生对患者讲述的病情和病史的倾听及积极回应，肯定了患者的叙述对诊断和治疗的价值，使患者有兴趣继续讲述，有助于医生了解患者的病情，为医生的临床思维提供材料。

在临床诊疗过程中，对于 CM 的使用决定是否需要患者继续讲述。本研究发现，在有些诊疗中，医生仅仅使用了一个 CM，严重地限制了患者的谈话。另外，还有些谈话，医生在相当长的一段时间里，仅使用三到四个 CM 让患者讲述，这与传统观念中的问答谈话模式不一样。

下面两段谈话比较有趣。医生在同一个谈话过程中的两个不同情节中使用 CM。第一个医生重复使用 CM，希望患者更为具体地描述自己的情况，让医生对患者的病情全面了解。

例 50（消化内科）

【1】　医生：是你的那个身体因素——医院不给你做？

【2】　患者：嗯·不是。

【3】　医生：哦？

【4】　患者：我都要交钱做了，人家看我岁数大 =

【5】　患者：=[就说算了，怕市里的医院还要做，担心我的身体 =

【6】　医生：[嗯

【7】　患者：= 怕做多了，[对身体 =

【8】　医生：　　　　　　[嗯

【9】　患者：= 不好，[那里的医生 =

【10】　医生：　　　　[嗯

【11】　患者：=[建议我到市里做医院详细检查，就 =

【12】　医生：[哦

【13】　患者：= 没有 [给做，最后就 [做了个钡餐造影 =

【14】　医生：　　　　[嗯　　　　　[嗯

【15】　患者：= 哦，报告单这是。

【16】　医生：还是还是怕你的 (3s) 身体不好，做了

接下来，谈话中医生较少使用 CM，想要借此限制患者的参与。

【17】 医生：现在怎么样？

【18】 患者：很好，吃吃得了睡也睡得香，昨天晚上还做梦了，[梦

【19】 医生： [还有什么

【20】 不舒服的地方？

从以上例子我们发现：医生使用 CM 的数量直接影响到患者参与谈话的机会，也就是说，医生使用 CM 的数量越多，患者参与谈话，讲述的机会也就越多。理想的状态应该是这样的：医生随时使用 CM 交谈给予患者充分的参与机会，最大程度上了解了患者的病情。然而，现实生活中，CM 的使用情况差别很大。就诊患者众多，时间有限是一个方面，更多的情况是医生过于谨慎，限制患者发言。

除此之外，医生还会使用"重述"的方式协助患者陈述，采用重复患者陈述的最后几个词或者句子鼓励其继续讲述。

例 51（消化内科）

【1】 医生：胸怎么不舒服？

【2】 患者：这几周疼得特别厉害。本来消化就不好。

【3】 扎得那样疼。（（指着胸））打嗝，还返酸水。

【4】 医生：哦，还有呢？

【5】 患者：和我吃止疼片有关么？

【6】 医生：哦？

【7】 患者：我家还有老的要照顾，腰也不好，疼的时候得吃芬必得。

【8】 要是走不动路，真不知道怎么跟他们说。

【9】 医生：怎么跟他们说？

【10】 患者：他们不知道我腰不好。

语料中的患者 56 岁，因为胸痛就诊，就诊过程中和医生讨论腰痛的问题。在第 8 行，患者说"……真不知道怎么跟他们说"，医生马上重复"怎么跟他们说？"鼓励患者继续讲述。

下面语料中的患者，男性，27 岁，因为长期佩戴角膜接触镜（隐形眼镜）造成眼角膜划伤。

例 52（眼科）

【1】　医生：上次什么时候看的病?

【2】　患者：3 天以前吧。

【3】　医生：3 天以前。（（看着患者））

【4】　患者：现在，感觉还是，睁不开眼，不断地流泪。

【5】　医生：你在家里涂药没有?

【6】　患者：涂啦，我躺在床上没事就涂，

【7】　　　　你看你给我开的那个凝胶已经就用完了。

【8】　医生：那不行，这种凝胶涂多了，过犹不及，

【9】　　　　会堵塞你的鼻泪管，鼻泪管一堵，眼睛里的泪液没地方流，

【10】　　　只能往眼外流，你看你，能不流么?

【11】　患者：哦，我没事就涂。

【12】　医生：让你涂多少就多少，按要求。

【13】　患者：我想涂多点，好得快。

【14】　医生：那也不能一口气吃个胖子啊。（（笑））

【15】　　　　这样，我先用裂隙灯给你看看，角膜恢复得如何?

　　　　　　（（随医生进入检查室检查））

【16】　　　只是上皮细胞层没有恢复了，

【17】　　　老流泪的话给你通一下鼻泪管，那个凝胶一天就点 3 次，

【18】　　　记住! 别多了!

　　这名患者的表现是畏光、疼痛、流泪，他第一次就诊时医生为其开出消炎、帮助组织恢复的药物（盐酸左氧氟沙星滴眼液和小牛血去蛋白眼用凝胶），但是 3 天后症状没有缓解，遂再次就诊，进行了上述谈话。第 3 行，医生重述患者的言谈引出了患者下一个话轮，患者没有等医生提问继续描述个人疾病症状（第 4 行），可见这种方式实际上也是协助患者谈话的一种手段。

5.1.1.3.2　关怀言谈

　　医生给予患者情感关怀的手段有三种：①"赞同理解"，肯定患者的谈话。②"交流情感"，医生从患者的角度与患者交谈。③"责怪批评"，善意地提醒、帮助患者。

5.1.1.3.2.1 理解赞同

Hippocrates 曾说过，医生有"三大法宝"，分别是语言、药物、手术刀。健康教育专家洪昭光教授也认为，语言是三者中最重要的，医生一句鼓励的话，可以使患者转忧为喜，精神倍增；相反，一句泄气的话，可以增加患者的精神压力，使其萎靡不振，甚至丧失积极治疗的信心。患者身患疾病，这本身就是一种威胁或危害，同时，它又是不直接以患者意志为转移的客观过程，患者往往多少有些不安全感。不安全感本身对患者构成一种新的危害。它可以破坏患者稳定而愉快的心情，造成焦虑、疑虑和恐惧，也产生有关疾病的错误观念。不良的心情往往造成患者身体功能的紊乱，阻碍疾病的康复，它还使自我感觉恶化，使疼痛加剧。"赞同理解言谈"是患病造成的不安全感的有效"拮抗剂"。

倾听与交谈中的互动是通过简短的词语来重复或确认的，这些语用标记，如"噢""啊""嗯""是的""当然""我知道"等，表明医生赞同患者的表达（Pon & Samaniego，1998）。下面的语料中，患者为男性（26周岁），因为长期腹痛前来就诊。但是医生面对患者的疼痛，没有开展广泛"撒网式"的物理检查和辅助检查，而是进行了必要的问诊。同时采取"赞同理解"的策略，尽可能地给患者情感上的支持。

例 53（消化内科）

【1】 患者：再一个就是我的胃疼，（2s）（（其中咳嗽 1.5 秒））

【2】 医生：噢!

【3】 患者：这一段时间我觉得要受不了。（4s）（（其中咳嗽 3 秒））

【4】 医生：啊! 肯定。

【5】 患者：那个就是胃里好像，吃这以后疼得很，（1s）。

【6】 医生：是的。它·疼。

在上面的例子中，面对患者的主诉，医生依次使用"噢""啊""是的"向患者表示确定、同情、认同。给予患者这样的反映会使者在极度痛苦的状态中，有继续说话的意愿，使得医生能够最大程度地掌握患者的病情，继而提高对患者疾病诊断的准确性。

5.1.1.3.2.2　情感交流

古人云：“医为仁术，无仁爱之心，枉负精湛之术。”可见医生怀有“仁爱”之心，既是儒学思想的核心，也是中国医德的核心，是进行医学沟通的基本前提和先决条件。医务工作者的“仁爱之心”表现在医生言谈的“情感交流”中。所谓情感交流，是指医生对患者给予情感上的反馈、支持以及帮助等安抚、鼓励性工作语言。

随着“生理—心理—社会”这种现代综合医学模式的逐步确立，“人文关怀”这一哲学思维逐步在医疗实践中引起重视，医疗情感交流语言就成为医务人员在工作过程中使用频率最高、运用范围最广的实用性工作语言（王茜等，2009）。例如：医生对多虑的患者通常会说，您这种病很常见，很多人都得，负担不要太重。看下面的例子：

例 54（皮肤科）

【1】　医生：没有关系的，股癣。

【2】　患者：哦。

【3】　医生：得这病的人多极了现在。

【4】　患者：啊？

【5】　医生：你太胖了，那里（（指患者的股内侧））不透气，温度就高，

【6】　又潮湿，走路又摩擦，出汗。适合真菌繁殖。

【7】　我儿子跟你一样。

【8】　患者：好没有？

【9】　医生：好了，涂的达克宁。

【10】　患者：嗨！我都不好意思游泳了。

【11】　你这么一讲，我们就明白放心了，我们一定好好配合医生治疗

【12】　医生：我给你开一支达克宁。

这名患者男性（25 岁），大腿内侧患有股癣，皮肤表面破溃、瘙痒。就诊时表现得焦急、害羞，医生使用鼓励言谈“没有关系的”“得这病的人多极了现在”“我儿子跟你一样”等安慰患者。尤其是“我儿子跟你一样”是医生为维护患者正面面子而采取的策略，医生通过表明与患者具有同样的经历（儿子也得过这种病）维护了患者的正面面子。紧接着解释病因，“你太胖了，那里（指股内侧）不透气，潮湿，

走路又摩擦，出汗，温度高，容易造成真菌感染"。听完医生的这一番话，患者情绪稳定了许多，对医生说："你这么一讲，我就明白放心了，我们一定好好配合医生治疗。"可见，患者对医生的语言非常满意，医患之间也自然建立起很好的信任关系。医生在安慰中有解释，解释中实现安慰，效果非常好。

　　患者就诊时的心理通常表现为焦急、恐惧、不安、害羞，在这种特定的交际语境下，医生会运用"情感交流"抚慰患者，帮助患者尽快康复。

例 55（呼吸内科）

【1】　医生：家住哪？

【2】　患者：西大园，火车站后面？（2s）（（其中咳嗽 1.5 秒））

【3】　医生：结婚没有？

【4】　患者：嗯。（1s）（（其中咳嗽 0.5 秒））

【5】　医生：爱人干什么工作的，有没有过你这种长期咳嗽？

【6】　患者：跟我从四川来，（1s）（（其中咳嗽 0.5 秒））就没有工作。

【7】　　　　现在带·孩子呢，咳嗽·倒没有。

【8】　医生：是啊？可苦了你这个<u>顶梁柱</u>，那老人呢？

【9】　患者：老家，身体·也不好，带不动。

【10】　医生：你这是慢性支气管炎，抽烟么？

【11】　患者：抽。不抽怎么行啊？（1s）（（其中咳嗽 0.5 秒））

【12】　医生：喝酒么？

【13】　患者：喝，干我们这行，没这两样·怎么工作？

【14】　医生：哎！也是啊，没有办法。但也得戒掉。

　　上例中，这名患者是一家公司的营销人员，家住西大园村（是当地的城中村，为无业游民的聚集地，该城市脏、乱、差地区的代名词），患有"慢性支气管炎"，主要的症状是：慢性长期咳嗽伴有少量黏液泡沫痰及脓痰伴有喘息型哮喘，每年持续 3 个月，且反复发作 2 年。当医生得知患者的妻子没有工作，独自在家带孩子时，医生突然将言谈从"大夫式言谈"转向"伙伴式言谈"，同情地说："是啊？可苦了你这个顶梁柱"（第 8 行）。又得知患者因为工作的性质，在患有该疾病的同时，依旧抽烟喝酒（第 13 行的"干我们这行，没这两样怎么工作？"），又将言谈转入"哎！

也是啊，没有办法"（第14行），以示同情。

这里医生通过与患者进行情感上的交流，在言行中表现出对患者的同情，使患者因为疾病的痛苦造成的焦虑和不安在情感上得到较大的满足与安慰。

5.1.1.3.2.3　责怪批评

"责怪批评"并非是医生要有意指责辱骂患者，而是善意地提醒患者、帮助患者，是另一种"情感关怀"的手段。医生通常还会辅助"教导式言谈"与患者进行沟通。

例56（消化内科）

【1】　患者：医生我的胃疼没事吧？

【2】　医生：要按时吃药，生活要有规律，就是按时吃饭，吃流食，

【3】　流食就是软的好消化的食物，像粥啊，鸡蛋羹什么的，

【4】　睡觉也要定时，不能太晚！

【5】　患者：我想还做个CT，你看？

【6】　医生：没用，不给做，那么贵，400呢！

【7】　患者：公费！

【8】　医生：公费也没有这么糟蹋你自己身体的！你们这些人啊，

【9】　不花自己的钱，一定要把所有的检查都做遍，专拣贵的做，

【10】　好像贵的检查不给你们做，我们就没有认真给你们瞧病！（（笑））

【11】　知道CT的原理么？

【12】　患者：不知道。

【13】　医生：CT就是计算机体层扫描。扫描靠什么？ [放射线，

【14】　患者：　　　　　　　　　　　　　　　　 [不知道。

【15】　医生：你说，对身体有没有损害？是吧！

【16】　再说真的没有用。你的病在胃壁上，钡餐造影足够啦，

【17】　CT适用于实体脏器，像肝脾啊那些，一层一层地扫描，能够全面观察，

【18】　你这位是空的，扫描，根本看不见。是不是？看，恐怕我们差了你的。

【19】　患者：（（笑））对！

该患者27周岁，因为饥饿时胃痛前来就诊。一名50余岁的主任医师通过问诊后得知该患者的症状在进食后可以缓解，在排除肝和胰腺疾病引起的腹痛后，初步

诊断为消化道溃疡。遂进行上消化道钡餐造影检查，最后诊断为十二指肠溃疡。但是该患者害怕漏诊，强烈要求医生再多做些检查（第5行，"我想还做个CT，你看？"）。这与 Maslow 的需求层次有关，因为人最基本的需要是生理需要，如果一个人的健康得不到满足，那么其他需要就无法成为新的激励因素。这样患者要求进行 CT 检查也在情理之中。医生虽然能够理解患者对生命健康的关注，但是认为这种方式多此一举，于是开始责怪患者："公费也没有这么糟蹋你自己身体的！你们这些人啊，不花自己的钱，一定要把所有的检查都做遍，专拣贵的做，好像贵的检查不给你们做，我们就没有认真给你们瞧病！（（笑））"（第8—10行），并通过使用"教导式言谈"（第 13、15、16、17、18 行），讲明 CT 检查和钡餐造影检查的适应症，让患者知道这种消化道溃疡不适用 CT 检查，并且 CT 检查本身也有危害，最后患者也释然地笑着表示同意。可见这种"责备"非但没有让患者感到难堪、不满，反而在很短的时间内使得双方建立起融洽的关系。

5.1.1.3.3 寒暄言谈

医生与患者的交谈内容不光与医疗有关，也会有针对性地涉及一些与治疗无关的话题，包括工作、生活、家庭、朋友以及其他社会方面的内容，以拉近医患距离，而寒暄言谈能很好地实现这个目标。

下面的节选讲的是一位女性患者和医生谈论他的丈夫。医生听到这些谈话内容，并没有将话题径自转向患者自身的疾患问题（该患者主诉头痛、胃痛并有心脏病史），反而接着患者的讲述询问一些关于她丈夫的健康问题，仿佛患者在自己的家中，向一位老朋友娓娓道来。

例 57（心血管内科）

【1】 医生：哦，这个你病历是吧？

【2】 患者：噢，我是地质大学长城学院的，我丈夫也在那里。

【3】 医生：哦？（1s）

【4】 医生：你丈夫是搞教育的 [吧？

【5】 患者：　　　　　　　　 [对

【6】 医生：老师？

【7】 患者：物理老师，他们的实验能把人腰肌弄成劳损

【8】 医生：哦？那么累？

【9】　患者：天天进屋就是抽烟。

通过使用"伙伴式言谈"中特殊的谈话策略，医生和患者之间架设了情感的桥梁，同时对患者的病情又有了更深入的了解。这种结合患者的日常生活习惯进行的诊断，对于疾病的治理和预后都大有裨益。研究表明，各种社会因素对患者的身心健康都会产生影响（Navarro，1990；Pollard et al.，1999；Roter et al.，1992；Sundquist，1995；Waitzkin，1985）。因此，医生询问一些涉及患者亲属的问题看似和治疗无关，但是实际上就是这些问题会对患者的健康造成直接影响（上述语料中，患者抽二手烟对心肺等循环系统造成的损伤巨大）。

5.1.1.4　讨　　论

通过研究发现，医生普遍使用"大夫式言谈"中的"询问言谈"和"总结言谈"了解患者的病情。这和 West（1984）的观点略有不同，West 认为提问能使患者全面地回答医生的提问、提供充足有用的信息，但是本研究也发现"总结言谈"同样能使医生了解患者的病情。因为在信息传递的过程中，医患双方误解会造成理解的偏差。医患双方的误解来源于医生和患者双方，如患者的表达不够清晰、没能理解医生的问题或因为紧张忘记要说的内容，医生则有可能是因为接收到正确的信息，做出了不正确的假设等。

而在诊疗过程中必不可少的"诊断言谈"则充分显示出医生用词的谨慎。这与《医疗事故管理条例》的实施密不可分，它充分显示出患者的知法维权意识以及医生的自我保护意识的提高。

对医生来讲，使用"教导式言谈"可以制约患者在交谈中的权势争夺。换言之，医生在诊疗过程中的谈话拥有更大的控制权，采用的言谈方式也就更为微妙。"教导式言谈"不仅着眼于患者，为其介绍想得到的医学知识，而且会在患者抢占权利、争夺权力时削弱教育者的作用。当然，这些都对医生的"面子"产生了威胁。"教导式言谈"会用缓和的或者相当微妙的方式提醒患者，医患双方的机构作用就是"面子挽救行动"（face-saving act）。也就是说，"大夫式言谈"可以发现有关患者身体健康方面的信息、判断患者对治疗的遵循程度并做出诊断结论。"教导式言谈"则是向患者解释相关的病情和患者共同商讨达成一个双方满意的治疗方案。当然，无论是"大夫式言谈"还是"教导式言谈"都是在维护医生的绝对权威。

另外，"教导式言谈"不一定会在每一个诊疗过程中出现。下面的例子正好说明了这一点，这名患有"肺内子宫内膜异位症"的女性患者（33岁），突出表现为咯血，遂前来就诊。

例58（呼吸内科）

【1】 患者：我咳大量的血。

【2】 医生：多长时间。

【3】 患者：2天了。

【4】 医生：还有什么不好？发不发烧？

【5】 患者：没发。

【6】 医生：晚上睡觉出汗么？

【7】 患者：不出。

【8】 医生：做个胸透和血常规再说。

从上面的医患谈话中可以发现，"教导式言谈"没有出现，是什么原因造成的呢？是医生有意剥夺患者受教育的权利么？这种现象为什么会发生？应该如何解释呢？

在中国医患门诊互动的语境下，由于医生在信息、人际关系、机构权力方面的强势地位以及随之而来的在总体权势方面所处的强势地位，以及医院对于效率的要求，医生在与患者的互动中扮演着主导者、控制者的角色。也就是说，医生和患者之间原本的关系就不平等，而"大夫式言谈"和"教导式言谈"强化了这种非对称的关系。医生占有医疗信息，而患者接收医疗信息，遵循医生的安排。"教导式言谈"的作用是：①让患者理解并遵循医嘱；②维护专业医学人士的形象、树立医生的权威。当患者对医生的诊疗措施有异议时，"教导式言谈"会迅速提醒患者：插手医生的工作是不恰当的，也是不合时宜的，更是不受欢迎的。在医生的潜意识里，有知识、懂点医学的患者都不是很"听话"，不会轻而易举地让医生控制整个谈话，这对医生树立权威构成了极大的障碍。再有，一些医生为了提高门诊的诊疗效率，有时也会顾此失彼，省略"教导式言谈"。当然如果患者主动向医生询问，医生必须给予回答。

我们通过分析"伙伴式言谈"的三种功能，即鼓励、关怀和寒暄，进一步阐明医生和患者之间的互动。其中的策略各有不同，但是共同点是一致的——情感投入，也就是说对患者诊疗的同时还要将患者视作健康人，而不是"病人"。同时，一些看似和健康没有直接关系的问题往往对诊疗的作用却是最直接的（比如患者的生活方式等）。对患者而言，他们希望不要把他们当作"不健康的人"，而应当视为一个正常人身体上碰巧遇到了一点小麻烦。他们还希望他们的谈话有人倾听、有人理解、有人关注。这样，医院就是一个极其安全、放松的场所。在这里，他们对医生畅所欲言、倾吐心声，医生很容易全面掌握患者的情况，并及时处置，使其尽早康复。可见，"伙伴式言谈"是医生和患者之间情感的纽带。

那么患者心目中需要什么样的医生呢？通过对患者进行"半结构性访谈"，研究者得出以下三点是患者心目中好医生的标准：

（1）医术高超；

（2）语言清晰直白，不晦涩，没有专业的医疗词汇；

（3）热情、友好。

"医术高超"就是要医生在检查时熟练、彻底，诊断准确、正确，不要做多余的、昂贵的物理检查；"语言清晰直白，不晦涩，没有专业的医疗词汇"就是要求医生的语言通俗易懂，患者很容易参与到谈话中来，这样的话是对患者的尊敬，因为患者本身对专业的术语知之甚少；"热情、友好"是患者希望医生能够耐心地倾听患者每一句谈话、认真回答患者的提问，不急躁、不发脾气，让患者觉得谈话的气氛十分和谐，就像朋友之间的谈话，无拘无束，没有压力。

患者最不愿看到的医生：

（1）自己的话还没说完，就开始写处方；

（2）同时给几个患者说话，让人不知道哪句话是对自己说的；

（3）不解释处方，治疗的原因；

（4）粗暴地打断话；

（5）听患者陈述病情时表现得极不耐烦。

患者因为身患疾病前来寻医问药，因此所有的患者最不喜欢高高在上、自以为是的医生，相反患者需要医患之间真正的平等。其原因有：①患者忌医生，因为他们有些病症不好意思讲出来。②患者怕医生，他们不敢说，或者是某些病症紧张之下忘说了。③患者希望被重视，患者希望医生尽可能多地询问自己的状况，能认真思考自己的病情再开处方。

简而言之，患者就诊，需要医生诊断明确，态度和蔼。患者最希望医生将他们视为普通的人，而不是"患者"。

表2 男女患者对医生的态度

态度	男性患者	女性患者	总计
医术高超	36	66	102
语言清晰直白，不晦涩，没有专业的医疗词汇	18	24	42
热情、友好	20	13	33

通过上表数据，研究者得出男女患者对医生态度的数据，本研究对男女患者的半结构性访谈的情况总结如下。

（1）医生的"医术高超"被102位患者认同，比其他2项多了60（分别是42和33）；

（2）有42位患者提到医生应该"语言清晰直白，不晦涩，没有专业的医疗词汇"；

（3）还有33名患者需要"热情、友好"的医生。

可见，患者无论男女，都是极其焦急、痛苦地前来就诊，就是将自己的生命安危交给医院，治愈疾病是他们的第一目的，更是最终目的。于是，得出这样的结论也就不难理解了。

当然，对于医生的语言最为明显的特性就是——流动性，也就是说其言谈不断变化，这种言谈的不断变化是和互动过程中参与的另一方——患者的言谈相互呼应的。可以说，患者的语言和医生语言的"大夫式言谈"、"教导式言谈"与"伙伴式言谈"呈现动态的关系。

5.1.2 患者语言

上面我们分析了医生在医患互动过程中的语言运用，阐明了医生如何使自己的语言和医疗机构相一致，如何展示个人的社会文化背景。下面我们将焦点转向患者，研究患者如何运用语言和医生互动。重点探讨患者语言的形式，患者在交谈的过程中如何展示个人的社会形象，以及患者和医生互动的具体过程。此外，医生和患者之间的动态交互过程也将逐渐展现。

国外的研究多集中在对患者副语言（para-linguistic aspect）的探讨以及患者在主诉阶段对病情描述时运用话语的语言学特征的分析（Ainsworth-Vaughn，1998；Davis，1988；Labov & Fanshel，1977）。大部分研究都认为，医患沟通的过程是以医生为中心的（doctor-centered），整个过程中医生是主导，掌控整个沟通过程，随时都可以让患者停止谈话（Mishler，1984）。West（1984）和 Bergman（1992）的研究结果表明，患者在诊疗过程中表现为消极（passive），缺乏主动性（lack of initiative），只会机械地回答医生的提问。Blachard 等（1988）也发现，患者从来都是毫不犹豫地接受保健提供者（care provider）的治疗决定。这样的结论，对于进行改革开放 30 多年、人民生活水平有很大提高的中国，适用与否？还不能妄下结论，需要深入的研究与讨论。

分析患者的语言就是确认患者在诊疗过程中的行为，和经过长期培训学习、训练有素的医生相比，患者的"培养"无需经历医生那样漫长、系统的"学习"，无需考取相应的"资格证书"，无需具备一定的"资质"，更没有繁冗的"行规"、"条例"相约束，甚至连使用的语言都没有特殊的词汇。但是患者和医生沟通时，其谈话的方式又具有一定的共性。因此，同医生的语言类似，本研究也将患者的语言分成以下三类：

（1）描述式言谈；

（2）社交式言谈；

（3）探寻式言谈。

在描述和分析患者的三种言谈特征前，我们有必要先了解一下患者讲述病情的互动特征。医生在患者描述病情时，将个人动机施加到了患者的行动中（Norrick，1997）。此外，医生还控制了访谈过程，随时监控患者讲述的流程。对于患者而言，他们认为需要且有必要和医生分享他们的生活（Labov & Fanshel，1977）。而且有些新鲜、有趣的事情一定要告诉医生，想知道医生的看法（Davis，1988）。于是就有了谈话的冲动。有的患者想让医生掌握自己尽可能多的病史，于是对某件事物描述的过于具体，过于注重细节。当然如果患者什么都不说，谈话自然就会戛然而止。

下面一段谈话讲的是一位医生给患者开了一个低热量食谱用以降低患者体重，问诊过程中医生想让患者谈谈减肥过程中遇到的困难，但是由于患者不讲话，因此谈话无法继续。

例 59（心血管内科）

【1】 医生：体重还降么？

【2】 患者：不降 =

【3】 医生： = 体重降过没有？

【4】 患者：降了。

【5】 医生：降了（2秒）？

【6】 患者：一斤

【7】 医生：降是降了，但是不多，你按照我的减肥食谱做了没有？

【8】 减肥有困难没有？

【9】 患者：呃

【10】 医生：呃？

【11】 患者：呃

5.1.2.1 描述式言谈

"描述式言谈"是指患者在诊疗过程中，在医生问诊语言的引导下，回应"大夫式言谈"，答复或阐述自己病情、健康状况时所使用的语言。患者与医生一旦结成医患关系，便开始使用"描述式言谈"。对于前来就诊的患者而言，"描述式言谈"是重要的语言类型。本研究语料中的每一个病历，都能找到"描述式言谈"。

例 60（传染科）

【1】 医生：哪里不舒服？

【2】 患者：以前得过甲肝，好像又犯了。

【3】 医生：什么时候？

【4】 患者：06 年。

【5】 医生：当时什么情况？

【6】 患者：全身都是黄的，医生说是黄疸。看见油腻的东西就想吐。

【7】 医生：治好没有？

【8】 患者：好了。现在好像又犯了。

【9】 医生：现在怎么不舒服？

【10】 患者：看好了。去年有段时间又犯了。

【11】 医生：是哪里不舒服？厌不厌油食？平时有没有疲劳感？

【12】 患者：哦！有的，干什么都没有力。

根据对本研究的语料分析，对于患者"描述式言谈"的内容可以定义为以下四种：

（1）描述个人精神状态 —— 患者用语言形容个人的精神、情感特征（例如：

第 12 行"干什么都没有力");

　　(2) 描述症状 —— 患者描述体征 (例如:第 18 行"全身都是黄的");

　　(3) 担心病情,关注治疗 —— 患者对疾病治疗的过程给予极大的关心 (例如:第 2、8 行的"好像又犯了");

　　(4) 说明配合治疗的困难 —— 患者的个人习惯根深蒂固,为了治疗更正非常困难。因此,患者经常会对医生诉苦 (例如:例 40 中"我牙不好")。

　　通常,由医生发起开头语"怎么不舒服?""怎么了?""什么情况?",患者使用"描述式言谈"进行回答;或者医生对患者的病情回忆,提问相关的细节"上次是什么时候来的?"接下来就是医生和患者或使用"话语持续标记",或使用"确认性话段"(affirmative utterance) 拓展谈话。

　　在医患沟通的过程中,患者在使用"描述式言谈"之外,还会使用其他患者言谈,但"描述式言谈"必不可少。"描述式言谈"的特征是:患者使用一个或者多个话段讲述发生过的情况。

　　患者使用"描述式言谈"是因为他们的身体出现了异样,而本人又不具备专业知识,无法处置,必须向医生求助。Davis (1988:253) 认为,患者"需要帮助的原因是因为个人出现了潜在的问题事件"。"由于 (患者) 对机体无法照顾、掌控,因此对自身应具备的成人能力不足而感到恐慌"(Labov & Fanshel,1977:32),甚至觉得是"丢面子"(Brown & Levinson,1987;Goffman,1967)。

　　由于医患关系的不平衡性使得医学诊疗和其他形式的互动有很大的区别,因此患者在使用"描述式言谈"状态时的不对称会通过运用其他言谈来弥补。但是,患者使用其他言谈时的谈话风格是患者最接近真实的谈话风格 (Mishler,1984)。

　　此外,上例还说明,在医患谈话的过程中,患者由于缺乏医学知识,无法领会医生的提问意图 (第 9 行"现在怎么不舒服?"),因此处于较被动的地位。

5.1.2.2　社交式言谈

　　在医患沟通过程中,患者通常也会和医生谈论有关个人生活等方面的事情,这样的交流言谈称作"社会交流式言谈"(简称"社交式言谈")。现代医学模式已经由传统的生物医学模式转变为"生物—心理—社会医学"模式,患者内心的恐惧、痛苦需向他人倾诉,医生就是患者倾诉的对象之一。"社交式言谈"对增进医患之间的相互了解、联络医患感情及融洽医患关系起着重要的作用。

本研究发现，无论是男患者还是女患者都会谈到一些家庭话题，如孩子、妻子、丈夫、兄弟姐妹、父母、叔叔、阿姨等等。出色的医生经常从患者的"社交式言谈"中捕捉患者的内心活动，进而有针对性地消除患者内心痛苦，取得较好的诊疗效果。

下面的一位女性患者，拥有双重社会身份，既是一名妻子，同时又是一位母亲。从交谈中得知，这位妇女工作很忙，但是兴趣较为广泛，平时喜欢摆花弄草、弹琴绘画。但是，每当假期来临，她就必须带领孩子四处学习，这已是多年来养成的习惯。以下的谈话就是妇女抱怨自己的时间无法自己支配。

例 61（心血管内科）

【1】　患者：一到周末双修，我就更忙了。

【2】　医生：你的心脏，还是静养为宜。

【3】　患者：没有办法，孩子在上学，奥数、英语、美术，别的孩子都在上，

【4】　我们的也不能落下。

在中国，妇女不光要照顾好家庭，包括洗衣、做饭、打扫卫生、带孩子，还要有自己的工作。当然，新中国成立以来，男女实现了平等，越来越多的家务劳动由丈夫承担。但是，妇女仍旧是"家庭劳动"的主力，这也是中国几千年的文化传承和中国妇女的"传统美德"。

当患者需要讲述个人或感情经历时，患者通常在医患沟通过程中使用"社交式言谈"。由于医生对患者情感的理解和诠释因人而异，因此医生的情感投入会受到限制。

5.1.2.3　探寻式言谈

"探寻式言谈"是患者主动向医生了解自身病情或咨询健康、医学常识时所使用的语言。对于患者来说，正确使用"探寻式言谈"至关重要，它是患者正确使用知情权的前提，是患者了解自己所患疾病的现状、治疗方案及预后的主要途径。知情选择的基本环节就是"知"。实现"知"的途径，不仅需要医生主动介绍（"教导式言谈"），还需要患者运用"探寻式言谈"主动咨询。由于患者在个人的文化修养、工作性质、生活习惯等方面有诸多差异，对医生的主动介绍不一定能够完全理解。所以，单纯依靠医生的主动介绍难以解决患者存在的疑问，而此时患者的主动咨询尤其重要。患者通过使用"探寻式言谈"寻求健康方面的信息，引出医生使

用"教导式言谈"参与谈话。此时，患者自己缺少必要的医疗资讯，对自身的健康知识知之甚少，且又极其相信医疗权威，希望医生给予最权威的回答。他们的提问说明他们渴望得到更多的健康资讯、得到更为专业的医学治疗。

以下谈话中的胃病患者正向医生建议做一个 CT 检查。

例 62（消化内科）

【1】 医生：你这个属于，和这个关系不大。就是你在心理上有点儿（0.4）

【2】 回家吃点药吧，慢慢调养一下，没啥大事儿，

【3】 别老寻思，听着没有＝

【4】 患者：＝但是那脑袋＝

【5】 医生：＝你听我的话，别老是，老是寻思头硬啥的。你那头硬，

【6】 脖子都挺好的，硬什么硬？完全都是你自己感觉的。

【7】 你别在老是这么胡思乱想的，听见没有？

【8】 患者：那，那用不用做个 [CT 啥玩意的？

【9】 医生： [用不着，做也做不出啥玩意儿。

【10】 花那个钱一点都犯不上。胃脏属于空腔脏器，

【11】 B超普通的检查就好了，CT 适用于脾脏等实的。

【12】 患者：嗯。

可以发现，医患双方交谈的序列结构是：问与答的形式。患者在第 7 行，使用问句"那用不用做个 [CT 啥玩意的？"，引出了医生的"教导式言谈"。McKenzie（2002）的研究认为：很多患者在就诊之前通常都会"积攒"一大堆的问题，并且列出了清单，希望届时能够得到医生的回答。比如下面的例子，该患者女性（55 岁），于本次就诊前 3 日，因为感到头晕、恶心前来医院就诊，经血压计测量和头颅 CT 检查，诊断为"急性脑血管意外"，遂给予门诊静脉滴注和口服药物治疗，症状缓解后，前来复诊。再看下例：

例 63（心血管内科）

【1】 患者：大夫，这是我那天检查的 CT 片。（（递给医生））

【2】 医生：我看看。（（观察近 1 分钟））

【3】 患者：这怎么看啊？

【4】　医生：你看（（指着 CT 片））这里的透明的就是高密度的，

【5】　说明射线扫不过去，低密度的发黑，射线能够扫过去。

【6】　这个 CT 片是在你的脑袋上，一层一层，每隔一段距离扫描的。

【7】　这里一条一条的就是你大脑的沟、回。报告上的点状高密度，

【8】　就是血管内的血栓 =

【9】　患者：= 哦！

【10】　医生：你的化验结果也出来了。（（对着电脑，看了 2 秒））

【11】　关键是这两个高 =

【12】　患者：= 怎么看？

【13】　医生：前面的是化验结果，后面的是标准值。

【14】　你的"低密度脂蛋白胆固醇"LDL 是 4，

【15】　正常值是 1.4 到 3.7，高吧？

【16】　患者：嗯。

【17】　医生：载脂蛋白是 1.28，正常在 0.6 到 1.1。

【18】　给你开点药，辛伐他汀，银杏叶片和川黄口服液。

【19】　患者：都是干嘛的？

【20】　医生：这个是降脂的（（指辛伐他汀）），这个是软化血管的（（指银杏叶片））

【21】　患者：大夫我还有个问题？

【22】　医生：你说？

【23】　患者：你看，我和我的老头，在一个锅里吃饭，

【24】　怎么他的血压低，我的就高啊？

【25】　医生：这个饮食是一方面，个体也有差异啊，

【26】　每个人的吸收也不一样，还有和家族的遗传有关，

【27】　你们家里有人有高血压吧？=

【28】　患者：= 对，我妈妈！=

【29】　医生：= 等等，因素是多方面的。

这名女性患者就诊时有很多问题想得到医生的解答，如第 3 行"这（指 CT 片）怎么看啊？"，第 12 行想知道检验报告"= 怎么看？"，还有"我和我的老头，在

一个锅里吃饭，怎么他的血压低，我的就高啊？"（第 23、24 行），该患者通过使用"探寻式言谈"向医生发问，医生又使用"教导式言谈"——给予解答。

但是 Adler 等（1998）的研究却认为无论是过于具体的问题，还是大面上的问题都不宜在患者诊疗的过程中发问，因为这会破坏医患关系。Tran 等（2003）的研究则认为女性患者通常会拒绝发问，因为提问会暴露她们的无知；尤其是"探寻式言谈"对女性患者而言，极有可能使其面子上受到威胁，这被称作"威胁面子的行动"（face-threatening act）。因此，对于女性患者而言，若让她们采取如此的行动，实在是无法想象，尤其是她们的提问一旦遭到拒绝，自己就会处于极其尴尬的境地（Gill et al.，2001）。

并非所有的患者都会在诊疗过程中使用"探寻式言谈"，因此需要有医生的协助，才能引出患者的"探寻式言谈"。医疗问诊成功的关键也需要患者积极提问，但是现实生活中这样的情况比较少见（Weitzman & Weitzman，2004）。

5.1.2.4　讨　　论

本节集中讨论了一系列患者的言谈，这些言谈既有患者主动发出的（探寻式、社交式言谈），又有通过医生的提问间接引出的（描述式言谈）。这些言谈的出现说明了患者在医患沟通中的主动与被动地位。诊疗过程中，医生多采用"伙伴式言谈"给予患者机会讲话，激励患者讲话，而患者多借此机会谈个人的疾病、身体状况，还有日常生活。

通过对语料的分析，我们还发现每个访谈中都会出现至少两种以上的言谈。这些结果与 West（1984）、Bergman（1992）和 Blachard 等（1988）的结论不同，说明当今中国患者的语言不会仅仅局限在医疗情境中，和医生有问有答，患者还会主动和医生拉家常，展示自我，表现得极为放松（如：社交式言谈），还会针对个人的身体状况和疾病治疗积极提问，以显示自身知识的储备（如：探寻式言谈）。

研究还发现患者用"描述式言谈"陈述症状、用"探寻式言谈"了解病情，受多种因素影响，如：个人的文化程度、对健康的意识以及对疾病的了解和认知程度等等。所以，在一定程度上需要医生去发现、寻找有关病情，并对病情进行客观而科学的分析，从而提供正确的诊断和准确的治疗。疾病使医生和患者的距离拉近，患者通过病情的陈述，获得医生的诊断；医生通过了解病情，为患者做出诊断，为实施对患者的治疗奠定基础。关于上述患者方面因素的影响，下面章节还会继续讨论。

5.2 医患谈话的语言结构

医患谈话的开始与结束，诊断过程中的话轮转换、话轮序列等结构特征在具有日常交谈话语特征的同时，更多地受到医院这种特殊机构的情境制约。医患谈话主体部分的语言结构则受制于以机构谈话性质为基础的医生提问和患者回答这一常规性的语言结构特征。

前面谈到，中国的门诊会话也可以分为 6 个"理想的序列结构"（the ideal sequence）：开始、问诊、检查、诊断或治疗、咨询、结束。虽然，这种对医患互动模式的研究是一个理想的流程，上述医患互动过程的六个阶段其实在诊疗过程中很少全部出现，并且每次出现的顺序也有所不同。也就是说，每一个阶段的出现有一定的选择性（optional），会受到医患双方互动效果的影响（Drew & Heritage, 1992b）。但是，为了全面把握医患谈话的总体语言结构，我们还需遵循上述理想的六个步骤，对医患谈话进行全面分析。

5.2.1 开始语和结束语

与日常谈话相比，医患谈话的开始和结束虽然在整个诊疗过程中所占比重有限，但是也受机构谈话特征和具体医疗环境的制约。医生与患者不仅是以个人身份出现，而且还是访谈话语中的话语角色，因此他们之间的交谈从一开始就表现出区别于日常谈话的话语特征。也就是说，在尽量接近日常谈话的同时，医患谈话还具有正式谈话的语言特点：机构语境中，医生的地位和权力使医生成为医患谈话的主角，控制着会谈的开始与结束进程。访谈的结束也受机构语境的限制，医生通过协调和安排，医生任意地、随时地结束会谈。正是这些特征使医患谈话的开始和结束在形式、结构上不同于日常谈话。

5.2.1.1 医患谈话的开始——建立医患关系

生活中的谈话可以使用诸如"吃了没有？""你去哪里？"等方式开始，而医患谈话的开始则大不相同，其开始阶段的话语一般依次分为两个部分：问候部分和主体引入部分。问候部分依照具体情况，或由患者发起、或由医生发起。

5.2.1.1.1 医生发起的会话

对医患谈话的考察结果表明，医生和患者之间的会话多数属于陌生人之间的谈话。在中国，陌生人之间的会话一般是不被鼓励的。因为会话的发起者会被认为是套近乎、别有用心，从而引起应答者的反感（刘虹，2004）。但是在医院这种特殊的候诊环境下，陌生人之间的会话方式却可以被任何一方接受。同时，为了本书的研究需要，我们参考刘虹（2004）对陌生人会话开头的分类，将医患谈话中由医生发起的会话开头分成以下类型：

（1）询问式，医生的询问式会话通常以"提问—回答"这种相邻语对开始。

A. 直陈式询问式，这种方式的开头，医生在引入话题之前不加任何礼貌用语，直接使用"提问—回答"相邻语对。例如：

例 64

【1】　医生：怎么不舒服？

【2】　患者：我头疼的厉害。

例 65

【1】　医生：哪里不舒服吗？

【2】　患者：我的肩膀，这块儿，疼。

B. 附加式，此种医患谈话是在直陈式对答的引发语之前或之后附加表示礼貌的称呼或用语，目的是增加客气、礼貌的色彩。例如：

例 66

【1】　医生：哪里不舒服，小伙子？

【2】　患者：这里。

例 67

【1】　医生：老太太，是什么不好了？

【2】　患者：闺女，我的腰。

例 68

【1】　医生：请问，您哪里不舒服？

【2】　患者：我的嗓子疼。

例 69

【1】 医生：你好，您哪里不舒服？

【2】 患者：我的肚子胀得慌。

例 70

【1】 医生：不好意思，刚才的患者从县里来，问得比较多，久等了。

【2】 患者：哦。

上面的语料中，在引发语之中或附加"请"、或附加称呼、或附加表示歉意的用语，都是表达礼貌的一种方式。

（2）提议式，提议式会话一般以"提议—接受"这类相邻语对开头。

例 71

【1】 医生：你坐下。

【2】 患者：哦！（（坐下））

医生引发的医患谈话，其开头形式目的明确，直接向患者发出信号，表明医生已经做好准备，邀请患者加入会话。通过语料分析，我们发现这种"提问—回答"形式的开头占所有医患谈话开头的96.1%。

5.2.1.1.2　患者发起的会话

患者以多种形式发起会话：或与医生寒暄，或进行自我介绍，或陈述个人病情、描述疾病症状等。但无论以何种方式发起会谈，其目的都是一致的，即唤起医生的注意，邀请医生加入谈话，完成对患者疾病的诊治。患者发起会话的具体方式有提醒式、自我介绍式和症状描述式。

（1）提醒式。提醒式开头主要发生在医生正忙于手头的工作时，如开药方、记病历等。这种会话的目的性很强，就是要唤起医生的注意，向医生表明患者的出现，需要得到医生的诊疗救助。如：

例 72

【1】 患者：忙呐，您！

【2】 医生：坐吧。

例 73

【1】　患者：您好，大夫。

【2】　医生：嗯，那里不舒服？

例 74

【1】　患者：大夫，这是刚才做的 CT 的结果。

【2】　医生：嗯：：：

患者的引发语，目的是向医生说明患者在场。但是这种评论性的引发语对生成应答语的强制性较弱，即使医生不做回答，患者也不会感到尴尬。也就是说，医生的选择性较大，可以回答，也可以不予应答。

（2）自我介绍式，这种方式通常从患者介绍个人的情况、就诊经历开始。

例 75

【1】　患者：您好！我是你们高院长的老乡，一个村的。

【2】　医生：少来！别来这套，谁的老乡我不都得给你们看？

【3】　又不是买菜，要挑好的。给谁看还不是都一样。

【4】　坐吧！你有什么不舒服？

例 76

【1】　患者：张大夫，我是上次开罐头，缝了两针的那个。

【2】　医生：噢噢，怎么了？

（3）症状描述式，通常患者叙述个人对所患疾病的感知，从而发起谈话。

【1】　患者：主任，我这腰，怎么老也不好？一坐下来就疼。您给看看？

【2】　医生：怎么个疼法？

支持相邻语对的基本规则是：说话人在说出一个始发语后必须停止说话，他所选择的下一个说话人此刻必须说出一个应答语。也就是说，相邻语对不仅预示着话轮转换，而且还规定了下一轮说话人的话语类型。例如，"询问"通常都是要得到"回答"，"问候"通常接着的也是"问候"。但是医患谈话由于受到医疗任务和机构语境的制约，往往省略掉与疾病诊治不相关的环节和限制。在医患双方互致问候之后，医生马上就进入"提问—回答"相邻语对。常常是"问候—问候"相邻语对和"提问—回答"相邻语对相互融合，形成"问候＋提问—问候＋回答"或"问候—问候＋提问—回答"的模式。而"问候＋提问—问候＋回答"模式多为医生发起，而患者则通常发起"问候—问候＋提问—回答"的模式。

例 77

【1】 医生：你好，怎么不舒服？

【2】 患者：你好，大夫，我的腰还是疼

例 78

【1】 患者：您好，大夫！

【2】 医生：你好，怎么啦？

【3】 患者：哦，我的胃疼得厉害。

另外，在日常谈话中，"问候—问候"这类的相邻语对对参与者的应答语有很大的限制。如果某人对你说"你好"，但你却不予回复，对方就会认为你一定有特殊的理由不予回答。但是在医患谈话的开头，情况则不同。当患者向医生打招呼，发出"问候"的话轮后，通常得到的话轮往往不是相同的"问候"回应，而是医生询问患者的病情，替代"问候"话轮。因此也可以说，此时的语言结构仍然是"问候—问候"的相邻语对，只是回答的形式有所变化而已。这种回应话轮，既是"问候—问候"语对的结束，又是下一个"提问—回答"序列的开始。

总之，整个医患谈话开始部分的话语形式受医生的话语主导，其目的性与医患谈话的机构性保持高度一致，即快速进入谈话主体，诊断患者疾病，解除患者痛苦。所以，在我们收集的语料中，开始阶段都非常简短，会话的开头部分会迅速过渡到会谈的主体部分。

5.2.1.2 医患谈话的结束——诊断结束

刘虹（2004）认为，日常会话的结束结构虽然没有固定的程式，即人们无法预见会话开始以后会向什么方向发展以及什么时候结束。但是会话的结尾却有固定的几个步骤，分别是结束前的准备、预示结尾、协商和告别四步。Schegloff & Sacks（1997）则认为会话结尾包括三个基本组成部分：结束序列（closing sequence）、预示结束序列（pre-closing sequence）、话题界限序列（topic-boundary sequence）。结束系列表示一次会话的正式结束，由双方交换以下道别语构成："Goodbye""Good night""See you"；但在正式结束之前，双方都会发出一些信号，向对方表明自己已经没有更多的话要说了，让对方去考虑是否还有别的话题要谈，如果对方也认为可以结束了，就会做出一定的表示。这种说明双方一致同意结束会话的表示称为预示结束序列，通常包含用降调和拖长的声调说出的"all right""okay""so""well"等这样的词语。但在"预示结束序列"出现之前，双方应该表示出对某一话题的交谈内容已经结束，这就是"话题界限序列"。话题界限序列内容较多，常因话题内容、双方关系的不同而异，常见的有问候对方的家人，安排活动，提醒对方约会的时间、地点等，也可以对所做的谈话做简洁的归纳。

医患谈话在结束过程中，虽然受机构谈话性质的限制，其结束形式与日常谈话相比具有明显的区别特征。但是，谈话的结束步骤依然包括结束序列、预示结束序列、话题界限序列三步。

预示结尾是指医患谈话即将结束时，医生个人认为医学诊疗过程已完成，而向患者发出的结束会话的暗示。在话题讨论完，双方已经没有更多的话要说的时候，谈话就进入预示结束序列。这一序列主要使用像"嗯""好吧""行""就这样"之类的话语标记（均使用降调）表示谈话可能要结束。紧接着就是一个结束序列，双方互致辞语。例如：

例 79

【1】　医生：问题不大，这样，给你开点药？

【2】　患者：好。

【3】　医生：吃一个疗程看吧？

【4】　患者：好。

【5】　医生：嗯。（（医生开药））三次一天！

【6】　患者：好，没有什么注意的么？

【7】　医生：多喝水，别口渴了再喝。经常喝，就这些！

【8】　患者：您忙，谢谢啦。

【9】　医生：好。

【10】　患者：嗯。

上面的语料中，第 3—7 行的 5 个话轮，可以认为是预示结尾序列；第 8—11 行的 3 个话轮是告别序列。通常在医患谈话中，由医生引发预示结尾序列，患者被迫接受医生的指令，并提出告别序列。当然，如果患者对就诊结果满意，会主动提出告别序列。例如：

例 80

【1】 患者：那好吧，谢谢大夫！

【2】 医生：不客气。

例 81

【1】 患者：麻烦您了，我先去取药了，要不赶不上学院的班车了。

【2】 医生：好好，祝你尽快康复！

而大多数的情况则是，医生采用劝导的方式，引发预示结尾，进入告别序列，结束医患会谈。医生通常向患者使用"好吧，先回去吧""你下周再来看看吧！""这样，先吃一个疗程再说"之类的语言，迅速结束谈话。

例 82

【1】 患者：那我的病有法 [治没有？

【2】 医生：　　　　　　　[跟你说了很多遍了，如果配合的话有希望！

【3】 患者：我就怕好不了。

【4】 医生：这样，你赶紧去做 CT。晚了就下班了，要不是•急诊不给做。好吧？

【5】 患者：哦。

上例中的患者因为不放心自己的病情，多次向医生询问相同的问题。医生无奈只好提醒患者去做检查，劝其离开。以劝导方式结束会话，在日常谈话中被认为损害了听话人的积极面子，但是在医患谈话中患者却认可这种语言形式。这与医生出诊的目的有关。医生的目的，是最大限度地治疗患者的疾病，解除患者的痛苦。因此在患者疾病确诊后，为实现效率的最大化，节约诊疗时间，医生会劝导患者尽快离开，结束医患谈话。

还有一种情况，预示结束系列和告别系列发生融合，构成一个话轮。此时，医生在引发预示结束系列的第一个话轮之后，患者完成该序列的第二个话轮，在同一个话轮，患者又引出告别序列。例如：

例 83

【1】 医生：给你开了一个疗程的药。

【2】 患者：好吧。

【3】 医生：看看怎么样，可以吧？

【4】 患者：哦好。多谢！

【5】 医生：嗯。记住饭前吃！

【6】 患者：好的。

这种结束语，没有遵循先预示结束序列再告别序列的常规，而是将二者合二为一。如图4所示：

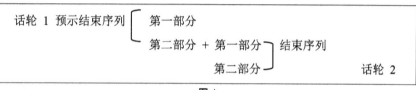

图4

当然，在很多情况下，医患谈话结束前的预示结束序列，是通过医患之间对下次就诊时间的约定而出现的。

例 84（血液内科）

【1】 患者：您每周这个时间都在么？

【2】 医生：对，周五上午。

医患谈话的结束，大部分都是这种在医生引导下突然完成的：首先预示医学访谈即将结束，然后便是互动过程，直到结束。第二种结束形式除了预示结尾，还要加上医生和患者之间的结束语，即告别序列。此外，通过上面的语料还表明，医患之间的告别形式与日常谈话中的互道"再见"式或"有空来玩"等邀请式的告别语不同，医生通常采用祝愿式或叮嘱式结束语与患者结束谈话。

有趣的是，在谈话的结束阶段，医生通常会主动、详细地运用句群构成的话轮告知患者一些与检查或治疗有关的非医学信息，希望对患者的就诊提供帮助。有的医生在结束阶段，甚至会花费大量的时间，不厌其烦地向患者介绍药房、特诊科室、银行等的具体位置以及行走路线，以求得患者满意。

例 85（呼吸内科）

T1　医生：给你做个胸透。

T2　患者：你们几点下班啊？

T3　医生：中午不休息，晚上也有人。

T4　患者：哦。

T5　医生：知道在哪做胸透么？

T6　患者：在这个楼里么？

T7　医生：你要先去划价，在一楼大厅，钱不够的话可以刷信用卡。划价后再
　　　　　出大门。左边有一个正在盖的特诊大楼，你朝这个大楼走，走到跟前有一
　　　　　个临时通道，穿过去，小院子就是 X 光室。

上例中，医生在得知患者不知道 X 光室的具体位置时，使用句群构成的话轮向患者详细介绍相关的路线步骤。我们分析，这种现象与当前医生在诊断阶段因语言谨慎而造成的过度压抑相关。由于医生职业的特殊性和患者维权渠道的畅通，造成医生在诊疗过程中，对医疗相关信息的解释、说明极其谨慎，唯恐语言的不严谨成为潜在的医患纠纷根源。但是针对这种与检查或治疗有关的非医学信息，医生则无需讲究措辞、谨慎言谈，既能体现医生在机构谈话中的权势，又可以提高患者的满意度。因此，医生在选择这类言谈的语言形式时，多采用句群构成的话轮。

可见，医患谈话的结束在结构上有一定规律，言语形式选择上相对固定。但由于受医疗语境的限制，结尾常常过繁或过简，也不一定是中规中矩的三段式。

5.2.2　医患谈话的主体

医患谈话的主体指位于医疗访谈开始与结束之间的医生与患者的互动口头交流部分。它是整个谈话过程中所占篇幅最大的部分，也是谈话展开话题、推进主题、完成任务、实现预期目标的关键部分。在医患谈话这种机构话语语境中，话轮分配方式，参与者的话语角色，形成了大量的"提问—回答"的相邻语对，以及以医生与患者合作共同完成访谈任务的话轮转换机制为特征的互动性语言结构特征。但是由于医患谈话的主体部分由多个相对独立的阶段串联而成，因而每一个阶段的会话结构都呈现出不同的结构特点。

5.2.2.1　问诊—合作的话轮转换机制

前面的介绍说明，问诊的过程实质上是医生通过与患者询问交谈，了解病情，做出结论的一种临床诊断方法。在医患谈话的主体部分，医生的询问、患者的回答构成了该阶段的语言结构特征。同时，医患之间的医学信息和机构权力的差异决定了医患之间不对等的话语权，医生通过提问推进谈话进程，从而行使其对访谈的话轮转换机制的控制权。

对答的形式结构可以分成两大类：一类是毗邻式，另一类是嵌入式（刘虹，2004）。医患谈话中的问诊需要通过医生提问、患者回答完成，属于典型的由相邻的引发语和应答语两部分构成的对答形式，被称作"毗邻双部式"。毗邻双部式是对答的基本形式，结构简单，在会话中最为常见。这种以问答式为主的会话结构在日常生活中一般不会持续时间很长（刘虹，2004：121），但是本研究发现，在医生问诊这样的特殊会话场合，毗邻双部式能够长时间地出现在医生和患者的交谈中。

医患谈话的问诊由医生的第一个问题引出，整个诊断过程在医生的提问与患者的回答中不断推进，并随着患者对最后一个问题的回答而结束。这种毗邻双部式对答结构表现为下面的结构形式：

（提问 1—回答 1）

（提问 2—回答 2）

（提问 3—回答 3）

（提问 4—回答 4）

……

（提问 n—回答 n）[11]

医生的提问与患者的回答构成一个相邻语对，整个问诊在医生和患者之间的第一个相邻语对中开始，通过一个个语对展开、结束。医生通过向患者提问引入话题，患者通过回答确认话题，已经确认的话题在医生的提问和患者的回答过程中不断推进，直至谈话结束。下面就是较典型的以"提问—回答"形式开始、展开、结束的问诊对话。

---

[11]　括号"（　）"表示相邻语对，"n"代表自然数，表示无穷多。

例 86（消化内科）

T1 ┌ 医生：你哪里不舒服？　　　　　　　　　　　　　　　　（提问1）
T2 └ 患者：我的胃一直疼，疼了有快半个月了，就这个地方。（回答1）
　　　　　（（指着小腹胃疼的地方））

T3 ┌ 医生：疼的情况是什么样？　　　　　　　　　　　　　　（提问2）
T4 └ 患者：疼极了。　　　　　　　　　　　　　　　　　　　（回答2）

T5 ┌ 医生：怎么个疼法？　　　　　　　　　　　　　　　　　（提问3）
T6 └ 患者：烧灼样。　　　　　　　　　　　　　　　　　　　（回答3）

T7 ┌ 医生：疼的部位深还是浅？　　　　　　　　　　　　　　（提问4）
T8 └ 患者：深。　　　　　　　　　　　　　　　　　　　　　（回答4）

T9 ┌ 医生：疼痛的部位有没有变动？　　　　　　　　　　　　（提问5）
T10 └ 患者：没有。　　　　　　　　　　　　　　　　　　　　（回答5）

T11 ┌ 医生：有没有疼得更厉害的时候？　　　　　　　　　　　（提问6）
T12 └ 患者：有，吃饱的时候。　　　　　　　　　　　　　　　（回答6）

T13 ┌ 医生：饿的时候疼不疼？　　　　　　　　　　　　　　　（提问7）
T14 └ 患者：不疼。　　　　　　　　　　　　　　　　　　　　（回答7）

T15 ┌ 医生：啊，吃饭就疼，不吃饭就没有事，是吧？　　　　（提问8）
T16 └ 患者：对。　　　　　　　　　　　　　　　　　　　　　（回答8）

这段语料由八个毗邻双部式对答结构构成，都是清一色"提问—回答"的对答类型。在会话中，这八个毗邻双部式对答结构依次顺序排列，形成一个有序的链条。在第 1 个毗邻双部式对答结构中，医生通过"询问言谈"探究患者哪里不舒服，患者说明位置，并将胃痛告之医生。但是医生不能轻信一个非专业人士的判断，于是在第 2、3、4、5 个毗邻双部式对答结构中，希望通过问诊引出患者对疼痛表现的具体描述。可是患者的"描述式言谈"仍旧无法让医生做出初步的诊断。接下来，医生又在第 6 和第 7 个毗邻双部式对答结构中询问患者疼痛的时间，患者表明在饱餐后会有疼痛症状。这样，医生根据行医经验可以将诊断缩小为消化道溃疡。随后医生又在第 8 个毗邻双部式对答结构中，使用"总结言谈"对已经收集到的信息进行归纳，并向患者确认，以保证医生能够正确理解患者的"描述式言谈"。

可见，整个问诊过程都是在毗邻双部式对答结构中的"提问—回答"中推进的。

上面所呈现的结构模式，出现于本研究所有的问诊语料中。换言之，"提问—回答"的结构模式构成了问诊的结构框架，问诊的过程就是在这种一问一答的过程中推进、展开的。医生的话语以提问的形式出现，其功能为获取有价值的信息。此外，医生的提问形式除了有直接获取信息的疑问句之外，还会使用确认性的回述，保证对接收到的信息理解正确（见上例提问 8）。

Sacks 等（1974）的研究认为，在任何会话中，话轮的绝大部分只由一个单句构成。但是本研究则发现，由于医患谈话的机构谈话性质，患者作为话语信息的提供者，其回答时的话轮一般为复句，甚至是句群。如果不出现医生打断或抢话轮的情况，患者的回答一般以复句或句群的形式出现。

例 87（心血管内科）

【1】 医生：原先有什么不舒服的情况吗？

【2】 患者：没有。我这身体，可好了。

【3】 以前，我们村的秧歌队 [啊，那可

【4】 医生： [你高血压多长时间啦？

在上面的语料中，患者为了让医生更好地了解自己的病情，尽可能多地、超量地向医生提供与疾病有关的信息。但是医生为了提高门诊治疗效率，在掌握了相关信息后，打断了患者的谈话。

受医患谈话这种机构谈话语境制约，患者在回答时完全采取合作的态度，一般会直接对医生的问题做出回答；不便直接回答的问题，患者会采取迂回或婉转的回答，医生会通过回述表示确认。例如：

例 88（妇科）

【1】 患者：我原先下面就不好。

【2】 医生：什么地方？

【3】 患者：肚子啊。

【4】 医生：什么病？

【5】 患者：那个过量。

【6】 医生：月经？

【7】 患者：嗯。

这里，患者使用委婉语向医生描述"那个过量"（第5行），医生虽然可以通过推断得出"那个"是指"月经"。但是在医疗机构情境中，医生必须要得到确切的答案。于是，医生向患者确认："月经？"（第6行），重复使用了"询问言谈"。这里，医生进行回述的目的是为了确保所获信息的准确性。

5.2.2.2　*体格检查——言语性反馈项目*

反馈项目是指由听话者发出、对当前说话者做出的简短的反应。其特点是不打断当前说话人的话语，目的不是争夺话轮，而是鼓励、配合说话者把话轮进行下去（李冬妹，2005）。反馈项目在会话中虽然信息量不大，但是对会话的顺利进行起着非常重要的作用。讲话者在讲话时，总是注意捕捉反馈信息，时刻关注对方是否在认真倾听，是否感兴趣，或是否听明白等。如果缺少这些信息，会话就很难继续进行（刘虹，2004）。

反馈项目包括言语性和非言语性两种，典型的言语性反馈项目有"嗯""哦""啊"等等；非言语性的反馈项目多是头、眼、面部以及肢体方面的动作配合。本研究发现，医生对患者进行体格检查，在发出"指导患者行为言谈"后，患者都是严格按照规定的动作或程序执行，并伴随言语反馈项目。所以，在这里我们主要关注言语性反馈项目。

例89（眼科）

【1】　医生：你先坐到这。

【2】　患者：嗯（（坐在裂隙灯前））

【3】　医生：把下巴放到这。

【4】　患者：嗯（（把下巴放到裂隙灯前的固定位置））

【5】　医生：不要闭眼睛，睁开眼。

【6】　患者：嗯（（睁开眼睛））

【7】　医生：好！（5秒）转动眼球。

【8】　患者：嗯（（转动眼球））

【9】　医生：好的！

在研究日常会话时，一一对应被认为是会话连贯。上述这种指令性语言，若出现在日常谈话中，如没有言语回应，直接执行命令，也被视作符合会话规则。因为在医患会话这种特定机构情境中，会话还受语外因素的影响，即上下文、语境之外的因素，主要是权势关系和交际者的因素等。但是在我们的语料中发现，在体格检查阶段，医生发出指令性语言后，有 85.7% 的患者执行言语反馈项目，其中女性患者占 51.1%，男性占 48.9%。这说明：

第一，在汉语文化背景下，权势关系最突出的体现是：权势较低的一方会给较高的一方充分的发言权。认真听对方的讲话，适时回应对方，以示尊重。如上面语料，医生命令患者进行检查，本身医生在对患者进行治疗的过程中就是权威，且患者身体不适，需要听从医生的建议。这样，医生指导患者行为，患者自然就要听从医生的指令，同时给予言语性反馈表示认同和尊重。

第二，患者性别不是主要原因。患者前来就诊，最终目的是治愈疾病。但是疾病使患者苦不堪言，治愈疾病尽快康复是患者最大的心愿，因此患者选择按照医生指令执行，积极使用言语性反馈项目进行回应。

有的检查受检查部位的限制，即使患者不方便使用言语性反馈项目做回应，患者也会积极配合，发出言语性反馈项目。比如下面的语料，患者因为受凉、发烧前来就诊。

例 90（呼吸内科）

【1】　医生：你坐到这。

【2】　患者：唉（（坐下））

【3】　医生：我看你舌头，伸出来。

【4】　患者：（（伸舌头并从鼻腔发声））

从患者查体的部位（舌体）看，患者本身无法使用言语性反馈项目做出回应，是患者为了显示对医生的尊重，尽量使用了言语性反馈项目。

5.2.2.3　诊断或治疗 —— 回述

在诊断或治疗阶段，医生得出患者疾病的诊断结论，并使用"诊断言谈"告知患者；而患者则希望医生不但给出诊断结论，而且还能详细解释诊断结论、说明病因等医学信息。这与患者的就诊目的直接相关，是患者治疗疾病、解除病痛的关键步骤。所以大多数患者不再固守自己的弱势地位，而采取"探寻式言谈"，主动发问以索取相关信息。我们发现，在这个阶段，医生与患者间的互动交流中，最为突出的语言特点就是"回述"。

回述是一种会话实践（conversational practice），由开创"民族学方法论"这一社会学流派的社会学家 Garfinkel & Sacks 在分析日常谈话时发现并提出。他们认为："会话参与者在言语交流过程中，可能对会话的某一部分进行描述、解释、归类、说明、翻译、总结、提炼要旨，还可能关注会话对规则的遵守，评价会话对规则的偏离。这就是说，会话参与者对会话进行了'回述'。"（Garfinkel & Sacks，1970：350-351）回述存在于特定的序列中，其序列结构通常表现为：回述对象的存在 => 回述的执行 => 回述的反馈（于国栋，2009）。

回述的一个重要作用是使参与者在谈话的某个部位，明确地、具体地显示出对谈话的理解，从而使谈话能够有条不紊地进行（Francis & Hester，2000）。Heritage & Watson（1979）通过研究"信息接收者"（news recipient）的回述，总结出回述的两大特征：一是"归纳要旨"（gists），二是"做结论"（upshots）。所谓"归纳要旨"，就是信息接收者澄清信息发布者提供的信息，并显示理解程度。而"做结论"则是会话一方将对方某种未予言明的"要旨"明说或引申。

根据医患谈话的阶段特征，我们按照回述对象执行者的不同，对诊断与治疗阶段话语的回述方式进行分类，结果如下：

（1）对本人话轮的回述，指说话人在完成话轮之后，对该话轮进行的回述。它包括医生对医生话轮的回述和患者对患者话轮的回述。

第一，医生对医生话轮的回述。

例 91（内分泌科）

（（医生拿着患者的检查报告））

【1】 医生：TSH 值 0.17，T3 值 16.65，T4 值 25.47。

【2】 患者：怎么样？

【3】 医生：<u>所有的检查结果都支持</u>·我们的诊断是甲状腺功能亢进。

【4】 患者：嗯。

【5】 医生：就是，我们说的甲亢。是一种<u>免疫性疾病</u>。

【6】 就是甲状腺素分泌过多造成的。甲状腺激素是帮助我们代谢的，

【7】 分泌多机体代谢就快。因此，最好的办法就是手术治疗，

【8】 实施<u>甲状腺次全切除术</u>（2秒）就是<u>切掉一部分</u>，

【9】 <u>这样既保证甲状腺的功能，又能抑制甲状腺素分泌过多</u>。

医生在上面语料中所做的回述，是针对医学术语进行的。第1行，在医生为患者提供检查结果后，患者表示不解，于是医生在第3行向患者宣布诊断结果为"甲状腺功能亢进"。医生在患者做出了一般性反馈后，意识到自己的话语不利于对方理解，于是对已经表达的内容进行了回述，向患者介绍甲状腺功能亢进的病理、发病机制以及治疗方法。在第8行的话轮，医生说出手术方法为"甲状腺次全切除术"后，意识到"次全切除术"为医学术语，而老百姓通常不可能具备与"次全切除术"相关的医学知识。因此医生进一步回述，说明手术方法和效果。显然，医生进行这样的回述更有利于患者把握与该疾病相关的知识，也更明白自己应该采取的相应措施，能够更好地配合医生治疗。

第二，患者对患者话轮的回述。

例 92（血液内科）

【1】 医生：给你开了硫酸亚铁、富马酸亚铁、琥珀酸亚铁，

【2】 都是铁剂治疗，补铁的。

【3】 患者：哦！

【4】 医生：口服，饭后吃，每天3次。

【5】 患者：好的。

【6】 医生：但是前两天，每天1到2次，知道吗？

【7】 要不然的话，胃肠道会有反应，如果有反应的话就不要吃了，

【8】 没有的话，再逐渐加量，到每日3次。

【9】 患者：那么麻烦？

【10】 医生：还有，吃药的同时也不要喝牛奶、茶水、咖啡，

【11】 都不要喝，那样的话，会影响铁的吸收。

【12】 患者：<u>我现在经常有胃肠道反应</u>，<u>我不是怀了小孩儿，总是吐</u>，

【13】 怕分不清什么是药物造成的反应。

这名患者患有缺铁性贫血前来就诊。医生为患者进行了补铁的治疗，以纠正患者贫血症状，并叮嘱，补铁药物服用后若出现胃肠道反应，必须停止用药。但是因为患者身怀六甲，妊娠反应强烈，有呕吐症状，于是对医生说"我现在经常有胃肠道反应"，但是又担心医生不能理解，就又对已经表达的内容进行回述"我不是怀了小孩儿，总

是吐"，向医生提示其胃肠道反应的原因，以便医生给出合理的治疗方案。

（2）对对方话轮的回述，是医生和患者之间的行为，是听话人对说话人话轮的回述。包括医生对患者话轮的回述和患者对医生话轮的回述。

第一，医生对患者话轮的回述。

本研究发现，在医学问诊阶段，医生对患者提供信息的回述是最常见的回述类型，目的是为了确保收集信息的准确性。但是在诊断或治疗阶段这种医生对患者提供信息的回述，更多的是医生向患者证明诊断结论的准确性，是树立权威的一种手段。

例93（消化内科）

【1】　医生：你哪里不舒服？

【2】　患者：我的胃一直疼，疼了有快半个月了，就这个地方。
　　　　　（（指着小腹胃疼的地方））

【3】　医生：疼的情况是什么样？

【4】　患者：疼极了。

【5】　医生：怎么个疼法？

【6】　患者：烧灼样。

【7】　医生：疼的部位深还是浅？

【8】　患者：深。

【9】　医生：疼痛的部位有没有变动？

【10】　患者：没有。

【11】　医生：有没有疼得更厉害的时候？

【12】　患者：有，<u>吃饱的时候。</u>

【13】　医生：饿的时候疼不疼？

【14】　患者：<u>不疼。</u>

【15】　医生：啊，吃饭就疼，不吃饭就没有事，是吧？

【16】　患者：对。

【17】　医生：胃溃疡。

【18】　患者：不可能吧，我们家没有 [遗传耶。

【19】　医生：　　　　　　　　　　　　[你看，<u>吃饭就疼，不吃饭就没有事，</u>

【20】　<u>就是饱餐后疼痛，这就排除十二指肠溃疡了。</u>

在上面的语料中，医生通过第 1—16 行的询问，得出患者的疾病为胃体溃疡。在第 18 行，患者表示不可思议，并质疑医生的诊断结果。此时，医生在患者还没有完成话轮的情况下，打断了患者的话语。同时，对患者在第 12、14、16 行所表达的内容进行了回述，以证明诊断结论的正确性。这里，我们的结论与 Gafaranga & Britten（2004）不同，虽然这种医患互动的回述以"趋同"为取向，但却是权势的显示。

第二，患者对医生话轮的回述。

例 94（内分泌科）

（医生拿着患者的检查报告）

【1】 医生：<u>TSH 值 0.17，T3 值 16.65，T4 值 25.47</u>。

【2】 患者：怎么样？

【3】 医生：<u>所有的检查结果都支持·我们的诊断是甲状腺功能亢进</u>。

【4】 患者：嗯？

【5】 医生：就是，我们说的甲亢。是一种<u>内分泌疾病</u>。

【6】 就是甲状腺素分泌过多造成的。甲状腺激素是帮助我们代谢的，

【7】 分泌多机体代谢就快。因此，最好的办法就是手术治疗，

【8】 实施甲状腺次全切除术。就是<u>切掉一部分，</u>

【9】 <u>这样既保证甲状腺的功能，又能抑制甲状腺素分泌过多</u>。

【10】 患者：这个内分泌疾病，<u>就是只会影响内分泌系统咯</u>？

【11】 医生：那不是！是内分泌出毛病了，但是会影响到整个身体，

【12】 心脏、消化、造血、肌肉都有影响。

在第 10 行，听话人用疑问句"就是只会影响内分泌系统咯？"来尝试对说话人前一话轮中"内分泌疾病"（第 5 行）进行回述。但因为患者的"回述"不正确，所以医生认为患者并未真正理解前一话轮的某些内容，于是又对内分泌疾病进行了解释，即"是内分泌出毛病了"（第 11 行）。接下来又针对内分泌系统的并发症逐一列举，使患者认识到该疾病的严重性。从患者回述所采用的语言手段来看，多采用疑问句，这说明在一定程度上患者承认并尊重医生的权威性。

可见，按照上面对诊断或治疗阶段回述的分类，我们发现医患谈话回述的功能具有如下特点：从回述的功能来看，回述不仅能增进医患双方相互理解，而且能够

避免交际障碍的发生。同时，医生适时使用回述，还是树立权威的方式。从回述的执行者看，无论医生还是患者都可以进行回述，这说明疾病的诊断和治疗与医患双方都密切关联。医患交际双方积极使用回述，可以帮助双方有效地获得正确的信息，对患者身体的康复大有裨益。

5.2.2.4 咨询——句群构成的话轮

Sacks 等（1974）提出，话轮可以用多种语言单位构成。可以构成一个话轮的语言单位不仅包括单词、短语、句子和从句，还包括由多个句子组合而成，形成一个语义连贯的句子组合体，即句群够成的话轮。但是词和短语一旦进入交际，就必定带有一定的语气、语调，在功能上表达一个完整的意思，从而成为句子，所以充当话轮的单位应该是单句、复句和句群。

Coulthard（1985）通过研究发现，在任何会话中，话轮的绝大部分只由一个单句构成，除非是被允许保持一个较长的话轮，例如讲故事等。但是我们通过分析医患谈话语料，发现在医生详述进一步治疗和检查细节过程中，会话的话轮有 71.6% 由句群构成，25.1% 由复句构成，仅有 3.3% 由单句构成。例如：

例 95（内分泌科）

【1】 T1 患者：大夫，血糖仪我买了，咋用啊？

【2】 T2 医生：哦，你把它拿出来，强生的。

【3】 T3 患者：好。（（取出血糖仪））

【4】 T4 医生：从这个地方把试纸推进去，看见没？推到底，推不动了为止。

【5】 T5 患者：这样？

【6】 T6 医生：好的。你再看这两个地方的代码一不一致。

　　　　（（分别指向仪表显示的代码和试纸小瓶上的代码））

【7】 不一致的话，试纸的代码要和仪器一致，按这个按钮调一下。

【8】 T7 患者：等会儿，我看下（（看按钮）），哦！

【9】 T8 医生：两个代码一致的话，说明可以用，这里（（指显示屏））就闪，

【10】 看见没？像水滴一样，说明缺血。下一步采血。

【11】 T9 患者：嗯。

【12】 T10 医生：血采好，就把这滴血放到这里（（指试纸顶部边缘的狭窄通道）），

【13】　一直到这个窗口满了。这个地方（（指仪表屏幕））就会5、4、3、2、1，

【14】　倒数，5秒，一点点血，就有结果了。懂没有？

【15】　还有，把试纸抽掉就自动关机了。

【16】　T11 患者：哦，我再给你说一遍吧……

在上面的语料中，医生在咨询阶段，针对患者的疑问，使用"教导式言谈"指导患者进行技术操作，即血糖仪的正确使用方法。医生和患者的会话一共由 11 个话轮组成，其中，医生的 5 个话轮中有 4 个话轮是句群式话轮。可见，医生"教导式言谈"的句群式话轮是保证患者知情权的必要手段，也是医生的义务。下面的语料中，医生同样使用"教导式言谈"向患者解释血常规的检验结果。

例 96（呼吸内科）

【1】　T1 医生：你看你的白细胞计数！你的白细胞的数量是：$22 \times 10^9/L=$

【2】　T2 患者：怎么了？

【3】　T3 医生：= 正常的成人的白细胞计数是 4 到 10，

【4】　你的白细胞数量明显高于正常值，

【5】　这叫白细胞增多。白细胞是用来干什么的你知道么？ =

【6】　T4 患者：不知道。

【7】　T5 医生：= 是人体的防御系统，如果有疾病感染机体，那么白细胞就

【8】　会出动，抵抗疾病的侵袭，自然数量上就会增加，你的白细胞

【9】　增加了那么多，说明机体有炎症。需要消炎治疗。

这段医患之间的谈话由 5 个话轮组成，其中医生的 3 个话轮中有 2 个是句群式话轮。此时医生使用"教导式言谈"向患者详细解释检查结果，并向患者说明白细胞的作用，以及体内白细胞的正常值。这样，患者在阅读报告单时就会格外注意这些检查结果，及时掌握病情。

通过分析语料发现，在这个阶段医生"教导式言谈"的话轮之所以句群的比重较大，是和"教导式言谈"的目的相一致的。"教导式言谈"是要帮助患者充分了解自身的健康状况并掌握经过医生的对症治疗后其疾病的预后。而患者的目的是索取核心医学信息，得到详细、通俗的医学解释。因此，医生对语言形式的选择其实就是医生和患者双方话语意图的外在表现。

5.3 医患谈话的语言特点

"言语活动在语境中进行，使用语言受语境制约。人们在特定的场合，就特定的范围，为了特定的目的，向特定的对象，用特定的方式进行交际。这种种语境因素影响语言的使用，并形成使用语言的特点。"（王德春等，2000）医患谈话也一样，根据本章前面对医患谈话活动进行的具体分析，从医患谈话这一机构谈话活动的语境因素就可以推出医患谈话特征。结合医患谈话的机构特点，本研究认为，相对日常谈话而言，医患谈话主要有以下特点（如下图5）：机构性（包括目的性、限制性、推理独特性等）、医学专业性、口语性、严谨性、权威性和多面性等。

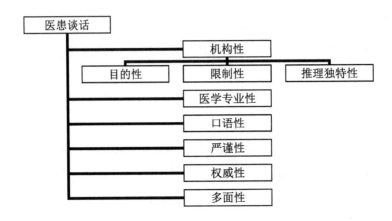

图 5　医患谈话特点图

5.3.1 机构性

医患谈话作为一种机构语言，机构性是其主要特点，主要表现在以下几个方面：

（1）目的性。医患互动的双方在他们自身的行业或技术的能力范围之内，根据他们对医疗的任务或功能的一般特征的理解来组织他们的话语。也就是说，在医患互动过程中，医学专业的医生和非医学专业的患者之间的言语行为，都指向目的性任务或功能，这一点明显表现在他们所追求的总目标上——针对患者的主诉做出诊断，最终达到根治患者病患之目的。

医生的行为不仅受医疗机构的的限制，还受他们所担负的职责的影响，这种职责对于患者来说印象模糊甚至根本都不了解。但是医生和患者所追求的具体目标确是一致的。医生的目标是治愈患者的疾病，而患者的目标是在医生的专业帮助下恢复健康。这是一种协作的目的关系，即医生目的的实现有助于患者目的的实现，反之亦然。

（2）限制性。医患谈话的限制性主要表现在就诊程序对医生和患者之间互动和话题的限制上。也就是说，其职业交流方式虽与情境相关，却更加因人而异并且具有协商性，因此其限制性因互动过程和互动阶段的不同而不同。相对于日常谈话，医患谈话的行动范围有所降低，一些来自权势的或医学强制性的限制会使医患谈话具有一些形式特征，具体表现在：虽然不存在官方的话轮转换机制，但是医生控制话轮、较患者提问的次数多。还有对于医生的问话，患者必须做出回答，否则将无法做出正确的诊断。例如：

例 97（心血管内科）

【1】　医生：头疼不疼？

【2】　患者：疼。

【3】　医生：是怎么疼？针扎？还是隐隐地疼？

【4】　患者：隐隐。

【5】　医生：什么时候疼？

【6】　患者：整天都是。

【7】　医生：头晕？

【8】　患者：嗯。

【9】　医生：有没有劲？

【10】　患者：嗯。

这名患者 65 岁，初步诊断为脑卒中，但是医生因为职业要求，有意地多问了一些问题，目的就是确诊患者的疾病，排除其他可能的病患。因此在医疗机构环境中患者必须和医生配合，积极回答问题。如第 3 行"是怎么疼？针扎？还是隐隐地疼？"，就是为了辨别脑部肿瘤和脑血管疾病。如果患者认为医生过于啰唆，对其置之不理或是大发牢骚，都会干扰疾病的正常诊断，延误最佳治疗时机。

具有机构性特征的言语角色是根据每个人可用的话轮的预先分配情况来定义的，特别是医生提出的问题。在主题上的限制主要体现在言语角色的言语要与医生问诊的话题相关。任何一位前来就诊的患者最关心的就是疾病本身。而就医师的问诊要求来说，也主要围绕疾病展开。在临床实践中，若不能按照疾病诊断程式来引导患者叙述，没有集中的话题，任凭患者漫无边际的谈论，就会造成误诊或者做无意义的检查。这也说明，话题选择对收集疾病诊断有意义的信息，进而做出合适的检查和诊断十分必要。

（3）推论特殊性。在医患谈话的机构语境中，医患互动产生的一些推理、推论及含义也具有一些特别（机构性）之处。同样的交际行为，在不同谈话中的功能和意义也会有不同。如医生通常对患者的主诉等不给予吃惊的表情，仅用反馈语表示收到。而在日常谈话中，这种表情的隐藏通常被认为是不想加入话题。日常谈话中较为隐私性的问题在诊疗过程中，则被看作是正常的询问。比如下面一位疑似急性阑尾炎患者与医生的对话。

例 98（普通外科）

【1】 医生：怎么了？

【2】 患者：肚子痛。

【3】 医生：来没有来例假？有没有阴道出血？

这名女性患者（38岁），病发时右下腹剧烈疼痛，初步诊断为急性阑尾炎发作，被送入普通外科就诊。但是急性阑尾炎与妇科子宫异位妊娠（俗称宫外孕）的体征极其相似：都有下腹部剧烈疼痛的症状。医生考虑到患者为成年女性，为避免误诊，造成宫腔破裂引起腹腔大出血危及生命，因此询问"来没有来例假，有没有阴道出血？"（第3行）。如果患者经期推迟，则可以考虑疑似子宫异位妊娠。这样的询问在日常交谈中如果轻易从一位男性口中发出，通常会被视作性骚扰或对女性的侮辱。但是在医疗情境中，这是一种义务，体现了医生对患者生命健康的高度责任感。

5.3.2　医学专业性

语言是医患双方沟通和交流信息的载体，也是医疗服务最直接的工具和手段。医学是专业性很强的技术科学，因此在诊疗过程中医学专业人员对非医学专业人员的话语转换使医患谈话具有医学专业特征。这种转换表现在疾病的诊断、病因的描述、医嘱、病理分析、检验结果等，但是都集中体现在词汇 —— 医学专业术语上，如系统红斑性狼疮、直肠指诊、里急后重、端坐呼吸、鼻衄、心悸、发绀等等。

例 99（肝胆外科）

【1】 医生：你肚子疼痛，给你打一支 <u>6542</u> 吧。

【2】 患者：嗯？

【3】 医生：哦，就是<u>山莨菪碱</u>，治你肚子疼的，打了就不疼了。。。

这是一名急性胆囊炎发作的患者，寻求医生救治，医生回应患者使用解痉剂止痛。注意上例中的画线部分"6542"（第 1 行），它是一种药物名称，可使平滑肌明显松弛，对缓解因胆囊炎引起的痉挛，如腹部肝区疼痛具有立竿见影的效果。由于患者和医生的图式不同，对医学名词不甚了解，加之"6542"这种药物名称过于抽象，患者无法从药名上判断其疗效、作用。但是医生为了诊疗的规范又无法放弃使用，因此在使用了专有名词后还会做出解释"治你肚子疼的，打了就不疼了"。

可见，此类术语如药物名称（山莨菪碱）、治疗程序（直肠指诊）、症状体征（里急后重、端坐呼吸、鼻衄、心悸、发绀）等出现在医患谈话中，使得医患谈话具有了医学专业性的特征。

5.3.3 口语性

医生在诊疗过程中既要体现自己的职业身份，同时也要通过沟通了解患者的病情。而这种语言从形式上看，都是以口头的形式进行的，而且是即兴的口语，因此医患谈话语言具有即兴口语的很多特征。比如下面的语料：

例 100（消化内科）

【1】 医生：是你的那个身体因素——医院不给你做？

【2】 患者：嗯·不是。

【3】 医生：哦？

【4】 患者：我都要交钱做了，人家看我岁数大 =

【5】 患者：=[就说算了，怕市里的医院还要做，担心我的身体 =

【6】 医生： [嗯

【7】 患者：=怕做多了，[对身体 =

【8】 医生： [嗯

【9】 患者：= 不好，[那里的医生 =

【10】 医生： [嗯

【11】 患者：=[建议我到市里做医院详细检查，就=

【12】 医生：[哦

【13】 患者：=没有[给做，最后就[做了个钡餐造影=

【14】 医生：　　　[嗯　　　　　　　[嗯

【15】 患者：=哦，报告单这是。

【16】 医生：还是还是怕你的 (3s) 身体不好，做了

在这段对话中，有拖音"——"、停顿"(3s)"、同时说话"["、语气词"嗯""哦"、语助词"那个"、重复"还是还是"等等。可见诊疗过程中使用的语言是即兴的，主要依赖口语，语境要求较高，所以表现出词语重复、冗余的口头禅、充分利用语音手段等特征。

5.3.4 严谨性

医生的语言，无论是"大夫式言谈"、"教导式言谈"还是"伙伴式言谈"都必须严谨。医生使用"教导式言谈"向患者解释病情时，必须对病情有充分的了解和分析。但是临床工作中的诊断往往并不十分明晰，医生对治疗效果和预后情况没有绝对把握。这时医生解释病情就必须格外谨慎。通常，医生在保证向患者讲清情况、让患者心中有数的前提下，又为自己留有余地，否则因措辞不当而引起的误会，往往成为隐伏的医患纠纷根源。医生语言的严谨性和以下两点原因分不开。

（1）医生的职业特性。医学是一门严谨的科学，医生对于患者，其角色语言往往有"一言九鼎"的作用，即"医语如圣旨"。因此，任何对于患者病情的无端预测、对于其他医生诊断结论的妄加分析、不负责任的评论同行、接诊时的信口开河、对处于不稳定状态患者病情的随意评判、对于患者隐私的不必要的议论，都是不符合医疗用语原则的。因此，言语谨慎，不仅是各级医务人员职业素养的体现，也是医务人员医德水平高低的标尺。

此外，由于医生与患者的互动属于"机构谈话"，加之医生职业的特殊性，因此，医生必须为自己的所言负责。医生应该有把握，其所言即使被录音送上法庭也能保证无懈可击。

（2）患者维权渠道的畅通。2002 年 9 月实施的新《医疗事故处理条例》中，有允许患方复印病历等的规定，司法部门在审理医疗纠纷案件时采取"举证倒置"原则，

要求医院提出举证。这样给处于弱势地位的患者及家属要求解决医疗纠纷提供了一条相对畅通的途径，使患方和医方的地位趋于平等。对患者及其家属来说，医疗事故技术鉴定的门槛已大大降低。因此，医生更应注意谈话的严谨性。

总之，医生在向患者表达语言信息时，非常注意用词，极力避免词不达意或使用有歧义的词语，力求表达的准确性，做到语言有理有据，不凭空臆造，严谨地为患者服务。

5.3.5　权威性

我国的医务人员都是经过高等医学院校培养出来的专门人才，掌握着医疗救治的专业技术，具有良好的职业道德素养，享有较高的职业权威。在患者眼中，医生是治病救人的天使，医生的语言对患者有着极高的威信。由于医学的专业性较强，大多数患者对医学知识知之甚少，医疗语言往往成为患者"知情权"的重要信息源。患者根据医生的言谈来了解自身的病情，掌握自己所患病情的轻重和安危程度。

医生语言的职业权威作用，还表现在医生的言谈对患者的心理刺激阈值低。心理刺激阈值指人们对来自主治医师的信息的心理刺激的耐受能力和水平。据观察，大多数患者对来自主治医生的信息的心理刺激阈值较低，呈现单向敏感状态。医生发布了对患者有利的信息，可使患者顿觉心情开朗，心花怒放；相反，医生发布了对患者不利的信息，可使患者愁眉不展、痛不欲生。

因此，在医疗过程中，医生运用职业权威不仅具有重要的医学意义，而且具有强烈的职业道德色彩。医生通常使用以下两种策略树立权威：

（1）使用第一人称代词复数形式"我们"，说明医生的权威是由当前诊疗的医学情境以及大的医疗职业系统天然决定的。

（2）使用各种专业术语说明患者是被排斥在整个医疗系统之外的，其言外之意是，正在交谈的医生的诊疗建议就是专家的建议与诊疗方案。

下面的病例中医生使用第一人称代词的复数形式，代替医生和全体专家组。

例 101（内分泌科）

【1】　医生：做过甲［状腺］次全切除术至少应该有甲状腺

【2】　患者：　　　　［没有］。

【3】　医生：＝的问题吧？我们建议你去查甲状腺功能，＝

【4】 患者：哦。

【5】 医生：=是不？T3T4[12]。

医生使用"我们"建议患者进行"甲状腺功能检查"，似乎表明不但医生本人要对患者负责，而且整个医院的的内分泌专家也要对患者的健康负责。通过使用"我们"，用医疗界的整体权威强调医生本人的权威，向患者说明该项检查是必不可少的。同时医生又使用 T3、T4（T3 为血三碘甲状腺原氨酸测定，T4 是血甲状腺素测定）补充说明甲状腺功能检查，也向患者显示了权威。

医生还会故意使用专业的医学术语向患者展示自己的权威。

例 102（呼吸内科）

【1】 医生：怎么不好？

【2】 患者：发烧好几天了。

【3】 医生：几天？

【4】 患者：三四天。

【5】 医生：发烧多少度？

【6】 患者：没有量。

【7】 医生：量体温吧。

　　　　（（医生请护士为患者测量体温，5 分钟后，医生看体温计））

【8】 患者：我这肯定是感冒，给我开康泰克。

【9】 医生：疑似上感，给你开三大常规，检查后再看。

在这则病例中医生先用"询问言谈"（如 1、3、5 行显示）与患者交流，但是在 8 行中患者的言谈侵入医生的领域，触动了医生的权威，因此医生转入"权威言谈"，使用"上感"（上呼吸道感染的简称）代替"感冒"一词，用以区别于日常的表达方式，与患者的图式系统冲突，接下来又使用"三大常规"代替血液、尿、便的常规检查进一步强调与患者之间的区别，树立自身的权威。因此，医生在诊疗过程中有意使用生僻的专业词语，向患者证明：我才是治病的专家，我的领域和你所处的领域不同，需要以我的诊断为标准。

---

　　⑫　T3、T4 是甲状腺分泌的两种激素，即四碘甲状腺氨酸（简写为"T4"，即通常所指的甲状腺素）和三碘甲状腺原氨酸（简写为"T3"），二者合称为甲状腺激素，它们都是碘化的氨基酸衍生物，因此都用"T"来表示。

5.3.6 多面性

语言的意义是动态的，当它和不同的情境结合在一起时，就能表达不同的意义。前面的研究指出，医生通过使用鼓励言谈、安慰言谈同患者交流，当然是对的，但也不全面。比如，对一个身患能够治疗的重病而自己不注意的患者，医生就要严肃地告诫他，使之及时重视。这说明，语言要针对不同场合，甄别使用。

医生的服务和其他服务人员有所不同。社会上提倡的"微笑语言服务"对于医生来讲就是一种选择性手段。比如，患者急需一种药而医院没有，或者患者经抢救无效死亡了，医生就没有任何理由笑。相反，一个曾被怀疑为恶性肿瘤的患者，最后被查明为良性，那时医生不仅可以微笑，即使开怀大笑也无不可。关键是，医生要体现与患者休戚相关，和患者的感情相融合。在面对一些重要情况时，医生说话时的表情可以十分严肃。也许，这种语言的多面性是医生运用语言的最高境界。

医患谈话是互动的过程，只有在双方共同参与下，才能明确问题，提供最有效的帮助。因此，医患谈话是一个动态的过程。下面我们探讨医生和患者言谈之间的动态关系。

5.4 医患谈话的互动模式

言谈互动的质量直接影响到患者对诊疗过程的满意度（Cordella，2004）。如果口头交流失败，那么即使治疗积极、有效，患者的主观满意度也会降低。如若探究医患沟通失误原因之所在，则必须认真、严格地分析医患谈话。

本研究对象是医患互动的双方，经过前面对医生、患者两方面谈话的解构，将医患互动的语言分成若干言谈，该系列中的言谈与"医生"、"患者"在医疗互动中的机构性"角色"紧密关联。从微观层面上看，对该系列言谈的解构使得医生、患者之间的互动更为直接、清晰；从宏观角度上讲，该系列言谈也使得医患互动中的语言在"社会 — 义化"情境中重新建构。

5.4.1 立足点模式

本节主要总结在医患互动的过程中，医生和患者之间谈话的立足点模式有何特征？他们之间的角色是如何变化的？呈现怎样的动态过程？下面是最为常见的几种立足点模式。

5.4.1.1 大夫式言谈→[描述式言谈]

"大夫式言谈→[描述式言谈]"这种模式是最常见到的医患之间的立足点模式，医生最先启动谈话，使用"大夫式言谈"询问患者的当前病征、疾病史、医疗背景、生活习惯或其他社会心理问题等。这种谈话可能就此停止，也可能医生会再次使用"大夫式言谈"引出下一轮问题。下面是一个典型的十二指肠球部溃疡的患者求医时的对话片段：

例 103（消化内科）

【1】 医生：怎么不舒服？

【2】 患者：胃不舒服，看过好几次了。

【3】 医生：现在怎么不好？

【4】 患者：疼得很。

【5】 医生：怎么疼？隐隐地疼、还是针扎地疼？

【6】 患者：针儿扎。

【7】 医生：什么时候？

【8】 患者：吃饱了以后，半夜。

【9】 医生：肚子饿了呢？

【10】 患者：不疼疼。

【11】 医生：多长时间，疼了？

【12】 患者：一个礼拜了。

【13】 医生：以前吃药有效果么？

【14】 患者：吃了好。

【15】 医生：吃饭怎么样？

【16】 患者：吃不好，总不敢吃，吃不香。

【17】 医生：大小便呢？

【18】 患者：有时拉不出屎。

【19】 医生：抽烟么？

【20】 患者：抽的。

【21】 医生：喝酒？

【22】 患者：不喝，很少。

【23】 医生：抽得凶吗？

【24】 患者：没办法，必须抽。

医生使用标准的"大夫式言谈"向患者发问，以索取与疾病相关的信息，患者则用"描述式言谈"回应，构成一个典型的医患之间的立足点模式。

5.4.1.2 **大夫式言谈→[描述式言谈]→教导式言谈→[描述式言谈]**

例 104（呼吸内科）

【1】 医生：检验结果出来没？

【2】 患者：哦，您瞧瞧？

【3】 医生：你看你的白细胞计数！你的白细胞的数量是：$22 \times 10^9/L=$

【4】 患者：怎么了？

【5】 医生：=正常的成人的白细胞计数是（4-10）$\times 10^9/L$，你的白细胞

【6】 数量明显高于正常值，这叫白细胞增多。白细胞是用来干什么的你

【7】 知道么？=

【8】 患者：不知道。

【9】 医生：=是人体的防御系统，如果有疾病感染机体，

【10】 那么白细胞就会出动，抵抗疾病的侵袭，自然数量上就会增加，

【11】 你的白细胞增加了那么多，说明机体有炎症。需要消炎治疗。

在这个例子中，医生的言谈从"大夫式言谈"转入"教导式言谈"，医生在了解了患者的病情后，针对患者的情况又向患者讲解与他疾病相关的知识，使患者充分了解自己的病情，促进患者对治疗的配合。这种模式是最为科学的模式尤其值得推广，对疾病的预防大有裨益。

医生经过多年的医学训练与职业培训，其语言比患者的语言有更强的规约性。而患者的语言一般是随意的、未经训练的，因此是无规约性、非程序化的个性语言。医生在谈话中的模式化语言，极有可能被患者的任意言谈破坏。"描述式言谈"可以引出医生的谈话，但是"大夫式言谈"决不只引出这种言谈。"探寻式言谈"在诊疗过程中随时都可能出现，甚至可以打断其他任何形式的言谈。"社交式言谈"

可以随着"伙伴式言谈"的出现或缺失发生相应的变化，但并非唯一的制约因素。

医生在医患互动的过程中必须履行作为医生的职责，因此，医生会使用"大夫式言谈"和"教导式言谈"控制双方的谈话，而此时患者的选择性则低得多。医生在谈话过程中可以随时调整立足点，改变言谈，但有时即使患者不断调整立足点，其立足点则岿然不动。当然，医生最终的目的还是要在尊重和平衡患者言谈的过程中，用自身的言谈获取尽可能多的信息，治病救人。

5.4.2　表演者、作者和本原

5.4.2.1　医生的语言

为标记医疗诊疗中参与双方的不同作用，本研究将医生和患者的谈话分成若干"言谈"，这些"言谈"不仅与医疗权势相一致，而且和其社会地位相吻合。

（1）表演者：无论医生还是患者，在医患互动的过程中都是"表演者"，都在谈话中发挥各自的作用。因此，两者的语言有一定的相似性，如都需要提问，都在找寻信息，都有可能保持沉默等。因此，作为"表演者"，双方的参与度是相同的。

（2）作者和本原：相应的，医生和患者也是互动过程中的作者和本原，但其所扮演的角色则具有不对称性。医生通过使用"大夫式言谈"和"教导式言谈"与患者互动时，其责任必须和"剧本"高度关联，而"剧本"又与医疗职业相关联。医生若要成为一名合格的医生，必须通过相关医疗职业技能的培训，熟悉并掌握"剧本"，这才是重中之重。可以这样认为，医生是话段中"剧本"的本原。医生所提供的信息，给出的建议，无论从个人角度来看、还是从职业规范上讲，都应当真实可信。至于医生个人观点和职业观点之间的冲突，本研究没有发现。

相比较而言，患者是作者、也是本原，但是他们的"剧本"则各有不同。前面谈到，患者从来没有进行过"角色"训练，其语言显得没有"章法"。假如患者不小心创作出医生的言谈与医生互动，那么多少会有班门弄斧之嫌，因为他们越"界"了，"不友好"地侵入了医生的"领地"。所以说，患者的"剧本"就应该描述个人的症状、体征和不适等，要和疾病相关。作为个人生活故事的作者，本原就是他们自己。

对医生而言，要和标准的生物医学观点保持高度一致，严禁表达任何与医学相悖的观点，专业给予医生权威，医疗机构赋予医生权势；患者方面，谈话则相对自由，但是主题应该与影响身体健康、改变机体功能的因素相关，应当清楚自己是来看病、来寻求帮助的。从这一方面讲，这就是一种非对称的交流。

"伙伴式言谈"明显不同于"大夫式言谈"和"教导式言谈"，它使得医生走进患者的生活世界。"伙伴式言谈"也没有那么强的医学性，其话题不需要程序化、医学性，更不会充斥阻碍医患交流的专业术语。但是，"伙伴式言谈"的话题直接或间接地为患者所关注，它能使医生和患者更为平等地交流。对于"伙伴式言谈"，医生既可以选择使用也可以选择放弃。

"伙伴式言谈"还具有其他医疗专业人员如护士必须具备的特点。Fisher（1995）认为，如果分别让女护士和男医生对女患者施行相同的医疗步骤，那么女护士能给予患者更为全面的诊疗，因为她们鼓励患者谈论生活琐事。而男医生则视医疗谈话之外的东西为不相关的"废话"。Haberland & Mey（1981：106）的研究表明：护士是填补医生和患者之间空白的理想人选。"医院里的日常巡诊，通常是这样一种情况：当医生查完房后，由护士采用通俗易懂的语言向患者'翻译'医生刚刚提及的医学术语，使患者掌握自身的病情。这仅仅是一种规约，而非一种特殊的交际形式。"换言之，Haberland & Mey 的研究表明，医生不能根据患者的需要建构自身的话语，而这种话语却是最能安抚患者、消除双方隔阂的一种手段。

对于在诊疗过程中的提问，"大夫式言谈"使用最多，但若要给予情感方面的投入，提问则是一种有效的手段。

关怀患者是医生的职责，医生也会通过使用"伙伴式言谈"和患者保持和谐的关系。当然，由于患者的社会背景不同，医患之间融洽关系的建立还有一定限制。简而言之，医生和患者的共性很少。有的患者认为："我喜欢理解我的大夫。"但是医生如何了解患者呢？人和人的社会背景、兴趣、爱好、生活方式各有不同。但是有一点是毋庸置疑的，如果医生善于使用不同的言谈，那么医患互动中患者的满意度就会提高。

5.4.2.2 患者的语言

从前面章节的讨论可以看出，患者通常使用"描述式言谈"和"社交式言谈"与医生进行交流。Labov & Fanshel（1997）以及 Davis（1988）都认为事件的"可报道性"（reportability）决定了患者是否在医患互动过程中对该事件详细的描述。也就是说，如果患者认为该事件值得一讲或者觉得有趣、对他人有吸引力，那么患者一定会再谈及此事。本研究则认为，患者讲述某故事很少是因为该故事具有"可报道性"，而是因为当患者发现有人在倾听自己的谈话，他们就会把疾病的症状、梦到的、惧怕的以及工作、家庭、社会等不相干的东西讲出来。根据前面的半结构性访谈可以得出，患者认为只要医生给他们时间，倾听他们的谈话，举止热情礼貌，那他就是好医生。Cordella（1999）也发现患者喜欢态度和蔼、举止大方、热情的医生。本研究的结论与 Labov & Fanshel（1977）以及 Davis（1988）之所以不同，是因为各自的社会文化背景不同造成的。

当然，如果患者不想说，完全可以选择保持沉默。事件的"可报道性"和患者的意愿紧密关联。影响的因素很多，如对特殊构架的理解偏差、"伙伴式言谈"的缺失或医生本身就没有亲和力等。

"社交式言谈"和"伙伴式言谈"在医患互动中的运用可以通过 Goffman（1983：11）的观察解释，"我们离开仪式化的参与架构，就是说我们自觉地把自然的参与安排转化到不自然的互动环境中。语言学环境下的解释是：我们不仅嵌入到话段中，也嵌入到互动安排中"。

可见，我们熟知的"参与安排"被转化到医患交际的"互动环境"中。本身医患互动就是非对称的互动，这使得所谓的"互动环境"看上去不自然。为了使医患互动取得令人满意的效果，医生和患者就需要在"友好"和"友谊"之间谨慎交谈，更要分清彼此之间"角色"的不同。因为患者在医患互动过程中都极为谨慎甚至有些恐惧，有时还会感到孤独，需要朋友相伴。另外，患者的"探寻式言谈"采用提问的方式，能不断地引出新话题，使谈话得以继续。

总之，患者作为其话段的"表演者"、"作者"和"本原"，自由性极大，同时在交互过程中缺乏权威性；医生凭借其专家地位和医疗机构的特殊性，极具权威和权势，但其作为"表演者"、"作者"和"本原"的角色却仅仅局限于其所拥有的医学信息中，本质上不得有任何个人的篡改，否则就是违背科学（医学），造成误诊、贻误病情，甚至草菅人命。当然，医生的思维多少会影响到其医疗语言。正如 Wodak（1996：12）所强调的："机构谈话中不只有一种语言，而是交织着，充斥着各式各样的语言，这些语言建构了形形色色的社会关系。"

5.5　小　　结

本章通过田野调查，采用定性分析的方法，考察了医患谈话的语言类型、结构、特点以及互动模式，结论如下：

第一，在医学诊疗过程中，医生和患者双方使用了不同形式的语言。医生的语言根据其功能又可以分成"大夫式言谈"、"教导式言谈"和"伙伴式言谈"；患者的语言则可以分成"描述式言谈"、"社交式言谈"和"探寻式言谈"（参见下图6）。

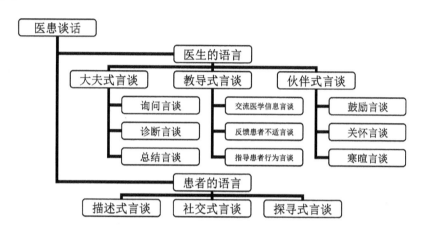

图 6　医患谈话类型图

通过研究发现，医生使用三种不同形式的言谈与患者交流，每一种言谈的功能都通过一定的谈话策略完成。"大夫式言谈"和"教导式言谈"强化了谈话场景的层级性——医生处于主动地位，患者处于被动地位，而"伙伴式言谈"则给予患者更多的谈话机会。

医生针对患者的主诉、症状、体征，运用"大夫式言谈"掌握信息，正确地做出诊断，并在患者复诊时评价和回顾医生所使用的管理及治疗常规。通常在这个阶段，医生会仔细阅读上一次诊疗的检查报告，根据患者对医嘱的遵循情况以及当前的症状和体征，决定是否需要做进一步检查和治疗。医生对患者进行问诊，叮嘱患者执行具体的康复行动，患者同时提供对诊疗有用的信息，配合医生进行治疗。在这一过程中，医患双方都显露出各自的社会文化背景知识，且医生完全是在履行个人的医学职责与义务。

医生使用"教导式言谈"为患者提供大量信息，患者就能更好地了解自身的健康问题以及治疗措施，配合医生治疗。医生所提供的信息包括患病原因、用药规则、病程说明以及对患者种种不适的科学解释。因此，医生提供给患者相应的医疗常识，可以让患者了解个人在康复过程中的具体要求与责任。

"大夫式言谈"和"教导式言谈"都属于医疗话语，区别于其他类型的医患谈话形式。这两种言谈属于机构谈话，其特点是：医生是权威、专家，在诊疗过程中不断地寻求信息、提出治疗意见、指导患者、树立权威；而患者则是配合地提供信息、服从治疗、接受教育、尊重权威。这些言谈在医疗机构谈话中属于非对称的关系。

"伙伴式言谈"则和以上两种言谈不同，更接近日常谈话。因为医生在交谈进程中并未将自身地位抬高，也没有树立所谓的权威意识，只是展现出自身所具有的社会文化能力。这种言谈可以说既是友好的，也是合作的，属于顺服话语（affiliative discourse），因此从这方面看，"伙伴式言谈"与"大夫式言谈"、"教导式言谈"有一定的区别。

而患者的言谈既有主动性又有被动性，"探寻式言谈"、"社交式言谈"由患者主动发出，"描述式言谈"则通过医生的提问间接引出。这些言谈说明了患者在医患沟通中的主动与被动地位。诊疗过程中，医生多采用"伙伴式言谈"给予患者讲话机会，激励患者讲话。而患者则多借此机会谈论个人的疾病、身体状况以及日常生活。

研究还发现，患者的语言受多种因素影响，如：个人的文化程度、对健康的意识和对疾病的了解和认知程度等等。所以，在一定程度上需要医生主动发现、寻找病因，并对病情进行客观而科学的分析，从而提供正确的诊断和准确的治疗。

第二，医患谈话拥有特殊的整体结构和内部组织。通过对医患谈话整体结构的研究，我们掌握了一个完整的医疗就诊的组成成分以及医生和患者在各个部分所实施的言谈。更重要的是，对医患谈话语言结构的研究使我们认识到，医患谈话是由医生和患者共同参与完成的一项社会活动。

第三，医患谈话是人们在特定的场合、特定的范围，为实现特定的目的，向特定的对象，用特定的方式进行交际的口头互动，因此具有鲜明的语言特点：

（1）医患谈话作为一种医疗机构谈话，具有鲜明的机构特征，主要表现在：①目的性，医患谈话受到一定的目标指引，即医生针对患者的主诉正确做出诊断，最终达到根治患者病患的目的。②限制性，医患谈话发生的场景与医生的目标和作用相关，因此医患谈话对于参与交谈的医生和患者都有特殊的限制。③推论特殊性，医患谈话的推理框架和程序与医院情境相关。同样的交际行为，因谈话场合的不同，其功能和意义也有所不同。

（2）专业性：医学是专业性很强的技术科学，因此医患谈话具有医学领域的专业特征。主要表现在对疾病的诊断、病因的描述、医嘱、病理分析、检验结果等方面，集中体现在医学专业术语的使用上。

（3）口语性：医患谈话从语言形式上看，属于即兴的口语语言，因此医患谈话具有口语的特征。

（4）严谨性：医生与患者交谈时，非常注意措辞，极力避免词不达意或使用有歧义的词语，力求表达准确。

（5）权威性：医生掌握着医疗救治的专业技术，具有良好的职业道德素养，享有较高的职业权威，因此语言也具有一定的权威性。

（6）多面性：医生会针对场合的不同，视患者病情的轻重，甄别使用不同形式的语言与患者交谈。

第四，医患之间的语言互动呈现动态的关系。医生和患者在沟通过程中通过使用各自的言谈，尽量使医疗机构与个人的图式保持一致，引导医生和患者互动。首先，医疗卫生行业是一个特殊的行业，由于质量要求高、工作风险强，所以从事这一职业的人需要经过系统的专业培训。与患者相比，医生这种生理、医学知识和技术、拥有信息的资源以及职业环境上的强势地位，使得医生在谈话上首先被赋予权势，这种技术上的权势造成医患之间的非对称。

医生使用"教导式言谈"来提高患者的医学知识，使患者积累"探寻式言谈"。"探寻式言谈"使患者逐步积累一定的权势。患者逐渐地拥有一定的权势，这时双方在权势方面的强弱地位发生了一定程度的变化，患者挑战医生的权势，医生在多数情况下对患者不予理睬，或者和患者共同协商得到更加精确的反馈，而这种反馈恰恰能够让医生尽快掌握患者病情。这样的过程循环往复，形成一个反馈环，更能够让医生掌握技巧、让患者提高"能力"，为最终准确诊断和合理治疗打下基础。

医生也可以使用其他的言谈和患者互动。"伙伴式言谈"为创造和谐的医患关系创造了条件。在这种情况下，患者通常会使用"社交式言谈"与医生沟通。"大夫式言谈"是医生了解患者病情的主要手段,患者通常采用"探寻式言谈"、"社交式言谈"以及"描述式言谈"与其进行语言层面的互动。

当然,医患交流也会存在交际中断的情况。这种中断可能发生在任何医生与患者的言谈交流中。但是本研究的语料没有发现此种情况,最为严重的情况是紧张,但也是由于患者没能按照医生的旨意治疗而造成医生的不满,或是患者完全遵循医嘱却没能达到预期的治疗效果而产生的不快。

本研究表明在中国的医疗背景下,医生和患者在沟通的过程中都有各自的言谈,为实现各自的言谈,双方都尽量与医疗机构和个人的认知一致,这种言谈是医患交际过程中的中枢,引导医生和患者之间的互动。同时也不可否认,由于机构的不对等,呈现出信息的不对称,那么医生和患者之间信息的不对等,会对双方关系造成怎样的影响呢?我们将在下一章详细讨论。

第六章　医患互动中的层级关系

权势作为机构谈话研究中的重要概念，其表现特征为层级性。本章探讨医生和患者在谈话过程中权势运用的情况，微观层面的医患谈话和宏观层面的社会文化因素之间的联系，以及受影响的因素。

6.1　层级关系

医患谈话属于机构谈话，机构谈话的研究通常都着重揭示不对等或非等同关系以及语言中权势的使用。医患角色之间的权势不对等引起了权势的层级性，权势的层级性又影响着角色之间话语权的大小。

国外关于医患互动过程中权势的研究[⑬]都集中在某一种话语特征的研究，有打断的研究（James & Clarke，1993；Murray，1985；West，1984c）、提问的研究（Ainsworth-Vaughn，1994a，1994b；Frankel，1979；Roter，1977；West，1984a）以及话题控制的研究（Ainsworth-Vaughn，1992；Wilson，1989b）等等。如Ainsworth-Vaughn（1992）认为话题控制与医生的性别直接相关，并根据医生的性别将话题控制分成若干种；West（1984a），Frankel（1979）和 Ainsworth-Vaughn（1994b）则通过定量分析，研究医患之间的提问对权势建构的影响。

这些研究的共同特点是：首先，医生在医患互动的过程中占主导地位，经常打

---

⑬　参见 Ainsworth-Vaughn（1992，1994b）、Davis（1988）、Fisher（1986）、Fisher & Groce（1990）、Frankel（1979）、Mishler（1984）、Silverman（1987）、Tannen & Wallat（1983）、West（1984b，1990）的研究。

断患者的话语、提问过多并且控制谈话的话题，几乎没有研究提到患者是否拥有权势、建构权势。其次，仅仅有某一种话语特征对医患互动中权势建构产生影响。本研究则将重点放到多种因素影响下的医患权势建构。

医患谈话中的权势直接影响到话语权，而话语权的不对等引起了医患之间角色的层级性。权势在医患谈话中具体表现在言语中的话语权，而话语权则体现在提问和打断上。基于以上观点，本研究拟采用统计检验的定量分析并与定性解释相结合的方法，通过医患谈话中话语权的两个方面，即打断和提问，来分析医患谈话之间的层级关系，即中国新时期医患之间存在什么样的权势关系、建构的方式是什么样的、各种因素如何影响权势建构，并对这些现象和规律进行解释。

6.2 打　　断

医生在诊疗会谈过程中，可以随时打断患者。在权势中一直处于被控制的一方也会使用打断来阻止对方，打断通常被认为是一个人为了达到个人目的、获得权势而使用的一种手段。

6.2.1 医患谈话中的打断

会话分析的兴起使得打断成为话语研究的前沿（Jefferson，1973）。较早的研究侧重于区分打断和重叠的区别，认为打断是对"话轮转换"的违反，重叠是谈话机制内的意外（Schegloff，1987）。因此，在顺畅的交谈中"话轮补救机制"控制谈话，保证无论有多少人参与谈话，"在一定的时间里总是一个人在讲话"，一个人讲完之后其他人接着发话。该观点引发了大量的针对"打断"和"重叠"的研究（Yieke，2002）。

"打断不仅仅是对话轮转换规则的违反，还是对语言和社会行为规范的违反，会因为说话人的目的和个人交际策略不同而有所不同。"（Brown et al.，1980）因此，李悦娥等（2002）认为对打断的研究应该与其功能联系起来，研究表明它与支配、权势和社会地位有关，对话轮转换规则的违反的研究表明有权势的、地位高的说话人显然比地位低的一方更易取得发言权。基于此，本节拟解决的具体问题包括：

（1）医患角色关系与打断的次数有什么联系？导致这些联系的深层原因是什么？

（2）医生和患者的性别与打断的次数有什么关系？导致这些关系的深层原因是什么？

（3）医生和患者其他的社会文化特征如年龄、社会阶层对打断的有什么影响？原因是什么？

6.2.2　数据分析

本章的语料包含了 10 个门诊科室，30 位老中青、高中低职称的医生与 30 位老中青男女患者（注：在本研究所采集的样本中，会话参与者的年龄各不相同，最小的 19 岁，最大的 71 岁）进行门诊交谈的完整录音及其经详细转写得到的文字材料。

按照前面对打断的定义，我们分析出语料中所有的打断，并对每一个打断进行了附码。附码集包括两个部分：一是医患门诊会话（即患者一次看病的过程）的编号、打断编号和科室编号；二是打断参与人的社会文化特征的编码，包括打断人的角色（即是医生还是患者）、性别、年龄和所属的社会阶层，以及被打断人的角色（即是医生还是患者）、性别、年龄和所属的社会阶层。我们按年龄把这些会话参与者分成三组：35 岁以下为 A 组（青年组），36—50 岁为 B 组（中年组），51 岁以上为 C 组（老年组）。语料分析中我们以一次医患门诊交谈为一个样本，共有 30 次门诊交谈，因而是 30 个样本（N=30），其中共发现各类打断共 533 次，平均每次门诊会谈发生打断 17.767 次。我们采用 SPSS 11.5 对数据进行统计学分析结果如下表 3 所示：

表 3　诊疗单元医生和患者打断次数依性别、年龄和社会阶层分布表

诊疗编号	医生						患者								
	性别		年龄			次数	性别		年龄			社会阶层			次数
	男	女	A	B	C		男	女	A	B	C	I	II	III	
1	●				●	4		●	●			●			0
2	●				●	5	●		●			●			5
3	●			●		5	●		●				●		7
4		●	●			10		●		●			●		8
5		●		●		15		●		●			●		6
6		●		●		20		●		●				●	15
7	●				●	5	●			●		●			1
8		●			●	4		●	●			●			3
9	●			●		15						●			9

续表

诊疗编号	医生						患者								
	性别		年龄			次数	性别		年龄			社会阶层			次数
	男	女	A	B	C		男	女	A	B	C	I	II	III	
10		●		●		16	●				●			●	12
11	●		●			19	●				●			●	12
12	●		●			19		●		●				●	9
13		●			●	3	●			●		●			5
14		●			●	6	●		●			●			0
15	●			●		19		●			●		●		9
16		●		●		5		●		●		●			4
17	●			●		15	●		●				●		8
18		●			●	5		●			●	●			7
19	●				●	8		●	●			●			0
20		●		●		18		●			●		●		6
21	●			●		17	●			●				●	9
22		●				16	●			●			●		7
23		●				15		●			●		●		8
24		●			●	5		●			●	●			1
25	●			●		5	●				●			●	9
26	●					13	●				●			●	11
27	●			●		6		●			●			●	5
28	●	●				18		●		●				●	9
29	●			●		19	●				●			●	15
30		●			●	3	●			●		●			0

注：A代表35岁以下；B代表36—50岁；C代表51岁以上。

下面我们依次考察影响医生和患者之间打断次数的各种因素。

6.2.3 结果与讨论

6.2.3.1 医生打断患者与患者打断医生之间的关系

为考察在医生打断患者与患者打断医生次数的差异，本研究首先运用描述性统计方法计算医生和患者双方打断次数的均值和标准差，结果如下：

表4 医生和患者之间打断次数的描述性统计

	角色	人数	均值	标准差	均值的标准误
打断次数	医生	30	11.10	6.233	1.138
	患者	30	6.67	4.253	0.777

上表显示：在医患互动过程中医生和患者的平均打断次数分别是 11.10 和 6.67，标准差则分别是 6.233 和 4.253，患者对医生的打断少于医生对患者的打断；医生打断的标准差大于患者打断，说明医生的内部差异大于患者。

虽然，医生和患者各自的打断次数有差异，但是这种差异是否具有显著性呢？为了回答该问题，本研究采用独立样本 T 检验对两组进行比较，结果如下：

表5 医生和患者之间打断次数的独立样本 T 检验

		方差方程的 Levene 检验		均值方程的 T 检验					差分的 95% 置信区间	
		F	Sig.	t	自由度	Sig.（双尾）	平均差	标准误差值		
打断次数	假设方差相等	18.199	0.000	3.218	58	0.002	4.43	1.378	1.676	7.191
	假设方差不等			3.218	51.196	0.002	4.43	1.378	1.668	7.199

上表中，F=18.199，Sig.=0.000，说明两个样本的方差不齐，需要用 t=3.218，P=0.002 来解释检验结果。检验结果显示，在 0.05 的显著性水平，医生和患者之间的打断次数存在显著性差异。也就是说，医生的打断次数明显高于患者。

另外，医生的打断和患者的打断是否具有相关性呢？我们利用 Pearson 积差相关系数来检验，结果如下：

表6 医生和患者打断次数 Pearson 积差相关系数表

		医生打断	患者打断
医生打断	Pearson 积差相关系数	1	0.750(**)
	Sig.（双尾）	.	0.000
	人数	30	30
患者打断	Pearson 积差相关系数	0.750(**)	1
	Sig.（双尾）	0.000	.
	人数	30	30

统计数据表明：Pearson 积差相关系数 =0.750，其绝对值 =0.750，说明高度相关。这说明一次医患互动的过程，如果医生打断患者次数越多，那么患者打断医生的次数也就会越多；反之，如果患者打断医生的次数多，医生也会更多地打断患者的谈话。

社会语言学研究普遍认为：性别、年龄和社会阶层已经成为三个重要的自变量，可用来考察说话人的社会身份对语言变量的影响（马继红，2008）。那么，医生和患者的性别、年龄以及其所属的社会阶层是否会对医患互动过程中的打断造成影响呢？下面，我们分别考察这三个因素对医患谈话中打断的影响。

6.2.3.2　性别因素的影响

性别因素作为社会语言学研究中"一个最有活力的社会变项"（徐大明，2006：121），是否也会影响医患谈话过程中的打断呢？本研究从医生和患者两个层面进行分析。

6.2.3.2.1　医生打断患者

性别因素是否影响医生打断患者的谈话？需要考虑如下情况：

（1）男医生打断患者时，患者的性别与医生打断次数的关系；

（2）女医生打断患者时，患者的性别与医生打断次数的关系。

6.2.3.2.1.1　男医生打断时，患者性别与男医生打断次数的关系

为了考察男医生打断不同性别的患者时，打断次数是否有显著性差异，本研究首先运用描述性方法计算该变量的均值和标准差，其结果如下表：

表7　患者性别对男医生打断次数影响的描述性统计

	参与者	人数	均值	标准差	均值的标准误
男医生打断次数	男患者	8	11.25	6.798	2.403
	女患者	7	12.29	6.211	2.347

上表显示，在男医生面对男女不同的患者时，平均打断次数分别是 11.25 和 12.29，男医生对女患者的平均打断次数略多于男患者。但是这种差异是否具有显著性呢？通过独立样本 T 检验对两组进行比较，结果如下：

表 8　患者性别对男医生打断次数影响的独立样本 T 检验

		方差方程的 Levene 检验		均值方程的 T 检验					差分的 95% 置信区间	
		F	Sig.	t	自由度	Sig.（双尾）	平均差	标准误差值		
男医生打断次数	假设方差相等	0.920	0.355	-0.306	13	0.764	-1.04	3.381	-8.341	6.269
	假设方差不等			-0.308	12.963	0.763	-1.04	3.360	-8.296	6.224

上表显示：Sig 值（双尾）为 0.764，大于 0.05，说明男医生面对男女不同的患者时，平均打断次数差异不显著。

6.2.3.2.1.2　女医生打断时，患者性别与女医生打断次数的关系

女医生面对不同性别的患者，其打断次数的描述性统计如下：

表 9　患者性别对女医生打断次数影响的描述性统计

	参与者	人数	均值	标准差	均值的标准误
女医生打断次数	男患者	8	10.25	6.756	2.389
	女患者	7	10.71	6.264	2.368

上表显示，在女医生面对男女不同的患者时平均打断次数分别是 10.25 和 10.71，女医生对女患者的平均打断次数略多于对男患者的平均打断次数。但是这种差异是否具有显著性呢？通过独立样本 T 检验对两组进行比较，结果如下：

表 10　患者性别对男医生打断次数影响的独立样本 T 检验

		方差方程的 Levene 检验		均值方程的 T 检验					差分的 95% 置信区间	
		F	Sig.	t	自由度	Sig.（双尾）	平均差	标准误差值		
女医生打断次数	假设方差相等	0.285	0.602	-0.137	13	0.893	-0.46	3.381	-7.769	6.841
	假设方差不等			-0.138	12.940	0.892	-0.46	3.363	-7.733	6.805

上表中，Sig 值（双尾）=0.893，大于 0.05，说明女医生面对男女不同的患者时平均打断次数差异不显著。

6.2.3.2.2　患者打断医生

性别因素与"患者打断医生谈话"之间的关系，需从以下两个方面分析：

（1）男患者打断医生时，医生的性别与患者打断次数的关系；

（2）女患者打断医生时，医生的性别与患者打断次数的关系。

6.2.3.2.2.1　男患者打断时，医生性别与男患者打断次数的关系

首先运用描述性方法考察男患者打断时，医生性别与之打断次数的均值和标准差。

表 11　医生性别对男患者打断次数影响的描述性统计

	参与者	人数	均值	标准差	均值的标准误
男患者打断次数	男医生	8	8.25	4.234	1.497
	女医生	8	7.13	5.436	1.922

上表显示，男患者面对性别不同的医生时，平均打断次数分别是 8.25 和 7.23，男患者对男医生的平均打断次数略多于对女医生的平均打断次数。但是这种差异是否具有显著性，则需通过独立样本 T 检验对两组进行比较，结果如下：

表 12　医生性别对男患者打断次数影响的独立样本 T 检验

		方差方程的 Levene 检验		均值方程的 T 检验						
		F	Sig.	t	自由度	Sig.（双尾）	平均差	标准误差值	差分的 95% 置信区间	
男患者打断次数	假设方差相等	0.613	0.447	0.462	14	0.651	1.13	2.436	-4.100	6.350
	假设方差不等			0.462	13.208	0.652	1.13	2.436	-4.130	6.380

Sig 值（双尾）=0.65，大于 0.05，说明男患者面对男女不同的医生时，平均打断次数差异不具有显著性。

6.2.3.2.2.2　女患者打断时，医生性别与女患者打断次数的关系

女患者面对不同性别的医生时，其打断次数的描述性统计如下：

表13 医生性别对女患者打断次数影响的描述性统计

	参与者	人数	均值	标准差	均值的标准误
女患者 打断次数	男医生	7	5.71	4.152	1.569
	女医生	7	5.29	2.812	1.063

从上面的描述性统计可以发现：在女患者分别面对男、女医生时，平均打断次数分别是5.71和5.29，这就是说，女患者对男医生的平均打断次数略多于对女医生的平均打断次数。下面通过对两组进行独立样本T检验比较，我们可以得知这种差异是否具有显著性。

表14 医生性别对女患者打断次数影响的独立样本T检验

		方差方程的 Levene 检验		均值方程的 T 检验						
		F	Sig.	t	自由度	Sig.（双尾）	平均差	标准误 差值	差分的 95% 置信区间	
女患者 打断次数	假设方差 相等	2.010	0.182	0.226	12	0.825	0.43	1.895	-3.701	4.558
	假设方差 不等			0.226	10.547	0.825	0.43	1.895	-3.765	4.622

上表中，Sig值（双尾）为0.825，大于0.05，说明女患者面对性别不同的医生时，平均打断次数差异不具有显著性。

6.2.3.3 年龄因素的影响

"语言的变异既可以标明言语社区中稳定的社会差异，也可以显示其间的、不稳定的和变化的因素。当变异标示某一变化时，最主要的相关社会因素就是年龄了。"（徐大明，2006：150）因此，在研究医患谈话的打断时，年龄因素的影响必不可少。

6.2.3.3.1 医生打断患者

年龄因素对"医生打断患者的谈话"影响，应从医生年龄和患者年龄两个方面分析：

（1）医生打断时，医生年龄与医生打断次数的关系；

（2）医生打断时，患者年龄与医生打断次数的关系。

6.2.3.3.1.1 医生打断时，医生年龄与医生打断次数的关系

以下为本研究针对不同年龄组之间的医生打断次数进行的描述性统计，目的是考察医生打断时，医生年龄对打断的影响：

表 15　医生年龄对医生打断次数影响的描述性统计

	人数	均值	标准差	标准误	均值的 95% 的置信区间		最小值	最大值
					下限	上限		
35 岁以下	10	17.30	2.983	0.943	15.17	19.43	10	20
36—50 岁	10	11.20	5.224	1.652	7.46	14.94	5	17
51 岁以上	10	4.80	1.476	0.467	3.74	5.86	3	8
总和	30	11.10	6.233	1.138	8.77	13.43	3	20

在三个年龄组中，35 岁以下的医生打断次数均值最大，约 17.30；36—50 岁组次之，约 11.20；51 岁以上的医生组提问次数最低，平均值仅为 4.80。为考察三个年龄段提问次数的差异，我们做了单向 ANOVA 检验，结果如下：

表 16　医生年龄对医生打断次数影响的 ANOVA 分析结果

	平方和	自由度	均方	F	Sig.
组间	781.400	2	390.700	30.550	0.000
组内	345.300	27	12.789		
总和	1126.700	29			

方差分析结果显示，在 0.05 的显著性水平上，三个不同年龄段的医生在提问次数上存在很大的差异（F=30.550，P=0.000，小于 0.05）。那么哪两个年龄组之间的差异显著呢？以下是 Tukey HSD 检验的结果：

表 17　医生年龄对医生打断次数的 Tukey HSD 统计结果

(I) 医生年龄	(J) 医生年龄	平均差 (I–J)	标准误	Sig.	95% 的置信区间	
					下限	下限
35 岁以下	36—50 岁	6.10(*)	1.599	0.002	2.13	10.07
	51 岁以上	12.50(*)	1.599	0.000	8.53	16.47
36—50 岁	35 岁以下	-6.10(*)	1.599	0.002	-10.07	-2.13
	51 岁以上	6.40(*)	1.599	0.001	2.43	10.37
51 岁以上	35 岁以下	-12.50(*)	1.599	0.000	-16.47	-8.53
	36—50 岁	-6.40(*)	1.599	0.001	-10.37	-2.43

上表可见，各个年龄段的医生（35 岁以下年龄段的医生、36—50 岁年龄段的医生和 51 岁以上年龄段的医生）在发问的次数上相互之间均有很大的差异（P 值均小于 0.05，存在显著性差异）。

6.2.3.3.1.2　医生打断时，患者年龄与医生打断次数的关系

以下是患者年龄对医生打断次数影响的描述性统计。

表 18　患者年龄对医生打断次数影响的描述性统计

| | 人数 | 均值 | 标准差 | 标准误 | 均值的 95% 的置信区间 | | 最小值 | 最大值 |
					下限	上限		
35 岁以下	10	9.40	5.641	1.784	5.36	13.44	3	17
36—50 岁	11	12.00	6.708	2.023	7.49	16.51	3	20
51 岁以上	9	11.89	6.585	2.195	6.83	16.95	5	19
总和	30	11.10	6.233	1.138	8.77	13.43	3	20

从上表可以看出，医生打断 36—50 岁的患者平均次数最多，均值为 12.00，打断 35 岁以下的患者次数最少，均值为 9.40。那么医生对这三个年龄段患者的打断是否存在差异呢？对此，我们做了 ANOVA 检验，结果如下表：

表 19　患者年龄对医生打断次数影响的 ANOVA 分析结果

	平方和	自由度	均方	F	Sig.
组间	43.411	2	21.706	0.541	0.588
组内	1083.289	27	40.122		
总和	1126.700	29			

上表显示，在 0.05 的显著性水平上，三个不同的年龄段的患者对医生提问的影响均没有显著差异（F=0.541，P=0.588，大于 0.05）。

6.2.3.3.2　患者打断医生

当患者打断医生的谈话时，是否受年龄因素的影响呢？我们可以考虑下面两个问题：

（1）患者打断医生时，医生年龄与患者打断次数的关系；

（2）患者打断医生时，患者年龄与患者打断次数的关系。

6.2.3.3.2.1　患者打断时，医生年龄与患者打断次数的关系

下面的描述性统计表说明：患者打断 35 岁以下的医生平均次数最多，均值是 9.60；患者打断 36—50 岁的医生次之，均值是 8.20；而对 51 岁以上的医生打断的平均次数最少，均值为 6.67。

表 20　医生年龄对患者打断次数影响的描述性统计

	人数	均值	标准差	标准误	均值的 95% 的置信区间		最小值	最大值
					下限	上限		
35 岁以下	10	9.60	3.340	1.056	7.21	11.99	6	15
36—50 岁	10	8.20	2.440	0.772	6.45	9.95	4	12
51 岁以上	10	2.20	2.616	0.827	0.33	4.07	0	7
总和	30	6.67	4.253	0.777	5.08	8.25	0	15

对于患者打断上面三个年龄段医生的平均次数之间的差异是否具有显著性，可以通过下面的 ANOVA 分析结果得知。

表 21　医生年龄对患者打断次数影响的 ANOVA 分析结果

	平方和	自由度	均方	F	Sig.
组间	309.067	2	154.533	19.353	0.000
组内	215.600	27	7.985		
总和	524.667	29			

很明显，Sig.=0，F=19.353，说明不同的年龄段医生会影响患者打断次数，其差异性显著。具体的组间差异可以通过利用 SPSS 提供的 Tukey HSD 方法算出。如下表：

表 22　医生年龄对患者打断次数的 Tukey HSD 统计结果

(I) 医生年龄	(J) 医生年龄	平均差 (I-J)	标准误	Sig.	95% 的置信区间	
					下限	上限
35 岁以下	36—50 岁	1.40	1.264	0.518	-1.73	4.53
	51 岁以上	7.40(*)	1.264	0.000	4.27	10.53
36—50 岁	35 岁以下	-1.40	1.264	0.518	-4.53	1.73
	51 岁以上	6.00(*)	1.264	0.000	2.87	9.13
51 岁以上	35 岁以下	-7.40(*)	1.264	0.000	-10.53	-4.27
	36—50 岁	-6.00(*)	1.264	0.000	-9.13	-2.87

上表看出，患者打断 35 岁以下医生的次数和患者打断 51 岁以上医生的次数之间差异显著（Sig.=0.00<0.05）。此外，患者打断 36—50 岁医生的次数和患者打断 51 岁以上医生的次数之间差异也十分显著（Sig.=0.00<0.05）。其他组间差异不具有显著性。

6.2.3.3.2.2 患者打断时，患者年龄与患者打断次数的关系

对于患者年龄对患者打断影响的描述性统计结果如下：

表 23 患者年龄对患者打断次数影响的描述性统计

	人数	均值	标准差	标准误	均值的 95% 的置信区间		最小值	最大值
					下限	上限		
35 岁以下	10	3.60	3.748	1.185	0.92	6.28	0	9
36—50 岁	11	7.00	3.795	1.144	4.45	9.55	1	15
51 岁以上	9	9.67	3.122	1.041	7.27	12.07	5	15
总和	30	6.67	4.253	0.777	5.08	8.25	0	15

51 岁以上的患者打断的平均次数最多，为 9.67，在 36—50 岁的次之，均值为 7.00，35 岁以下的患者打断次数最低，均值为 3.60。组间差异的显著性可以通过 ANOVA 分析得出，见下表：

表 24 患者年龄对患者打断次数影响的 ANOVA 分析结果

	平方和	自由度	均方	F	Sig.
组间	176.267	2	88.133	6.830	0.004
组内	348.400	27	12.904		
总和	524.667	29			

方差分析结果显示，在 0.05 的显著性水平上，不同年龄段的患者之间存在显著性差异（$F=6.830$，$P=0.004<0.05$）。具体哪两个年龄段存在显著性差异，详见下表统计结果。

表 25 患者年龄对患者打断次数的 Tukey HSD 统计结果

(I) 患者年龄	(J) 患者年龄	平均差 (I−J)	标准误	Sig.	95% 的置信区间	
					下限	上限
35 岁以下	36—50 岁	-3.40	1.570	0.095	-7.29	0.49
	51 岁以上	-6.07(*)	1.650	0.003	-10.16	-1.97
36—50 岁	35 岁以下	3.40	1.570	0.095	-0.49	7.29
	51 岁以上	-2.67	1.615	0.242	-6.67	1.34
51 岁以上	35 岁以下	6.07(*)	1.650	0.003	1.97	10.16
	36—50 岁	2.67	1.615	0.242	-1.34	6.67

通过以上 Tukey HSD 方法分析，年龄在 35 岁以下的患者和在 51 岁以上的患者之间在 0.05 的显著性水平上存在显著差异（平均差 =-6.07，p=0.03<0.05）。其他各组之间不存在显著性差异。

6.2.3.4　社会阶层因素的影响

在社会语言学的研究中，社会阶层一直以来都被视作一个重要的外部相关因素。Milroy & Gorden（2003：40）指出，"任何一个有责任的社会研究者都不能回避，至少是在某个研究层面，应该考虑社会阶层变项"。但是，近年来相关学者对于社会阶层的关注远不及对性别、年龄等其他影响语言的外部因素的关注。那么社会阶层因素是否会影响医患互动中医生和患者之间的打断次数呢？先分析医生打断患者的情况。

6.2.3.4.1　医生打断患者

医生作为一个独立的诊疗群体，可以视作统一的社会阶层，因此，在分析医生打断患者的言谈时，只需分析患者所属的社会阶层与医生打断次数之间的关系。

医生打断时，患者社会阶层与医生打断次数的关系如下：

表 26　患者社会阶层对医生打断次数影响的描述性统计

	人数	均值	标准差	标准误	均值的 95% 的置信区间		最小值	最大值
					下限	上限		
I	10	4.8000	1.47573	0.46667	3.7443	5.8557	3.00	8.00
II	10	12.0000	5.01110	1.58465	8.4153	15.5847	5.00	18.00
III	10	16.5000	4.52769	1.43178	13.2611	19.7389	5.00	20.00
总和	30	11.1000	6.23312	1.13801	8.7725	13.4275	3.00	20.00

医生面对三种不同社会阶层的患者，对来自 III 类阶层的患者打断的次数最多，平均为 16.5 次，对 I 类患者打断次数最低，平均仅为 4.8 次，而对 II 类患者打断的次数居中，平均为 12.0 次。医生对来自三种不同社会阶层患者打断次数的差异进行单向 ANOVA 统计的结果如下：

表 27　患者社会阶层对医生打断次数影响的 ANOVA 分析结果

	平方和	自由度	均方	F	Sig.
组间	696.600	2	348.300	21.865	0.000
组内	430.100	27	15.930		
总和	1126.700	29			

　　方差分析结果显示，在 0.05 的显著性水平上，医生对来自三种不同社会阶层患者的打断次数之间存在显著差异（F=21.865，*P*=0.000<0.05）。那么医生面对哪两个阶层之间的打断次数差异显著呢？下面是 Tukey HSD 方法提供的数据结果。

表 28　患者社会阶层对医生打断次数的 Tukey HSD 统计结果

(I) 社会阶层	(J) 社会阶层	平均差 (I–J)	标准误	Sig.	95% 的置信区间	
					下限	上限
I 类	II 类	-7.2000(*)	1.78492	0.001	-11.6256	-2.7744
	III 类	-11.7000(*)	1.78492	0.000	-16.1256	-7.2744
II 类	I 类	7.2000(*)	1.78492	0.001	2.7744	11.6256
	III 类	-4.5000(*)	1.78492	0.046	-8.9256	-0.0744
III 类	I 类	11.7000(*)	1.78492	0.000	7.2744	16.1256
	II 类	4.5000(*)	1.78492	0.046	0.0744	8.9256

　　从上表可以看出，各组之间均存在很大的差异，I 类与 II 类之间、I 类与 III 类之间以及 II 类与 III 类之间的平均差分别为 -7.2、-11.7 和 -4.5，*P* 值分别是 0.001、0.000 和 0.001，差异显著。

6.2.3.4.2　患者打断医生

　　来自不同社会阶层的患者是否在打断医生谈话的次数上有所差异呢？需要进行以下的数据分析。

　　为考察患者在打断医生时，患者社会阶层对患者打断的影响，我们针对不同阶层之间患者的打断次数做了描述性统计，结果如下表：

表 29　患者社会阶层对患者打断次数影响的描述性统计

	人数	均值	标准差	标准误	均值的 95% 的置信区间		最小值	最大值
					下限	上限		
I 类	10	1.9000	2.13177	0.67412	0.3750	3.4250	0.00	5.00
II 类	10	7.1000	1.19722	0.37859	6.2436	7.9564	5.00	9.00
III 类	10	11.0000	2.44949	0.77460	9.2477	12.7523	9.00	15.00
总和	30	6.6667	4.25346	0.77657	5.0784	8.2549	0.00	15.00

　　在三种社会阶层中，I 类患者打断次数均值最低，为 1.900；II 类患者较高，为 7.100；III 类患者最高，均值达到 11.000。那么三组之间的差异性如何？下面是单项

ANOVA 统计结果。

表 30　患者社会阶层对患者打断次数影响的 ANOVA 分析结果

	平方和	自由度	均方	F	Sig.
组间	416.867	2	208.433	52.205	0.000
组内	107.800	27	3.993		
总和	524.667	29			

方差分析结果显示，在 0.05 的显著性水平上，三个不同组别存在显著性差异（F=52.205，Sig.=0.000<0.05）。我们对结果做了 Tukey HSD 检验，以了解哪两个组间存在显著差异，结果如下表：

表 31　患者社会阶层对患者打断次数的 Tukey HSD 统计结果

(I) 社会阶层	(J) 社会阶层	平均差 (I-J)	标准误	Sig.	95% 的置信区间	
					下限	下限
I 类	II 类	-5.2000(*)	0.89360	0.000	-7.4156	-2.9844
	III 类	-9.1000(*)	0.89360	0.000	-11.3156	-6.8844
II 类	I 类	5.2000(*)	0.89360	0.000	2.9844	7.4156
	III 类	-3.9000(*)	0.89360	0.000	-6.1156	-1.6844
III 类	I 类	9.1000(*)	0.89360	0.000	6.8844	11.3156
	II 类	3.9000(*)	0.89360	0.000	1.6844	6.1156

从上表看出，各组之间存在很大的差异。I 类患者与 II 类患者之间的打断次数之间平均差为 -5.2，*P* 值是 0；I 类患者与 III 类患者之间的平均差为 -9.1，*P* 值是 0；而 II 类患者与 III 类患者之间平均差为 -3.9，*P* 值是 0。三个组，两两之间均存在显著差异。

6.2.3.5　讨　　论

医生和患者之间的权势关系影响了交谈中双方的打断次数，这种权势主要是指医疗专业知识和信息上的优势，具体体现在：

第一，医生打断患者的次数明显高于患者打断医生的次数。这是因为言语打断与控制、权势以及社会地位相关。权势和地位高的说话人比地位低的一方更容易取得发言权。因此医生作为医患谈话中的权势一方，能够通过打断患者的话语，轻而易举地获得话语权。

分析语料发现，医患言语交际过程中，经常出现患者背离合作原则的现象，而医生打断患者多是因为医生不满患者此类的言语行为。因此，从某种意义上讲，我们可以将打断看作是，医生——作为言语互动中的主要控制者，为纠正患者谈话，而有意采取的策略。主要表现在以下几个方面：

（1）患者违反数量准则，即提供了大量的与疾病诊断无关的信息，例如：

例105（心血管内科）

【1】　医生：原先有什么不舒服的情况吗？

【2】　患者：没有。我这身体，可好了。

【3】　以前，我们村的秧歌队 [啊，那可

【4】　医生：　　　　　　　　　 [你高血压多长时间啦？

在上面的语料中，患者为了让医生更好地了解自己的病情，不自觉地提供了大量的冗余信息。这在日常谈话中无可厚非，但是由于目前中国的医疗资源有限，医生为了提高门诊治疗效率，于是打断了患者的谈话。

（2）患者违反质量准则，即提供了没有科学依据的信息。例如：

例106（内分泌科）

【1】　医生：再给你查查 T3T4=

【2】　患者：= 我没有甲亢，肯定没问 [题

【3】　医生：　　　　　　　　　　　 [你查过没有？

在上例中，医生之所以打断患者，是因为患者自认为个人的 T3T4 值没有问题，而医生认为患者的判断毫无根据。即患者违反了质量准则的第二条次则——不要说缺乏足够证据的话。于是，医生对患者说："你查过没有？"这句话也充分印证了医生认为患者的判断没有依据。

（3）患者违反关系准则，即提供了没有关联的信息。例如：

例107

【1】　医生：你以前还得过什么病？

【2】　患者：是的。我这病就是血压高，高压能到 180 呐，[急啊

【3】　医生：　　　　　　　　　　　　　　　　　　 [我说以前

【4】　你还得过什么病？

在上面的语料中，患者答非所问，无视医生的提问，未能给出医生心理预期的回答，因此被医生打断。总之，患者因没能给出与医生问题相关的回答，而违反了关系准则。

（4）患者违反方式准则。例如：

例 108

【1】　医生：你这病以前看的时候确诊没有？

【2】　患者：哦说是。去年·你看·我跟我弟妹，她老乡认识二医院的人。

【3】　我说认识人总比不认识强，找了主任给做的，他给我开了三千块的药，

【4】　天天家里一股 [药味儿

【5】　医生：　　　　　[你就告诉我诊断是什么病。

在上面示例中，患者的表述语言啰唆，冗长，毫无条理，逻辑混乱，明显违反了方式准则中的第三、四次则（要简短、要有序）。

本研究发现，在医患言语交际中，患者违反合作原则的情况较多，但这并非是患者有意要在交际过程中采取不合作的态度。而是因为，①患者非医学专业人士，但却对自身的情况了解全面，因此希望将尽可能多的信息提供给医生，以求大量的信息来帮助医生进行正确的诊断。②患者受到疾病的困扰，求医心切，难免在医生的权势面前，产生紧张的心理，造成语言表达条理性不强、简洁性不够。可以这样说，患者的这种"不合作"现象正是由于患者的"过于配合"造成的。

换言之，由于医患之间存在医学信息和权势等方面的不对称，加之医院对于效率的要求，医生在与患者的语言互动中作为专业人士，扮演着主导者、控制者的角色。其次，由于患者不具备医学专业知识，有时不能配合医生的言语行为，违背了合作原则。于是医生就借助打断这一方式，控制患者的言语进程，求得患者的"合作"。

第二，医生打断患者的次数和患者打断医生的次数高度相关。医生打断患者多是由于患者的话语没有达到医生的预期；而患者打断医生，则是其过于积极地提供相关疾病信息而造成。此外，若患者急于了解其病情或治疗方案，也会打断医生的谈话。这也表明：医患双方都在争夺话语权。随着医生打断次数的升高，患者就会加强话语权的争夺；反之亦然。

第三，医患性别对打断的影响微乎其微。本研究与 James & Clarke（1993）的研

究结论一致：无论是医生打断患者，还是患者打断医生，性别因素都不会对打断造成显著影响，即性别因素与打断无明显关联。这是因为：首先，在国内和国际的局势下，女性和男性普遍受到平等、公正的待遇，这和早年女权运动的蓬勃兴起不无关系。其次，患者因为患病才到医院就诊，因此在医生眼中，患者首先是一位病人，需要对其进行问诊，做出诊断结论，给出治疗方案，促使其尽快康复。而患者的性别则不是医生考虑的主要因素。

第四，医患双方的年龄是影响打断的重要因素。我们的结论是：医生打断患者时，医生的年龄对打断的影响较大，即医生年龄越大打断的次数就越少，而患者的年龄对医生的打断不构成影响。患者打断医生时，患者打断医生的次数随患者年龄的升高而升高，随医生年龄的升高而降低。

这种医患年龄与打断的关系表明：首先，在诊断过程中，医生的目的是获取医疗信息、明确诊断、制定治疗方案、治愈患者疾病。患者疾病的康复是医生考虑的最主要因素。因此，在医生打断患者时，患者的年龄对医生的打断不构成影响。其次，随着医生执业时间的增长，行医经验也随之丰富，更加懂得医患交流中倾听的必要性，因此会更加尊重患者的谈话。这样，随着医生年龄的增高而打断患者的次数反而随之降低。此外，患者打断医生时，随着患者年龄的升高，会将打断当作争夺话语权、实现自身目的的工具，因此，患者打断医生的次数会随患者年龄的升高而升高。但随着医生年龄的升高，其打断次数逐渐减少，患者打断的次数也就逐渐减少。这样就随医生年龄的升高而降低，这就印证了前面第二点的结论：医生打断患者的次数和患者打断医生的次数高度相关。

第五，患者的社会阶层指数与患者的打断次数相关。患者所属的社会阶层指数越低，打断医生谈话的次数也就越少；同时，医生面对不同阶层的患者，所打断的次数也随着患者社会阶层指数的提高而降低。如果患者的教育水平高，经济实力强，社会地位高，那么其打断的次数也会增加。同时医生为了维护自身的权威也要不断地打断患者的谈话，争夺话语权，这也印证了第二点的结论。相反，如果患者的社会阶层指数高，即教育水平低，经济状况差的话，那么他们打断的次数也就会减少。

6.3 提　　问

人们在社会生活中承担着不同的角色，因而具有不同的权势，并且采用不同的方式实施权势。但是这并不是说，有人具有权势而其他人没有。权势以不同的形式存在，也可以用不同的方式呈现，譬如提问，它就是在人们对别人的行为做出反应时发生的动态变化。

6.3.1　医患谈话中的提问

医患互动过程中，医生和患者的提问（questioning）数量是研究医患语言的焦点问题，因为交谈双方在谈话过程中获得信息的同时，也获得了权势（Ainsworth-Vaughn，1994b）。大部分医患谈话研究的结论都认为：医患谈话属于典型的"采访型"言谈——由一方主动发问，另一方消极回答，即患者在医患互动过程中，仅有少量的发问。本研究则认为该结论需要修正。

很多研究还认为，患者在医患谈话中是绝对消极的，理由是他们根本不发问，但是本研究认为这样的结论未免过于笼统、过于草率甚至有些想当然。有的医生的确希望患者尽量不要插手医生的工作。发问的形式有多种，发问是权势实现的一种手段。

那么在中国医患谈话的过程中，医生和患者的提问是否也存在差异呢？

（1）医患角色关系与提问的次数有什么联系，导致这些联系的深层原因是什么？

（2）医生和患者的性别与提问的次数有什么关系，导致这些关系的深层原因是什么？

（3）医患其他社会文化特征如年龄、社会阶层对提问的有什么影响，原因又是什么？

6.3.2　数据分析

为考察医生和患者之间提问次数的差异，需再次进行统计比较，语料的来源同6.2.2。按照前面对提问的定义，我们检索出语料中所有的提问，并对每一个提问进行了附码。附码集包括两个部分：一是医患门诊会话（即患者一次看病的过程）的编号、提问编号和科室编号。二是提问参与人的社会文化特征的编码，包括提问人的角色（即是医生还是患者）、性别、年龄和所属的社会阶层，以及被提问人的角色（即是医生还是患者）、性别、年龄和所属的社会阶层。我们按年龄把这些会话参与者分成三组：35 岁以下为 A 组（青年组），36—50 岁为 B 组（中年组），51 岁以上为 C 组（老年组）。语料分析中我们以一次医患门诊交谈为一个样本，共有 30 次门诊交谈，因而是 30 个样本（$N=30$），其中共发现各类提问共 544 次，平均每次门诊会谈发生提问 18.133 次。我们采用 SPSS11.5 对数据进行统计学分析，提问次数的描述性统计如下：

表 32　诊疗单元医生和患者提问次数依性别、年龄和社会阶层分布表

诊疗编号	医生						患者								
	性别		年龄			次数	性别		年龄			社会阶层			次数
	男	女	A	B	C		男	女	A	B	C	I	II	III	
1	●				●	3	●		●			●			0
2	●				●	6	●					●			3
3	●			●		6	●				●		●		6
4		●	●			13		●		●			●		5
5		●	●			13		●	●			●			2
6		●	●			23	●			●			●		7
7	●				●	6	●		●				●		2
8		●			●	5		●		●			●		5
9	●			●		14		●		●			●		6
10		●		●		17	●				●			●	11
11	●			●		34		●	●					●	11
12					●	34	●							●	9
13		●			●	3	●			●			●		5
14		●			●	5	●		●			●			2
15	●			●		24		●			●		●		7
16		●		●		6	●						●		5
17	●					10	●					●			2
18		●			●	4	●				●	●			7
19	●				●	6		●				●			0
20		●	●			15	●							●	8
21	●			●		15	●		●			●			4
22		●	●			17						●			4
23	●			●		14	●		●					●	7
24		●			●	4	●		●				●		5
25	●			●		4					●			●	15
26		●		●		11					●			●	15
27	●			●		7		●			●			●	16
28		●	●			14		●		●				●	8
29	●			●		15	●				●			●	14
30		●			●	4	●		●			●			1

6.3.3 结果与讨论

6.3.3.1 医生提问患者与患者提问医生之间的关系

我们首先运用描述性统计方法，计算医生和患者双方提问次数的均值和标准差，以考察医生和患者之间提问次数的差异，结果如下：

表 33　医生和患者之间提问次数的描述性统计

	参与者	人数	均值	标准差	均值的标准误
提问次数	医生	30	11.7333	8.40334	1.53423
	患者	30	6.4000	4.45359	0.81311

上表显示：在医患谈话的过程中，医生提问的均值是 11.73 次，患者的均值是 6.40 次，医生的提问次数多于患者。但是双方差异是否具有显著性，通过独立样本 T 检验进行比较，结果显示如下：

表 34　医生和患者之间提问次数的独立样本 T 检验

		方差方程的 Levene 检验		均值方程的 T 检验					差分的 95% 置信区间	
		F	Sig.	t	自由度	Sig.（双尾）	平均差	标准误差值		
提问次数	假设方差相等	8.226	0.006	3.072	58	0.003	5.3333	1.73638	1.85759	8.80908
	假设方差不等			3.072	44.100	0.004	5.3333	1.73638	1.83411	8.83256

通过以上的统计数据显示：Sig.=0.006，小于 0.05，说明两个样本的方差不齐，需要用 $t=3.072$，$P=0.004$ 来解释检验结果。检验结果显示，在 0.05 的显著性水平，Sig.（双尾）为 0.004，小于 0.05，说明医生和患者在提问次数之间存在显著性差异。也就是说，医生的提问次数明显多于患者的提问。

此外，医生提问和患者提问之间是否具有相关性呢？为此，我们做了 Pearson 检验，结果如下：

表 35　医生和患者提问次数 Pearson 积差相关系数表

		医生提问	患者提问
医生提问	Pearson 积差相关系数	1	0.314
	Sig.（双尾）	.	0.091
	人数	30	30
患者提问	Pearson 积差相关系数	0.314	1
	Sig.（双尾）	0.091	.
	人数	30	30

经过计算得出，r 系数 =0.314，呈低度相关。因此，可以认为医生提问和患者提问之间没有关联性，即医生提问的次数对患者提问的次数没有影响。

患者前来就诊时，接诊医生必须通过问诊的方式向患者采集病史，因此，这种方式的提问就是这个过程的重中之重，医生只有通过询问才能了解患者的发病时的情况、伴随症状、诊治经过、本次就诊的目的和要求、既往史、个人史和家族中有无类似的疾病发生。通过问诊，医生就能下初步的诊断，为疾病的确诊打下坚实的基础。

那么，医生与患者之间的提问次数的差异，是否受到双方的性别、年龄和社会阶层的影响？下面我们将做进一步讨论。

6.3.3.2　性别因素的影响

Ainsworth-Vaughn（1998）的研究发现：在美国医患互动过程中，女性患者比男性患者更喜欢问问题，但是这种情况也会随所进行谈话对象的性别有所差异，也就是说，医生和患者的性别会影响谈话对方的提问。她的研究表明：如果诊疗医生为女性，那么平均每位男性患者在一个问诊单元发问 10.9 次，而女性患者则平均发问 10.8 次；如果诊疗医生为男性，患者为女性的话，那么患者的平均发问次数则是每次 8 个问题，患者为男性的话，那么他的平均发问次数则低至 3.7 次。同样的研究对医生提问次数的分析结果也非常有趣，如果医生为女性、男女患者各占一定比例的话，那么该医生的提问比例则是占到女医生参与的诊疗中全部 433 个问题的 49.9%（216），而男医生的提问则占到全部 405 个问题的 74.3%（297）。下面，本研究具体讨论汉语文化背景下，性别因素对医患提问的影响？针对性别因素对医生和患者之间提问的影响，需要分别考虑以下情况：

（1）男医生提问患者时，患者的性别与医生提问次数的关系；

（2）女医生提问患者时，患者的性别与医生提问次数的关系；

（3）男患者提问医生时，医生的性别与患者提问次数的关系；

（4）女患者提问医生时，医生的性别与患者提问次数的关系。

6.3.3.2.1 医生提问患者

6.3.3.2.1.1 男医生提问时，患者性别与男医生提问次数的关系

针对患者不同性别，男医生提问次数的描述性统计如下：

表36 患者性别对男医生提问次数影响的描述性统计

	患者性别	N	均值	标准差	均值的标准误
男医生提问次数	男患者	8	12.0000	9.84160	3.47953
	女患者	7	14.5714	11.04321	4.17394

上表显示，在男医生面对男女不同的患者时，平均提问次数分别是 12.00 和 14.57，即男医生对女患者的平均提问次数略多于男患者。但是这种差异是否具有显著性呢？需要通过独立样本 T 检验对两组进行比较，结果如下表：

表37 患者性别对男医生提问次数影响的独立样本 T 检验

		方差方程的 Levene 检验		均值方程的 T 检验					差分的95% 置信区间	
		F	Sig.	t	自由度	Sig.（双尾）	平均差	标准误差值		
男医生提问次数	假设方差相等	0.139	0.715	-0.477	13	0.641	-2.57	5.389	-14.215	9.072
	假设方差不等			-0.473	12.191	0.644	-2.57	5.434	-14.391	9.248

上表显示：Sig.（双尾）=0.64，大于 0.05，说明男医生面对男女不同的患者时，平均提问次数无显著差异。

6.3.3.2.1.2 女医生提问时，患者性别与女医生提问次数的关系

针对患者不同性别，女医生提问次数的描述性统计表如下：

表38 患者性别对女医生提问次数影响的描述性统计

	患者性别	人数	均值	标准差	均值的标准误
女医生 提问次数	男患者	8	10.50	7.672	2.712
	女患者	7	10.00	4.761	1.799

上表显示，在女医生面对男女性别不同的患者时，平均提问次数分别是 10.50 和 10.00，即女医生对男患者的平均提问次数略多于对女患者的提问。但是这种差异是否具有显著性呢？还需要通过独立样本 T 检验对两组进行比较，结果如下表：

表39 患者性别对女医生提问次数影响的独立样本 T 检验

		方差方程的 Levene 检验		均值方程的 T 检验					差分的95% 置信区间	
		F	Sig.	t	自由度	Sig.（双尾）	平均差	标准误差值		
女医生 提问次数	假设方差 相等	2.922	0.111	0.149	13	0.884	0.50	3.360	-6.759	7.759
	假设方差 不等			0.154	11.842	0.881	0.50	3.255	-6.603	7.603

上表显示：Sig.（双尾）=0.884，大于 0.05，说明女医生面对男女不同的患者时，平均提问次数无显著差异。

6.3.3.2.2 患者提问医生

6.3.3.2.2.1 男患者提问时，医生性别与男患者提问次数的关系

针对医生的不同性别，男患者提问次数的描述性统计如下表：

表40 医生性别对男患者提问次数影响的描述性统计

	医生性别	人数	均值	标准差	均值的标准误
男患者 提问次数	男医生	8	7.13	5.410	1.913
	女医生	8	6.50	4.660	1.648

观察上表，发现男患者面对性别不同的医生时，平均提问次数分别是 7.13 和 6.50，男患者对男医生的平均提问次数略多于对女医生的提问。但是这种差异是否具有显著性呢？需通过独立样本 T 检验对两组进行比较，结果如下表：

表41　医生性别对男患者提问次数影响的独立样本 T 检验

		方差方程的 Levene 检验		均值方程的 T 检验					差分的 95% 置信区间	
		F	Sig.	t	自由度	Sig.（双尾）	平均差	标准误差值		
男患者提问次数	假设方差相等	0.876	0.365	0.248	14	0.808	0.63	2.524	-4.789	6.039
	假设方差不等			0.248	13.699	0.808	0.63	2.524	-4.801	6.051

通过上表数据发现：Sig.（双尾）=0.808，大于 0.05，说明男患者面对男女不同的医生时，平均提问次数无显著差异。

6.3.3.2.2.2　女患者提问时，医生性别与女患者提问次数的关系

针对医生的不同性别，女患者提问次数的描述性统计如下：

表42　医生性别对女患者提问次数影响的描述性统计

	医生性别	人数	均值	标准差	均值的标准误
女患者提问次数	男医生	7	6.43	5.503	2.080
	女医生	7	5.43	2.070	0.782

上表显示：女患者面对男女不同的医生时，平均提问次数分别是 6.43 和 5.43，女患者对男医生的平均提问次数略多于对女医生的提问。这种差异是否具有显著性呢？通过独立样本 T 检验对两组进行比较，结果如下表：

表43　医生性别对女患者提问次数影响的独立样本 T 检验

		方差方程的 Levene 检验		均值方程的 T 检验					差分的 95% 置信区间	
		F	Sig.	t	自由度	Sig.（双尾）	平均差	标准误差值		
女患者提问次数	假设方差相等	2.486	0.141	0.450	12	0.661	1.00	2.222	-3.842	5.842
	假设方差不等			0.450	7.665	0.665	1.00	2.222	-4.164	6.164

通过上表数据可知，Sig.（双尾）=0.66，大于 0.05，说明女患者面对男女不同的医生时，平均提问次数无显著差异。

6.3.3.3　年龄因素的影响

"跟社会阶层、性别等其他社会变项一样，年龄也是异质因素构成的指标"。（徐大明，2006：159）那么，年龄因素是否会对医患谈话双方的提问造成影响呢？下面是分析结果。

6.3.3.3.1　医生提问患者

针对医生对患者的提问，需要分别考虑以下两个方面的关系：

（1）医生提问患者时，医生年龄与医生提问次数的关系；

（2）医生提问患者时，患者年龄与医生提问次数的关系。

6.3.3.3.1.1　医生提问时，医生年龄与医生提问次数的关系

为考察在医生提问时，医生年龄对医生提问的影响，本研究针对不同年龄组之间的医生提问，进行描述性统计如下：

表 44　医生年龄对医生提问次数影响的描述性统计

医生年龄	人数	均值	标准差	标准误	均值的95%的置信区间		最小值	最大值
					下限	上限		
35岁以下	10	20.2000	8.23003	2.60256	14.3126	26.0874	13.00	34.00
36—50岁	10	10.4000	4.50185	1.42361	7.1796	13.6204	4.00	17.00
51岁以上	10	4.6000	1.17379	0.37118	3.7603	5.4397	3.00	6.00
总和	30	11.7333	8.40334	1.53423	8.5955	14.8712	3.00	34.00

在三个年龄组中，35岁以下的医生提问次数均值最大，约为20.2；36—50岁组次之，约为10.4；51岁以上的医生组提问次数最低，平均值仅为4.6。针对三个年龄段提问次数的差异，下面是单向 ANOVA 统计结果。

表 45　医生年龄对医生提问次数影响的 ANOVA 分析结果

	平方和	自由度	均方	F	Sig.
组间	1243.467	2	621.733	20.869	0.000
组内	804.400	27	29.793		
总和	2047.867	29			

方差分析结果显示，在0.05的显著性水平上，三个不同的年龄段在提问次数上存在很大的差异（F=20.869，$P=0$，小于0.05）。那么哪两个年龄组之间的差异显著呢？下面是 Tukey HSD 方法提供的结果。

表 46　医生年龄对医生提问影响的 Tukey HSD 统计结果

(I) 医生年龄	(J) 医生年龄	平均差 (I−J)	标准误	Sig.	95% 的置信区间	
					下限	下限
35 岁以下	36—50 岁	9.8000(*)	2.44101	0.001	3.7477	15.8523
	51 岁以上	15.6000(*)	2.44101	0.000	9.5477	21.6523
36—50 岁	35 岁以下	-9.8000(*)	2.44101	0.001	-15.8523	-3.7477
	51 岁以上	5.8000	2.44101	0.062	-0.2523	11.8523
51 岁以上	35 岁以下	-15.6000(*)	2.44101	00.000	-21.6523	-9.5477
	36—50 岁	-5.8000	2.44101	.062	-11.8523	0.2523

从上表可以看出，35 岁以下年龄段的医生和 36—50 岁年龄段的医生、51 岁以上年龄段的医生在发问的次数上有很大的差异（P 值分别是 0.001 和 0.000<0.05，存在显著性差异）；但是 36—50 岁年龄段的医生和 51 岁以上年龄段的医生之间在提问次数上没有差异（P 值为 0.062，大于 0.05，不存在显著性差异）。

6.3.3.3.1.2　医生提问时，患者年龄与医生提问次数的关系

为考察在医生提问时，患者年龄对医生提问的影响，下面是患者年龄组不同对医生提问影响的描述性统计：

表 47　患者年龄对医生提问次数影响的描述性统计

患者年龄	人数	均值	标准差	标准误	均值的 95% 的置信区间		最小值	最大值
					下限	上限		
35 岁以下	10	8.5000	4.92725	1.55813	4.9753	12.0247	3.00	17.00
36—50 岁	11	13.1818	9.17407	2.76609	7.0186	19.3450	3.00	34.00
51 岁以上	9	13.5556	10.18714	3.39571	5.7250	21.3861	4.00	34.00
总和	30	11.7333	8.40334	1.53423	8.5955	14.8712	3.00	34.00

在三个年龄组中，医生对 35 岁以下的患者提问次数均值较低，约 8.5；对其他两组 36—50 岁组次和 51 岁以上的医生组提问次数稍高，平均值仅为 13 左右。为了解医生对三个年龄段提问次数之间的具体差异，我们做了单向 ANOVA 检验，结果如下表：

表48　患者年龄对医生提问次数影响的 ANOVA 分析结果

	平方和	自由度	均方	F	Sig.
组间	157.508	2	78.754	1.125	0.339
组内	1890.359	27	70.013		
总和	2047.867	29			

上表显示：医生提问的次数依患者年龄段不同的差异显著性值为 0.339，大于 0.05，说明差异不够显著，患者的年龄对医生的提问次数无显著影响。

6.3.3.3.2　患者提问医生

针对患者向医生的提问，需要分析医生年龄与患者提问次数的关系以及患者年龄与患者提问次数的关系。

6.3.3.3.2.1　患者提问时，医生年龄与患者提问次数的关系

为考察在患者提问时，医生年龄对患者提问的影响，下面是医生年龄组不同，对患者提问影响的描述性统计表：

表49　医生年龄对患者提问次数影响的描述性统计

医生年龄	人数	均值	标准差	标准误	均值的 95% 的置信区间		最小值	最大值
					下限	上限		
35 岁以下	10	7.5000	3.43996	1.08781	5.0392	9.9608	2.00	14.00
36—50 岁	10	8.7000	5.12185	1.61967	5.0361	12.3639	2.00	16.00
51 岁以上	10	3.0000	2.40370	0.76012	1.2805	4.7195	0.00	7.00
总和	30	6.4000	4.45359	0.81311	4.7370	8.0630	0.00	16.00

从上表可见，如果医生是 36—50 岁的年龄，那么患者提问次数最多，平均值为 8.7；医生在 35 岁以下的年龄段，患者提问次数的平均值为 7.5；当医生的年龄为 51 岁以上时，患者提问次数的平均值仅为 3。那么患者对不同年龄组的医生发问时，医生年龄对患者提问次数的影响是否有显著差异？下面是单向 ANOVA 的分析结果。

表50　医生年龄对患者提问次数影响的 ANOVA 分析结果

	平方和	自由度	均方	F	Sig.
组间	180.600	2	90.300	6.179	0.006
组内	394.600	27	14.615		
总和	575.200	29			

方差分析结果显示，在 0.05 的显著性水平上，三个不同的年龄段在提问次数上存在很大的差异（F=6.179，P=0.006<0.05）。那么哪两个年龄组之间的差异显著呢？下面是 Tukey HSD 方法提供的结果。

表51   医生年龄对患者提问次数影响的 Tukey HSD 统计结果

(I) 医生年龄	(J) 医生年龄	平均差 (I−J)	标准误	Sig.	95% 的置信区间	
					下限	下限
35 岁以下	36—50 岁	-1.2000	1.70967	0.764	-5.4390	3.0390
	51 岁以上	4.5000(*)	1.70967	0.036	0.2610	8.7390
36—50 岁	35 岁以下	1.2000	1.70967	0.764	-3.0390	5.4390
	51 岁以上	5.7000(*)	1.70967	0.007	1.4610	9.9390
51 岁以上	35 岁以下	-4.5000(*)	1.70967	0.036	-8.7390	-0.2610
	36—50 岁	-5.7000(*)	1.70967	0.007	-9.9390	-1.4610

从上表可以看出，患者提问 35 岁以下年龄段的医生和 36—50 岁之间年龄段的医生没有显著性差异（P=0.764>0.05，不存在显著性差异），其他各组之间存在显著性差异，即患者提问 35 岁以下年龄段的医生和 51 岁以上年龄段的医生以及患者提问 36—50 岁年龄段的医生和 51 岁以上年龄段的医生在发问次数上有显著差异。

6.3.3.3.2.2   患者提问时，患者年龄与患者提问次数的关系

为考察在患者提问时，患者年龄对患者提问的影响，本研究针对不同年龄组之间患者的提问，进行了描述性统计，如下表：

表52   患者年龄对患者提问次数影响的描述性统计

患者年龄	人数	均值	标准差	标准误	均值的 95% 的置信区间		最小值	最大值
					下限	上限		
35 岁以下	10	2.0000	1.41421	0.44721	0.9883	3.0117	0.00	4.00
36—50 岁	11	6.3636	1.50151	0.45272	5.3549	7.3724	5.00	9.00
51 岁以上	9	11.3333	3.90512	1.30171	8.3316	14.3351	6.00	16.00
总和	30	6.4000	4.45359	0.81311	4.7370	8.0630	0.00	16.00

上表可见，在三个年龄组中，35 岁以下的患者提问次数均值最低，约为 2.0；36—50 岁组次之，约为 6.36；51 岁以上的患者组提问次数最高，平均值为 11.3。针对三个年龄段提问次数的差异，单向 ANOVA 统计结果如下表。

表 53　患者年龄对患者提问次数影响的 ANOVA 分析结果

	平方和	自由度	均方	F	Sig.
组间	412.655	2	206.327	34.272	0.000
组内	162.545	27	6.020		
总和	575.200	29			

方差分析结果显示，在 0.05 的显著性水平上，三个不同的年龄段在提问次数上存在很大的差异（F=34.272，P =0<0.05）。那么哪两个年龄组之间的差异显著呢？下面是 Tukey HSD 方法提供的结果。

表 54　患者年龄对患者提问次数影响的 Tukey HSD 统计结果

(I) 患者年龄	(J) 患者年龄	平均差 (I–J)	标准误	Sig.	95% 的置信区间	
					下限	下限
35 岁以下	36—50 岁	-4.3636(*)	1.07206	0.001	-7.0217	-1.7056
	51 岁以上	-9.3333(*)	1.12736	0.000	-12.1285	-6.5381
36—50 岁	35 岁以下	4.3636(*)	1.07206	0.001	1.7056	7.0217
	51 岁以上	-4.9697(*)	1.10282	0.000	-7.7040	-2.2354
51 岁以上	35 岁以下	9.3333(*)	1.12736	0.000	6.5381	12.1285
	36—50 岁	4.9697(*)	1.10282	0.000	2.2354	7.7040

从上表可以看出，各个年龄段的患者在发问的次数上均有很大的差异（P 值分别是 0.001、0.000 和 0.001，均小于 0.05，存在显著性差异）。

6.3.3.4　社会阶层因素的影响

"人们所熟知的社会阶层的相关研究仍然是一些早期的研究成果。随着社会类型和人们所接受的语言文化的不同，社会语言的差异也会产生一定的变化。"（徐大明，2006：169）Milroy & Gordon（2003）的研究发现，定量社会语言学对社会阶层和语言变异之间的关系进行了广泛研究，但是只有少数几个 20 世纪六七十年代的社会阶层研究是成熟和完善的。因此，社会阶层变项的研究不能因为其广泛性而被忽视，在研究医生和患者之间提问的关系时，同样应当考虑社会阶层因素所造成的影响。

6.3.3.4.1　医生提问患者

在医患互动过程中，当医生向患者提问时，需要分析患者所属的社会阶层与医生提问患者次数的关系。

6.3.3.4.1.1　医生提问时，患者社会阶层与医生提问次数的关系

表 55　患者社会阶层对医生提问次数影响的描述性统计

社会阶层	人数	均值	标准差	标准误	均值的 95% 的置信区间		最小值	最大值
					下限	上限		
I 类	10	8.5000	4.92725	1.55813	4.9753	12.0247	3.00	17.00
II 类	10	10.2000	7.94145	2.51131	4.5190	15.8810	3.00	24.00
III 类	10	16.5000	10.03605	3.17368	9.3206	23.6794	4.00	34.00
总和	30	11.7333	8.40334	1.53423	8.5955	14.8712	3.00	34.00

在上述三个社会阶层中，医生面对分属不同社会阶层的患者而发问的平均次数分别是：I 类为 8.5、II 类为 10.2、III 类是 16.5，那么医生面对来自不同社会阶层的患者，其提问次数之间有没有差异呢？以下为 ANOVA 检验的结果：

表 56　患者社会阶层对医生提问次数影响的 ANOVA 分析结果

	平方和	自由度	均方	F	Sig.
组间	355.267	2	177.633	2.834	0.076
组内	1692.600	27	62.689		
总和	2047.867	29			

上面的方差分析结果显示，在 0.05 的显著性水平面上，医生面对来自三种不同社会阶层的患者时，所提问的次数之间没有显著差异（F=2.834，Sig.=0.076>0.05）。

6.3.3.4.2　患者提问医生

下面分析当患者向医生发问时，其所属的社会阶层与其发问次数之间的关系。

通过观察下面的描述性统计表，发现：I 类患者向医生发问的平均次数最少，均值仅为 2.0；II 类患者次之，为 5.8；而 III 类患者向医生发问的平均次数最多，为 11.4。

表 57　患者社会阶层对患者提问次数影响的描述性统计

社会阶层	人数	均值	标准差	标准误	均值的 95% 的置信区间		最小值	最大值
					下限	上限		
I 类	10	2.0000	1.41421	0.44721	0.9883	3.0117	0.00	4.00
II 类	10	5.8000	0.91894	0.29059	5.1426	6.4574	5.00	7.00
III 类	10	11.4000	3.37310	1.06667	8.9870	13.8130	7.00	16.00
总和	30	6.4000	4.45359	0.81311	4.7370	8.0630	0.00	16.00

针对分属不同社会阶层的患者对医生的发问次数之间的差异，可以通过下面的 ANOVA 分析结果得出结论。

表 58 患者社会阶层对患者提问次数影响的 ANOVA 分析结果

	平方和	自由度	均方	F	Sig.
组间	447.200	2	223.600	47.166	0.000
组内	128.000	27	4.741		
总和	575.200	29			

非常明显，Sig. 是 0.000，F 值为 47.166，说明不同社会阶层的患者对医生的提问存在显著差异。具体的不同阶层之间的差异，可以通过 SPSS 提供的 Tukey HSD 方法算出。

表 59 患者社会阶层对患者提问次数影响的 Tukey HSD 统计结果

(I) 社会阶层	(J) 社会阶层	平均差 (I–J)	标准误	Sig.	95% 的置信区间	
					下限	上限
I 类	II 类	-3.8000(*)	0.97373	0.002	-6.2143	-1.3857
	III 类	-9.4000(*)	0.97373	0.000	-11.8143	-6.9857
II 类	I 类	3.8000(*)	0.97373	0.002	1.3857	6.2143
	III 类	-5.6000(*)	0.97373	0.000	-8.0143	-3.1857
III 类	I 类	9.4000(*)	0.97373	0.000	6.9857	11.8143
	II 类	5.6000(*)	0.97373	0.000	3.1857	8.0143

上表得出，任何两个社会阶层间的患者，对医生的提问次数的差异都具有显著性。

6.3.3.5 讨 论

医疗机构的特殊性决定了医生和患者之间提问次数的差异，具体体现在：

第一，医生提问患者的次数显著高于患者提问医生的次数。这是因为，从医学的角度看，传统中医治疗把"问"当作"望、闻、问、切"四个环节中不可或缺的一部分，而在西医治疗中"问"也是一种重要手段。它在整个医疗过程中具有十分重要的意义：

（1）采集病史资料：病史采集是医生赖以诊断疾病的主要资料之一，对于诊断和治疗疾病都起到了基础性的作用。有时为了核实信息，同样的问题需要重复提问。

例如，前面章节中的例子里，那名患者主诉胃部疼痛，那么医生就要问"你是什么时候感到胃疼？饭前还是饭后？是吃饱了以后疼还是饥饿的时候疼？"因为这是区分十二指肠溃疡和胃体溃疡的主要体征。有时患者也会用一些医学术语或特殊的诊断名称来回答医生的询问，这时医生通常也会继续发问，以核实患者的表述是否有误。比如患者说自己患过"脚气病"，那么医生就要问："哪里得了脚气病？"因为"脚气"和"脚气病"是大相径庭的两种疾病。换言之，问诊是采集病史的主要形式，虽然医疗水平飞速发展，诊断方法和诊疗技术日新月异，但是这些先进的辅助诊疗手段依然不可能代替传统的问诊方式。

（2）拟定初诊结论：在医生问诊的过程中，患者才把自己疾病的起因、发展和主观感受等向医生详细反映，为医生的诊断和治疗提供信息。经验丰富的医生通过科学、周密的问诊，了解病情，经分析、推理、综合、判断，能够对多数疾病做出准确的诊断。

而从语言学的角度来看，医生与患者会话中的问句也是医学语篇研究的核心。医生与患者素昧平生，只能通过询问才能从患方获取疾病信息、疾病背景、家族和社会致病因素，才能找出病因、做出正确诊断、实施治疗，从而使患者达到康复之目的。因此，医生的职业特性造成了在医患谈话的过程中医生比患者提出了更多的问题，这也是医生的职责所在。

第二，医生和患者的性别对提问的影响微乎其微。分析表明：无论是医生提问患者，还是患者提问医生，性别因素对于双方的提问没有显著的影响，这就印证了Marche & Peterson（1993）定量分析研究的结论：性别构成与提问无显著关联。

本研究认为，在当代中国的语境下，患者性别对提问基本不产生显著影响的原因是：首先，医患关系体现为医疗主体与求医客体之间利益矛盾的冲突与平衡，即医院对医疗保健服务的供给与不同层次人员对医疗保健的需求的矛盾，医疗主体是医生，求医客体为患者。同时医患之间是服务与被服务的关系，无论是医生还是患者，他们的共同目的就是医治伤病、解除痛苦、保护健康、商讨治疗等。也就是说性别因素居于次要地位；其次，在国内和国际两大背景之下，妇女解放运动开展得如火如荼，女性争取到了越来越多的与男性平等的权利，因此医生和患者的性别因素对提问的影响微乎其微。

第三，医患双方的年龄是影响提问的重要因素。医生对患者提问时，随着医生年龄的增长，医生提问的次数随之下降，患者的年龄对医生的提问次数无显著影响；当患者提问医生时，面对老年组的医生提问次数最多，而患者年龄越大提问的次数也越多。这是因为：首先，医生随着年龄的增长，其行业时间也随之加长，职称也会相应提高，医学经验也就越来越丰富，加之长期工作于相同科室，对一些所在科室的常见病了如指掌。因此，很多不必要的问题就略去不问，只将关键的、主要的、重要的问题提出，同时这也是提高门诊诊疗效率的一种积极手段。其次，现代"生物—心理—社会医学模式"要求医生不仅要具有医学的自然科学方面的知识还要有较高的人文科学、社会科学方面的素养，能够从生物、心理和社会等多个角度去了解和处理患者，因此他们会更加注重患者的感受，会尽量让患者主动开口。因为患者可能想起一些医生未知的相关信息，或者还有一些问题需要医生的回答。因此，医生年龄增加会导致发问次数的降低。再次，患者社会经验的增加和年龄的增长成正比。随着患者年龄的增长，其社会经验也随之丰富。因此，他们越来越懂得行使自己的权利——知情权，这是现代医学的基本观念，也是现代医学伦理学中"尊重患者原则"的重要体现，因此，患者会不断发问。这也进一步表明：患者的发问和年龄成正比，年龄越大发问的次数越多。

第四，社会阶层因素只对患者向医生提问时造成影响。也就是说，患者所属的社会阶层指数越低向医生提问的次数也就越少，但是医生面对不同阶层的患者，所提问的次数没有差别。如果患者的教育水平高，那么他们对疾病知识的渴望也就高，而提问恰好就是获取知识的手段，因此与学历高低成正比；有的患者则会借助个人经济实力的财大气粗，为所欲为，自然也会不断发问。因此，社会阶层指数对患者提问次数的影响较大。而作为一名合格的医生，治病救人、不分贵贱是医生的职业道德，对患者负责是医生考虑的最主要因素。因此，患者的社会阶层指数对医生的影响微乎其微。

6.4 小　结

本章通过定量分析得出医生无论是在打断次数上，还是在提问次数上都明显多于患者，说明医患之间存在权势的层级性，其原因主要有以下几个方面：

（1）知识。掌握专业知识才能使用专业话语，因此专业知识在机构谈话中对话语权起决定作用。在医患互动过程中，医生凭借其职务的特殊性，掌握着专业的知识和技能。而患者与医生不同，他们来自各行各业，不具备专业的医学知识，医学知识大部分源自日常生活中的习得。另外，在长期的医学诊疗实践中，医生接触了大量病例，对患者疾病的了解也绝对比患者多。因此，医生和患者首先在知识掌握上就表现出不平衡。医生与患者相比，拥有更大的话语权。

（2）权力和权威。由于卫生工作的需要，医生职业的特殊性还赋予他们享有特殊的机构权力，包括法律和医疗机构赋予的、公众认可的问诊、检查、诊断、治疗或建议等机构权力。医生有权力要求对其提问做出回答，这是其权势的一种表现。在诊疗过程，医生提出问题，患者必须回答；患者也有义务回答医生的提问。同时，由于医疗活动具有风险高、技术含量高的特点，这种专业特殊性对医生的综合素质提出了较高的要求，不仅要求具备良好的个人品质、职业道德，还必须精通专业知识，以及一系列的观察、记忆、思维、操作、学习等能力和技能。这种较高的职业素质决定了医生在社会生活中的高地位，使医生成为患者心中的权威。另外，医院作为医疗服务机构，为患者提供帮助，而患者前来就诊就是寻求帮助。这样，从本质上就决定了医患之间人际关系的不平等。

（3）语言控制。在医患谈话互动中一方通过语言的使用对另一方实施了控制：医患谈话中的权势还具有语言学基础。医生与患者素不相识，只有通过问诊的形式了解患者的病情，也就是说，通过提问来限制对方回答的内容（如选择问句："厌不厌油食"）等等。

这种医患之间的权势包括权力和权威以及在医患谈话互动中一方通过语言的使用对另一方的控制。权势越大，所掌握的医学知识和诊断程序等越多，就越有话语权，也就越有可能控制权势较小的一方。显然，医患之间的权势关系存在着层级性，是固有的，因此也可以认为是主流。

但是根据我们对立足点的分析，医生和患者之间也会发生框架转换，因此医患之间的权势层级也存在动态的关系，这是因为：

（1）中国大的社会环境中，网络技术的普及，使得人们可以从多种渠道获取信息。因此，患者自身医学知识图式不断积累，原有的信息不对称的关系逐渐打破。

（2）由于人们的物质文化水平提高，患者的维权意识也在增强。患者深知自身拥有和医生同等的权力，更希望医生把自己当作平等的主体对待，因此患者有意消除权势的不对等，展开权势争夺。可见，医生独有的机构权力也逐渐被削弱。

（3）根据 6.2.3.1 和 6.3.3.1 的统计数据也能发现，虽然医生和患者在打断和提问次数上存在明显的差异，但是两者之间具有一定的相关性，即医生打断和提问的次数影响到患者打断、提问的次数。这也在一定程度上说明了医生和患者在权势争夺上的动态性。

因此，医患打破已有角色关系的不对称、展开对权力的动态争夺是支流。由于处于弱势地位，患者是这种争夺的主要发起者和得益者，医生因此也会做出一些让步。这也说明这种权势的建构是共同的，患者并不是消极的、被动的。

第七章 总 结

本章旨在对前文的发现进行总结，分别是医患谈话的语言形式、语言结构、语言特点、互动模式以及医患互动中的层级关系五个方面。随后指出本研究的局限性，并对今后的研究进行展望。

7.1 本研究的发现

本研究首先对国内外医患谈话及与其相关的研究进行了全面、深入的回顾，在借鉴的同时进行了批判性评述，指出了当前医患谈话研究的不足。在此基础上，通过概述本研究的理论基础，即会话分析和互动社会语言学的研究成果，提出了自己的理论框架，力图较好地阐释在中国机构情境下医学诊疗过程中，医生与患者的语言形式、语言结构、语言特点以及交流方式 —— 医生和患者为达到各自的交流目的分别采取不同的方式共同建构动态的、互动的交际过程。最后，本研究在改进现有研究方法的基础上设计了研究方案，并通过翔实的数据和事例来解答医患互动过程中的层级关系，有以下发现。

7.1.1 医患谈话的语言形式

医生和患者使用各自的语言形式参与互动，并显示出双方对机构的适应。医生的语言由"大夫式言谈"、"教导式言谈"和"伙伴式言谈"组成，而患者的语言则由"描述式言谈"、"社交式言谈"以及"探寻式言谈"构成。在诊疗的过程中，医生使用"大夫式言谈"掌握患者病情，使用"教导式言谈"帮助患者获得医学知识，使用"伙伴式言谈"拉近与患者之间的关系、改善个人形象。而患者则通常会用"描述式言谈"陈述疾病症状，用"探寻式言谈"向医生了解病情，用"社交式言谈"和医生拉家常、谈天说地，分享他们的个人经历。

医生和患者之间的语言形式充分显示了中国背景下的社会文化价值观和人们的意识形态。通常医生会采用劝导的方式将诊疗方案通知患者，同时也展现出个人的医学权威并借此影响患者的社会认知。也就是说，医生在行使医学权力的同时，其话语是由医学情境所架构，这种意识形态也潜移默化地渗透到他们语言当中。与此同时，患者的语言也与各自所处的社会阶层一致并融入到谈话主题中，充分展示各自的人生观和价值观，这种现象尤其是在患者的"社交式言谈"中展露无疑。

医生的"教导式言谈"可以使患者充分了解自身的健康状况，可以使医生及时采取恰当的治疗方案。当然，并非所有的诊疗过程都包含这样的教育情节，因为医生会采用不同的方式阐明疾患知识。医生所要掌握的是如何采用一种微妙的方式让患者知晓个人的患病情况，即医生需要将自己对疾病的判断、检查和治疗措施、治疗选择以及各种选择的利弊等信息向患者做通俗易懂的解释说明。

7.1.2 医患谈话的语言结构

医患谈话的语言结构受医学机构性质的制约，区别于日常谈话。从形式上讲，医患谈话的语言结构由开始、主体和结束三部分组成。在访谈的主体部分，又可以分成问诊、体格检查、诊断或治疗、咨询等阶段。每一个阶段的语言结构都受医疗语境制约，具有独特的话语特征。

医患谈话的开始与结束部分是医生的权力和控制力体现得较为充分的部分。机构语境中医生的地位和权力使医生成为医患谈话的主角，控制着谈话的开始与结束。虽然从形式上，医生和患者都可以发起医患谈话，但是整个医患谈话开始部分的话语形式依然受医生的话语主导，其目的性与医患谈话的机构性保持高度一致，即快速进入谈话主体，诊断患者疾病，解除患者痛苦。因此，医患谈话的开始阶段较为简短，会话的开头部分会迅速过渡到会谈的主体部分。医患谈话的结束在结构上有一定规律，通常分为结束序列、预示结束序列和话题界限序列三步，言语形式选择上也相对固定。但由于受医疗语境的限制，结尾常常过繁或过简。

会谈过程中医生的提问与患者的回答构成医患谈话的主要话轮结构，但是由于医患谈话的主体部分又由多个相对独立的阶段串联而成，因而每一个阶段的会话结构都呈现出不同的结构特点。问诊阶段出现了大量"提问—回答"的毗邻双部式对答结构，形成以医生提问、患者回答、医生与患者合作共同完成话轮的话轮转换机制；体格检查阶段则呈现出众多患者的言语性反馈项目；诊断与治疗阶段的回述现象不仅是医生获得准确信息、强调治疗方案的手段，也是患者明晰治疗方案、排除顾虑、解决问题的有效途径；咨询阶段中句群构成的话轮则是医患双方话语意图的外在表现。

7.1.3　医患谈话的语言特点

医患谈话是医生与患者用特定方式进行交际的口头互动，具有以下特点：

第一，作为一种机构谈话，医患谈话的机构性特征显著，具有目的性、限制性、推理独特性等特征，这也是医患谈话相对日常谈话而言最为主要的特征。

第二，医患谈话作为医学情境中的语言，无论是对疾病的诊断、病因的描述，还是下医嘱、分析病理、通知检验结果等，其词汇使用都具有医学专业性。

第三，医患谈话没有固定的文本，都是在医生和患者之间以口头的形式进行的，口语性也是医患谈话的主要特点。

第四，医生与患者交谈，非常注意措辞，极力避免词不达意或使用有歧义的词语，力求表达准确，因此，医患谈话具有严谨性。

第五，医生掌握着医疗救治的专业技术，具有良好的职业道德素养，享有较高的职业权威，因此语言也具有一定的权威性。

第六，多面性，医生会针对不同场合、不同患者，以及患者病情的轻重，甄别使用不同的语言与患者交谈。

7.1.4　医患谈话的互动模式

本研究认为医患谈话的过程属于一种"动态的"语言互动：一些言谈限制了患者的参与，造成交际事件的不对称；而有的言谈又鼓励患者参与，削弱了互动过程的这种不对称性。可以说，医患语言互动的过程伴随着互动双方动态的权势分配，而这种权势的分配也是随言谈的更迭有所差异。换言之，互动的双方都在争夺权势，双方权势的动态差异造成双方不对称性的动态变化。

医生的语言、患者的语言与就诊机构保持高度一致，因为现代医学模式下的医患互动是以患者高度配合治疗为重要内容的。患者在就诊时把自己的疾病的起因、发展、主观感受等如实向医生反映，为医生的准确诊断和合理治疗打下基础。这一特质使得互动双方既各不相同——增强交际事件的非对称性，又有所接近——削弱交际事件的非对称性。因为医生负有解决患者健康问题的责任，为完成这个任务，医生也被授予掌控门诊对话流程的权力。这一切说明了医患互动所呈现的上对下之不对称关系。

医生使用"教导式言谈"与患者互动的过程也是患者获得相关医学知识的过程，与此同时患者也完善了个人的言谈，这种言谈需要患者和医生协商治疗措施、服从医嘱最终达到治愈的目的。当然医生的"教导式言谈"也不是自始至终贯串于整个诊疗过程的，还需要将"大夫式言谈"和"伙伴式言谈"这些综合在一起才能让医生掌握患者的病情，总之，所有这些言谈动态地交织在一起才能达到掌握患者健康状况、鼓励患者如实反映病情之目的。

7.1.5 医患互动中的层级关系

通过对医生打断和提问的定量分析发现，医生无论是在打断次数上，还是在提问次数上都明显多于患者，这说明医患之间存在权势的层级性。这是因为，医生所拥有的专业知识、机构权力和社会地位造成了医生和患者之间权势的不对等。也就是说，医患互动中的一方通过语言的使用对另一方进行控制。谁掌握的医学资源多、谁的机构权力大，谁就有话语权，也就有可能控制权势较小的一方。显然，医患之间这种权势的层级关系是固有的，是主流。

然而根据我们对立足点的分析发现，医生和患者之间也会发生框架转换，因此医患之间的权势层级也存在动态的关系，这是因为：首先，患者自身医学知识图式在不断积累，原有的信息不对称关系逐渐被打破；其次，患者维权意识的增强，医生独有的机构权力逐渐被削弱，患者与其展开权势争夺；再次，数据分析表明，医生打断、提问的次数影响到患者打断、提问的次数，这也说明了医生和患者在权势上的争夺。

7.2 本研究的启示

本研究对当前医患谈话研究的启示主要体现在以下几个方面：

第一，采用会话分析和互动社会语言学研究医患谈话时，应从医患谈话的机构性出发，针对医患谈话中存在的特定机构情境相关的推理框架和程序，配合临床医学知识分析、解释、说明。例如在例34中，医生关于"脚气病"的回述现象，就是很好的例证。回述在日常生活中的使用不算频繁（Gafaranga & Britten, 2004），但是对于机构谈话（尤其是医患谈话）而言，回述的使用却是相当普遍。如果我们单从语言学角度分析，就无法解释其中原因。若综合医学常识，这种语言现象产生的原因就迎刃而解了。因此，我们在分析医患谈话的语言现象时，必须从它的机构性出发。

第二，在医患谈话的研究中，定量分析和定性分析互为补充、缺一不可，把两者相结合至关重要。纵观西方在该领域的研究历程，上述两种分析手段在不同的历史阶段都曾占据过主导地位，但均因其研究方法的局限性和研究结果的片面性而受到后来者的质疑和批评。本研究通过两种研究范式的结合，既提供了令人信服的定量数据，又提供了真实的定性语料，使得数据和语料互为依存、互为佐证，这样研究结果就更为可信。

第三，定量分析的手段应该多样化。目前许多研究手段都仅仅局限于使用描述性统计，因而未对数据进行更为深入的分析，这样就导致得到的结论过于概括。本研究在对所得数据进行描述性统计的基础上，还进行了独立样本T检验、相关分析和方差分析等推断性统计手段，确保了研究结果的可信度和推广度。例如在对男医生打断男女患者的对比研究中，本研究通过描述性统计发现，男医生打断女患者的平均次数高于男患者。如果不做进一步的数据分析，那么我们就很有可能得出女患者相对于男患者，更容易被男医生打断。然而，通过独立样本T检验，我们发现这种差异不具有显著性。可见描述性统计无法保证研究的可信度。

第四，医患谈话的权势建构是个动态过程，呈现出多层面、交叉性的特点，性别、年龄、社会阶层等因素往往不可分割。例如，在分析女医生通过运用打断体现权势时，年龄和性别不是关键因素，起决定因素的往往是她的社会地位。因此，在具体研究中，我们应综合考虑各方面的相关因素，以便全面、多维地揭示医患谈话的权势建构。

第五，对于改善门诊会话实践的启示。从我们对门诊医疗活动中语言形式的分析中可以看到，医患谈话具有复杂性和多面性。这就需要我们的医务工作者，认清语言的本质，从各方面入手，提高自己的语言能力，灵活运用语言策略，为构建社会主义和谐医患风尚贡献力量。

7.3 本研究的局限性

本书首次综合运用会话分析和互动社会语言学的理论研究成果对医患谈话这一机构话语类型进行全面、系统、动态的分析，但是由于研究者本人的视野和精力所限，本研究尚存在一些不足之处，具体体现在以下几个方面：

第一，虽然本研究转写的语料达到了约 12 万字，但是所选语料的历时性还不够长，样本选取的面不够宽，样本的容量也不够大，样本的代表性有待进一步提高。

第二，对语料的选择地点主要局限于单一的公立医院，没有考虑近年来蓬勃兴起的私立医院，我们的后续研究还应在私立医院采制语料。

第三，本研究没有考虑医生与高龄患者、儿童这两个年龄段人群的谈话特点。因此，语料的覆盖面不够宽，今后的研究应考虑这两个年龄段人群的加入，进一步扩大研究范围，在更大的社会空间中检验本研究成果的适用性。

参考文献

Adler, S. R., S. A. McGraw & J. B. McKinlay (1998). "Patient assertiveness in ethnically diverse older women with breast cancer: Challenging stereotypes of the elderly". *Journal of Aging Studies*, 12, 331-350.

Atkinson, J. M. & P. Drew (1979). *Order in Court: The Organization of Verbal Interaction in Judicial Settings*. London: Macmillan.

Atkinson, J. M. (1992). "Displaying neutrality: Formal aspects of informal court proceedings". In P. Drew & J. Heritage (Eds.), *Talk at Work: Interaction in Institutional Settings* (pp. 199-211). Cambridge: Cambridge University Press.

Ainsworth-Vaughn, N. (1992). "Questions with dual functions: The 'Treatment' question in medical encounters". *Medical Encounter*. 9(1), 5-6.

Ainsworth-Vaughn, N. (1994a). "Is that a rhetorical question?" Ambiguity and power in medical discourse. *Journal of Linguistic Anthropology*. 4(2), 194-214.

Ainsworth-Vaughn, N. (1994b). "Negotiating genre and power: Questions in medical discourse". In Britt-Louise Gunnarsson, Per Linell & Bengt Nordstrom (Eds.), *Text and talk in professional contexts* (pp. 149-166). Uppsala, Sweden: Association Suédoise de Linguistique Appliquée.

Ainsworth-Vaughn, N. (1998). *Claiming Power in Doctor-Patient Talk*. Oxford: Oxford University Press.

Andary, L., Y. Stolk & S. Klimidis (2003). *Assessing Mental Health across Cultures*. Bowen

Hills, Qld: Australian Academic Press.

Bamberg, M. (1991). "Voice of curing and caring: The role of vagueness and ambiguity in informed consent discussions". *Family Systems Medicine*, 9, 329-342.

Barry, C. A., F. A. Stevensona, N. Brittena, N. Barberb & C. P. Bradley (2001). "Giving voice to the lifeworld. More humane, more effective medical care? A qualitative study of doctor-patient communication in general practice". *Social Science and Medicine*, 53, 487-505.

Barlett, F. C. (1932). *Remembering*. Cambridge: Cambridge University Press.

Beckman, H. B. & R. M. Frankel (1984). "The effect of physician behavior on the collection of data". *Annals of Internal Medicine*, 101, 692-696.

Belnap, N. D. & T. B. Steel (1976). *The logic of questions and answers*. New Haven, CT: Yale University Press.

Bensing, J. (1991). "Doctor-patient communication and the quality of care". *Social Science and Medicine*, 32(11), 1301-1310.

Bergmann, J. R. (1992). "Veiled morality: Notes on discretion in psychiatry". In P. Drew & J. Heritage (Eds.), *Talk at Work: Interaction in Institutional Settings* (pp. 137-162). Cambridge: Cambridge University Press.

Blanchard, C., M. Labrecque & J. Ruckdeschel (1988). "Information and decision-making preferences of hospitalized adult cancer patients". *Social Science and Medicine*, 27(11), 1139-1145.

Blaxte, M. (1987). "Evidence on equality in health from a national survey". *Lancet*, 2, 30-33.

Boden, D. (1994). *The Business of Talk*. Cambridge: Polity Press.

Bogoch, B. (1994). "Power, distance and solidarity: Models of professional-client interaction in an Israeli legal aid setting". *Discourse & Society*, 5(1), 65-88.

Bolinger, D. L. (1957). *Interrogative Structures of American English*. Alabama: The University of Alabama Press.

Borges, S. (1986). "A feminist critique of scientific ideology". In S. Fisher & A. D. todd (Eds.), *Discourse and Institutional Authority: Medicine, Education and Law* (pp. 26-48). Norwood, NJ: Ablex.

Brown, G. K., L. Curries & J. Kenworthy (1980). *Questions of Intonation*. London: Croom Helm.

Brown, G. K. & G. Yule (1983). *Discourse Analysis*. Cambridge: Cambridge University Press.

Brown, P. & S. Levinson (1987). *Politeness: Some universals in language usage*. Cambridge: Cambridge University Press.

Brown, R. & A. Gilman (1960). "The pronouns of power and solidarity". *American Anthropologist*, 4, 24-29.

Buller, M. K. & D. B. Buller (1987). "Physicians' communication style and patient satisfaction". *Journal of Health Social Behaviour*, 28, 375-388.

Bourdieu, P. (1994). *Language and Symbolic Power*. Cambridge: Polity.

Burgoon, M., T. Birk & J. Hall (1991). "Compliance and satisfaction with physician-patient communication". *Human Communication Research*, 18, 177-208.

Button, G. (1992). "Answers as interactional products: two sequential practices used in interviews". In P. Drew and J. Heritage (Eds.), *Talk at Work: Interaction in Institutional Settings* (pp. 212-234). Cambridge: Cambridge University Press.

Button, G. & N. Casey (1984). "Generating topic: the use of topic initial elicitors". In J. M. Atkinson and J. Heritage (Eds.), *Structures of Social Actions: Studies in Conversation Analysis* (pp. 167-190). Cambridge: Cambridge University Press.

Byrne, P. S. & B. E. L. Long (1976). *Doctors talking to patients*. London: HMSO.

Cassell, E., L. Skopek & B. Fraser (1976). "A preliminary model for the examination of doctor-patient communication". *Language Science*, 43, 10-53.

Cemy. M. (2004). *Some notes on the role of questions and answers in doctor-patient conversation*. Philologica: Net.

Chambers, J. K. (2002). "Studying language variation: An informal epistemology". In J. K. Chambers, P. Trudgill & Schilling-Estes (Eds.), *The Handbook of Language Variation and Change* (pp. 3-14). Oxford: Blackwell.

Charles, C., A. Gafni & T. Whelman (1994). "Shared decision-making in the medical encounter: what does it mean?". *Social science and Medicine*, 44, 681-692.

Charon, R., M. G. Greene & R. D. Adelman (1994). "Multi-dimensional interaction analysis: a collaborative approach to the study of medical discourse". *Social science and Medicine*, 39(7), 955-965.

Clayman, S. E. (1988). "Displaying neutrality in television news interviews". *Social Problems*, 35, 474-492.

Clayman, S. E. (1992). "Footing in the achievement of neutrality: the case of news interview discourse". In P. Drew and J. Heritage (Eds.), *Talk at Work: Interaction in Institutional Settings* (pp. 163-198). Cambridge: Cambridge University Press.

Cohen-Cole, S. A. (1991). *The Medical Interview: The Three-Function Approach*. St. Louis, Baltimore: Mosby Year Book.

Cole, P. & J. L. Morgan (Eds.)(1975). *Syntax and Semantics 3: Speech Acts*. New York: Academic Press.

Cook, G. (1989). *Discourse*. Oxford: Oxford University Press.

Cordella, M. (1999). "Medical discourse in a Hispanic environment: Power and simpatia under investigation". *Australian Review of Applied Linguistics*, 22(2), 35-50.

Cordella, M. (2004). *The dynamic consultation: A discourse analytical study of doctor-patient communication*. Amsterdam & Philadelphia: John Benjamins Publishing Company.

Coulter, J. (1982). "Remarks on the conceptualization of social structure". *Philosophy of the Social Sciences*, 12, 33-46.

Coulthard, M. (1985). *An Introduction to Discourse Analysis*. London: Longman.

Coulthard, M. & M. Ashby (1975). "Talking with the doctor, 1". *Journal of Communication*, 25, 140-145.

Coulthard, M. & M. Ashby (1976). "A linguistic description of doctor-patient interviews". In M. Wadsoworth & D. Robinson (Eds.), *Studies in Everyday Medical Life* (pp. 69-88). London: Martin Robertson.

Coulthard, M. & M. Montgomery (Eds.) (1981). *Studies in discourse analysis*. London: Routledge.

Coupland, J., J. Robinson & N. Coupland (1994). "Frame negotiation in doctor—elderly patient consultations". *Discourse and Society*, 5(1), 89-124.

Daly, M. & B. Hulka (1975). "Talking with the doctor, 2". *Journal of Communication*, 25(30), 148-152.

Davis, K. (1988). *Power under the microscope*. Dordrecht, Holland: Foris Publications.

Dawson, M. T., S. Gifford & R. Amezquita (2000). "Donde hay doctor?: Folk and cosmopolitan medicine for sexual health among Chilean women living in Australia". *Culture, Health and Sexuality*, 2, 51-68.

Donovan, J. L.& D. R. Blake (1992). "Patient non-compliance: deviance or reasoned decision-making". *Social Science and Medicine*, 34(5), 507-513.

Dowsett, S. M., J. L. Saul, P. N. Butow, S. M. Dunn, M. J. Boyer, R. Findlow & J. Dunsmore (2000). "Communication styles in the cancer consultation: preferences for a patient-centred approach". *Psycho-Oncology*, 9, 147-156.

Drew, P. (1981). "Adults' corrections of children's mistakes: a response to Wells and Montgomery". In P. French and M. MacLure (Eds.), *Adult-Child Conversation: Studies in Structure and Process* (pp. 244-267). London: Croom Helm.

Drew, P. (1985). "Analyzing the use of language in courtroom interaction". In van Dijk (Ed.), *Handbook of Discourse Analysis: Discourse and Dialogue Vol. 3* (pp. 133-147). London: Academic Press.

Drew, P. (1990). "Strategies in the contest between lawyer and witness in cross-examination". In J. N. Levi & A. G. Walker (Eds.), *Language in the Judicial Process* (pp. 39-64). New York: Plenum Press.

Drew, P. & J. Heritage (Eds.) (1992a). *Talk at Work: Interaction in Institutional Settings*. Cambridge: Cambridge University Press.

Drew, P. & J. Heritage (1992b). "Analyzing talk at work: an introduction". In Drew and Heritage (Eds.), *Talk at Work: Interaction in Institutional Settings* (pp.3-65). Cambridge: Cambridge University Press.

Edmondson, W. (1981). *Spoken Discourse: a Model for Analysis*. London: Longman.

Engel, G. L. (1974). "The need for a new medical model: A challenge of Biomedicine". *Science*, 196(12), 9-136.

Epstein, R. M., T. L. Campbell, S. A. Cohen-Cole, I. R. McWhinney & G. Smikstein (1993). "Perspectives on patient-doctor communication". *Journal of Family Practice*, 37, 377-388.

Erzinger, S. (1989). "Consultas médicas: A Study of Communication between Spanish Speaking Patients and their Doctors". Unpublished doctoral dissertation, University of California at Berkeley, US.

Fairclough, N. (1989). *Language and Power.* London: Longman.

Firth, J. R. (1935). "The Technique of Semantics". In Firth, J. R. (Ed.), *Papers in Linguistics* (pp. 1934-1951). London: Oxford University Press.

Firth, J. R. (Ed.) (1957). *Papers in Linguistics*. London: Oxford University Press.

Fisher, S. (1991). "A discourse of the social: Medical talk/power talk/oppositional talk?". *Discourse and Society*, 2, 157-182.

Fisher, S. (1995). *Nursing Wounds: Nurse Practitioners, Doctors, Women Patients and the Negotiation of Meaning*. New Brunswick, NJ: Rutgers University Press.

Fisher, S. & A. D. Todd (Eds.) (1986). *Discourse and Institutional Authority: Medicine, Education, and Law*. Norwood, NJ: Ablex.

Fisher, S. & S. Groce (1990). "Accounting practices in medical interviews". *Language in Society*, 19, 225-250.

Fisher, S. (1986). *In the patient's best interest: Women and the politics of medical decisions*. New Brunswick, N.J.: Rutgers University Press.

Fisher, S. (1993). "Doctor talk/patient talk: How treatment decisions are negotiated in doctor-patient communication". In A. D. Todd & S. Fisher (Eds.), *The Social Organization of Doctor-patient Communication* (pp. 161-182). Norwood, NJ: Ablex.

Francis, D. & S. Hester (2000). "Ethnomethodology, conversation analysis and 'institutional talk'". *Text*, (3), 391-413.

Frankel, R. (1979). "Talking in interviews: A dispreference for patient-initiated questions in physician-patient encounters". In G. Psathas (Ed.), *Everyday language: Studies in ethnomethodology* (pp. 231-262). New York: Irvington.

Frankel, R. (1983). "The laying on of hands: aspects of the organization of gaze, touch, and talk in a medical encounter". In S. Fisher, A. D. Todd (Eds.), *The Social Organization of Doctor-patient Communication* (pp.19-54). Washington (DC): Center for Applied Linguistics.

Frankel, R. (1989). "I wz wondering — uhm could Raid uhm effect the brain permanently d'y know?": some observations on the intersection of speaking and writing in calls to a poison control center. *Western Journal of Speech Communication*, 53, 195-226.

Frankel, R. (1990). "Talking in interviews: a dispreference for patient-initiated questions in physician-patient encounters". In G. Psathas (Ed.), *Interaction Competence* (pp. 231-262). Lanham MD: University Press of America.

Garfinkel, H. (1967). *Studies in Ethnomethodology*. Englewood Cliffs: Prentice-Hall.

Garfinke, H. & H. Sacks (1970). "On formal structures of practical social action". In J.C. Mckinney and E.A. Teryakian (Eds.), *Theoretical Sociology* (pp. 338-366). New York: Appleton Century Crofts.

Gafaranga, J. & N. Britten (2004). "Formulation in general practice consultations". *TEXT*, 24(2), 147-170.

Gee, J. P. (1999). *An Introduction to Discourse Analysis:Theory and Method*. New York: Routledge.

Gerber, K. (1986). "Compliance in the chronically ill: an introduction to the problem". In K. Gerber & A. Nehemkis (Eds.), *Compliance: the dilemma of the chronically ill* (pp. 13-23). New York: Springer.

Gibbons, J. (2003). *Forensic linguistics: an introduction to language in the justice system*. Oxford: Blackwell.

Gill, V. T., & T. Halkowski & F. Roberts (2001). "Accomplishing a request without making one: A single case analysis of a primary care visit". *Text - Interdisciplinary Journal for the Study of Discourse*, 21, 55-81.

Goffman, E. (1961). *Encounters*. New York: Bobbs-Merrill.

Goffman, E. (1963). *Behavior in Public Places. Notes on the Social Organization of Gatherings*. New York: Free Press.

Goffman, E. (1971). *Relations in Public. Micro-Studies of the Public Order*. New York: Pantheon Books.

Goffman, E. (1974). *Frame Analysis*. Philadelphia: University of Pennsylvania.

Goffman, E. (1981). *Forms of Talk*. Philadelphia: University of Pennsylvania Press

Goffman, E. (1983). "The Interaction Order". *American Sociological Review*, 48, 1-17.

Goffman, E. (1967). *Interaction ritual: Essays on face-to-face behavior*. New York: Pantheon Books.

Goffman, E. (1967). *On face-work: An analysis of ritual elements in social interaction*. New York, NY: Pantheon Books.

Goodwin, C. (1981). *Conversational Organization*. Academic Press, New York.

Goodwin, M. (1990). *He said she said: Talk as social organization among black children*. Bloomington: Indiana University Press.

Grainger, K. (2002). "Politeness or impoliteness?: Verbal play on the hospital ward". Working Papers on the Web, Vol. 3 (*Linguistic Politeness and Context*) www.shu. ac.uk/wpw/politeness/grainger.htm.

Greatbatch, D. (1988). "A turn-taking system for British news interviews". *Language in Society*, 17, 401-430.

Grice, H. P. (1975). "Logic and Conversation". In P. Cole & J. L. Morgan (Eds.), *Syntax and Semantics 3: Speech Acts* (pp. 41-58). New York: Academic Press.

Gu, Y. (1996). "Doctor-patient interaction as goal-directed discourse". *Asian-Pacific Communication*, 7(3), 156-176.

Gu, Y. (1997). "Five ways of handling a bedpan: A tripartite approach to workplace discourse". *Text*, 7(4), 457-475.

Gumperz, J. J. (1982). *Discourse Strategies*. Cambridge: Cambridge University Press.

Gumperz, J. J. (2001). "Interactional sociolinguistics: A personal perspective". In D. Schiffrin, D. Tannen & H. E. Hamilton (Eds.), *The handbook of Discourse Analysis* (pp. 215-228). London: Blackwell Publishing Ltd.

Gumperz, J. J. (2003). "On the Development of Interactional Sociolinguistics". *Language Teaching and Linguistic Studies*, 1, 1-10.

Haberland, H. & J. L. Mey (1981). "Wording and warding: The pragmatics of therapeutical conversation". *Journal of Pragmatics*, 5, 103-111.

Hadlow, J. & M. Pitts (1991). "The understanding of common health terms by doctors, nurses and patients". *Social science and Medicine*, 32, 193-196.

Hahn, R. A. (1995). *Sickness and Healing: An anthropological perspective*. New Haven: Yale University Press.

Hamblin, R. L. (1971). "Mathematical Experimentation and Sociological Theory: A Critical Analysis". *Sociometry*, 34, 423-452.

Hanks, W. F. (1996). *Language and communicative practices*. Chicago: Westview.

Harris, Z. S. (1952). "Discourse Analysis", *Language*, 28, 1-30; also in Fodor & Katz, kj,1964: 355-383.

Harres, A. (1996). "Tag Questions and Gender in Medical Consultations". Unpublished doctoral dissertation, Monash University, Australia.

Harres, A. (1998). "'But basically you're feeling well, are you?': Tag questions in medical consultations". *Health Communication*, 10, 111-123.

Heath, C. (1986). *Body Movement and Speech in Medical Interaction*. Cambridge: Cambridge University Press.

Heath, C. (1992). "The delivery and reception of diagnosis in the general-practice consultation". In P. Drew and J. Heritage (Eds.), *Talk at Work: Interaction in Institutional Settings* (pp. 235-267). Cambridge: Cambridge University Press.

Hein, N. & R. Wodak (1987). "Medical interviews in internal medicine. Some results of an empirical investigation". *Text: An Interdisciplinary Journal for the Study of discourse*, 7, 37-66.

Heller, M. (2001). "Discourse and interaction". In D. Schiffrin, D. Tannen & H. E. Hamilton (Eds.), *The handbook of Discourse Analysis* (pp.250-264). London: Blackwell Publishing Ltd.

Helman, D. G. (1994). *Culture, Health and Illness: An Introduction for Health Professionals* (3rd ed.). Oxford: Butterworth-Heinemann.

Henzl, Vera M. (1990). "Linguistic means of social distancing in physician-patient communication". In Walburga von Raffler-Engel (Ed.), *Doctor-patient interaction* (pp. 77-91). Philadelphia: John Benjamins.

Heritage, J. (1985). "Analyzing news interviews: aspects of the production of talk for an overhearing audience". In T. A. van Dijk (Ed.), *Handbook of discourse analysis.* London: Academic Press. Vol. 3: 95-119.

Heritage, J. (1997). "Conversation Analysis and Institutional Talk: Analyzing Data". In D. Silverman (Ed.), *Qualitative Research : Theory, Method and Practice* (pp.161-182). London: Sage.

Heritage, J. & D. Greatbatch (1991). "On the institutional character of institutional talk: the case of news interview". In D. Boden and D. H. Zimmerman (Eds.), *Talk and Social Structure: Studies in Ethnomethodology and Conversation Analysis* (pp.93-137). Cambridge: Polity Press.

Heritage, J. & S. Sefi (1992). "Dilemmas of advice: aspects of the delivery and reception of advice in interactions between health visitors and first time mothers". In P. Drew and J. Heritage (Eds.), *Talk at Work: Interaction in Institutional Settings* (pp. 359-417). Cambridge: Cambridge University Press.

Heritage, J. & D. Watson (1979). "Formulations as conversational objects". In G. Psathas (Ed.), *Everyday Language: Studies in Ethnomethodology* (pp.123-162). New York: Irvington Press.

Hintikka, J. (1981). "On the logic of an interrogative model of scientific inquiry". *Synthese, 47*, 69-83.

Holmes, J. (1992). "Women's talk in public contexts". *Discourse & Society, 3*, 131-150.

Hodge, R. & G. Kress (1993). *Language as ideology.* London: Routledge.

Houtkoop-Steenstra, H. (1995). "Meeting Both Ends: Standardization and Recipient Design in Telephone Survey Interviews". In P. ten Have & G. Psathas (Eds.), *Situated order: Studies in the social organization of talk and embodied activities* (pp.91-106). Washington, D.C.: University Press of America.

Houtkoop-Steenstra, H. (1996). "Probing behavior of interviewers in the standardized semi-open research interview". *Quality & Quantity, 30*, 205-230.

Hoyle, S. M. (1993). "Participation frameworks in sports casting play: Imaginary and literal footings". In Deborah Tannen (Ed.), *Framing in discourse* (pp.114-145). New York:

Oxford University Press.

Hutchby, I. (1992a). "The pursuit of controversy: routine scepticism in talk on talk radio". *Sociology*, 26 (4), 673-694.

Hutchby, I. (1992b). "Confrontation talk: Aspects of 'interruption' in argument sequences on talk radio". *Text*, 12 (3), 343-371.

Hutchby, I. (1995). "Aspects of Recipient Design in Expert Advice-Giving on Call-In Radio". *Discourse Processes,* 19 (2), 219-238.

Hutchby, I. (1996a). *Confrontation talk: Arguments, Asymmetries, and power on talk radio.* Mahwah, N.J.: Lawrence Erlbaum.

Hutchby, I. (1996b). "Power in discourse: the case of arguments on a British talk radio show". *Discourse & Society*, 7 (4), 481-498.

Hutchby, I. (1997). "Building alignments in public debate: A case study from British TV". *Text*, 17 (2), 161-179.

Hutchby, I. (1999). "Beyond Agnosticism?: Conversation Analysis and the Sociological Agenda". *Research on Language and Social Interaction,* Tracy, K. (Ed.), Special Issue: Language and Social Interaction Research at the Century's Turn, 32 (1-2), 85-93.

Huttchy, I. & R. Wooffitt (1998). *Conversation Analysis: Principles, Practices, and Applications*. Cambridge: Polity Press.

Hymes, D. (1972). "On communicative competence". In J. B. Pride & J. Holmes (Eds.), *Sociolinguistics: Selected Readings* (pp. 269-293). Harmondsworth, English: Penguin.

Hymes, D. (1977). *Foundations in Sociolinguistics*. London: Tavistock Publications.

Ibrahim, Y. (2001). "Doctor and Patient questions as measure of doctor-centredness in UAE hospitals". *English for Specific Purposes,* 20, 331-334.

Irish, J. T. & J. A. Hall (1995). "Interruptive patterns in medical visits: the effects of role, status and gender". *Social science and Medicine,* 41(6), 873-881.

Jiang, J. (1999). "The use of maxims for cooperation in Chinese medical interviews". *Health Communication*, 11 (3), 215-222.

James, D. & S. Clarke (1993). "Women, men, and interruptions: A critical review". In D. Tannen (Ed.), *Gender and Conversational Interaction* (pp.231-280). Oxford, UK:

Oxford University Press.

Jefferson, G. (1973). "A case of precision timing in ordinary conversation: Overlapped tag-positioned address terms in closing sequences". *Semiotica*, 9, 47-96.

Jefferson, G. (1974). "Error correction as an interactional resource". *Language in Society*, 2, 181-199.

Jefferson, G. (1979). "A technique for inviting laughter and its subsequent acceptance declination". In G. Psathas (Ed.), *Everyday Language: Studies in Ethnomethodology* (pp. 79-96). New York: Irvington.

Jefferson, G. (1990). "List construction as a task and interactional resource". In G. Psathas (Ed.), *Interaction Competence* (pp. 63-92). Lanham, MD: University Press of America.

Jefferson, G., H. Sacks & E. Schegloff (1977). *Preliminary Notes on the Sequential Organization of Laughter*. Cambridge: Department of Linguistics, Cambridge University.

Jones, C. M. (2001). "Missing assessments: Lay and Professional orientations in medical interviews". *Text: An Interdisciplinary Journal for the Study of Discourse*, 21, 113-150.

Jurafsky, D., E. Shriberg, B. Fox & T. Curl (1998). "Lexical, prosodic, and syntactic cues for dialog acts". In *Processings of ACL/COLING-98 Workshop on Discourse Relations and Discourse Marker* (pp. 114-120). Montreal.

Kess, J. (1984). "Medical interviews and doctor-patient discourse. Review article". *Semiotica*, 68, 165-173.

Kinney, C. J. (1998). "Role, stance, and footing: A frame analysis of leaders' talk in a small group discussion". Unpublished doctoral dissertation, Graduate School of Georgetown University, US.

Kleinman, A. (1980). *Patients and Healers in the Contexts of Culture: An Exploration of the Borderland between Anthropology Medicine and Psychiatry*. Berkeley: University of California Press.

Kline, F. & F. Acosta (1980). "The misunderstanding Spanish-speaking patient". *American Journal of Psychiatry*, 137(2), 1530-1533.

Koester, A. (2006). *Investigating Workplace Discourse*. London & New York: Routledge.

Kollock, P., P. Blumstein & P. Schwartz (1985). "Sex and power in interaction". *American Sociological Review*, 50, 181-199.

Korsh, B. M. & V. F. Negrete (1972). "Doctor-patient communication". *Scientific American*, 227, 66-74.

Korsh, B. M., E. K. Gozzi & V. Francis (1968). "Gaps in doctor-patient communication: Doctor-patient interaction and Patient satisfaction". *Pediatrics*, 42, 855-871.

Labov, W. (1966). *The Social Stratification of English in New York City*. Washington, DC: Center for Applied Linguistics.

Labov, W. (1972). *Language in the Inner City: Studies in the Black English Vernacular.* Philadelphia: University of Pennsylvania Press.

Labov, W. & D. Fanshel (1977). *Therapeutic Discourse: Psychotherapy as Conversation.* New York: Academic Press.

Lacoste, M. (1981). "The old woman and the doctor: A contribution to the analysis of unequal linguistic exchange". *Journal of Pragmatics*, 5, 169-180.

Lamoureux, E. (1988-1989). "Rhetoric and conversation in service encounters". *Research on Language and Social Interaction*, 22, 93-114.

Lakoff, R. (1975). *Language and Women's Place*. New York: Harper and Row.

Langewitz. W., M. Denz, A. Keller, A. Kiss, S. Ruttimann & B. Wossmer (2002). "Spontaneous talking time at start of consultation in outpatient clinic: cohort study". *British Medical Journal*, 325, 682-683.

Lebarère, J., J. P. Torres, P. François, M. Fourny, P. Argento, X. Genbourge & P. Menthonnex (2003). "Patient compliance with medical advice by telephone". *The American Journal of Emergency Medicine*, 21, 288-292.

Lieberman, J. A. (1996). "Compliance issues in primary care". *Journal of clinical psychiatry*. 57(7), 76-85.

Levinson, S. (1992). "Activity types and language". In Drew and Heritage (1992a), *Talk at Work: Interaction in Institutional Settings* (pp.66-100). Cambridge: Cambridge University Press.

Littlewood, R. (1999). "Agency, opposition and resistance: a systemic approach to psychological illness in sub-dominant groups". In T. M. Pollard, & S. B. Hyatt (Eds.), *Sex, Gender and Health* (pp.137-161). Cambridge: Cambridge University Press.

Luzio, A. D. (2003). "Presenting John J. Gumperz". In S. L. Eerdmans, C. L. Prevignano & P. J. Thibault (Eds.), *Language and Interaction: Discussions with John J. Gumperz*. Amsterdam/Philadelphia: John Benjamins Publishing Company.

Marche, T. A. & C. Peterson (1993). "On the gender differential use of listener responsiveness". *Sex Roles*, 12, 795-816.

Marková, I. (1990). "A three-step process as a unit of analysis in dialogue". In I. Marková & K. Foppa (Eds.), *The dynamics of dialogue* (pp. 129-146). New York: Springer-Verlag.

Marvvel, M. K., R. M. Epstein, K. Flowers & H. B. Beckman (1999). "Soliciting the patient's agenda: have we improved?". *Journal of the American Medical Association*, 281, 283-287.

Matoesian, G. M. (1999). "The grammaticalization of participation roles in the constitution of expert identity". *Language in Society*, 28, 491-521.

Maynard, D. W. (1984). *Inside Plea Bargaining: the Language of Negotiation*. New York: Plenum.

Maynard, D. W. (1991). "Interaction and asymmetry in clinical discourse". *American Journal of Sociology*, 97(2), 448-495.

Maynard, D. W. (1991). "The perspective-display sequences and the delivery and receipt of diagnostic news". In D. Boden & D. Zimmerman (Eds.), *Talk and Social Structure: Studies in Ethnomethodology and Conversation Analysis* (pp.164-192). Cambridge: Polity Press.

Maynard, D. W. (1992). "On clinicians co-implicating recipients' perspective in the delivery of diagnostic news". In P. Drew & J. Heritage (Eds.), *Talk at Work: Interaction in Institutional Settings* (pp. 331-358). Cambridge: Cambridge University Press.

McHoul, A. (1978). "The organization of turns at formal talk in the classroom". *Language in Society*, 19, 183-213.

McCann, S. & J. Weinman (1996). "Encouraging patient participation in general practice consultations: Effects on consultation length and content, patient satisfaction and health". *Psychology and Health*, 11(6), 857-869.

McKenzie, P. (2002). "Communication barriers and information-seeking counterstrategies in accounts of practitioner-patient encounters". *Library and Information Science Research*, 24, 31-47.

Meehan, A. J. (1981). "Some conversational features of the use of medical terms by doctors and patients". In P. Atkinson and C. Heath (Eds.), *Medical Work: Realities and Routines* (pp. 107-127). Aldershot: Gower.

Menz, F. & A. Al-Roubaie (2008). "Interruptions, status and gender in medical interviews: the harder you brake, the longer it takes". *Discourse & Society*, 19(5), 645-666.

Milroy, L. & M. Gorden (2003). *Sociolinguistics: Method and Interpretation*. Oxford & Cambridge: Blackwell.

Milroy, L. & J. Milroy (1993). "Social network and social class: Towards an integrated sociolinguistic model". *Language in Society*, 21, 1-26.

Mishler, E. G. (1984). *The Discourse of Medicine: Dialectics of Interviews*. Norwood, N.J.: Ablex.

Mulholland, J. (1994). "Multiple directives in the doctor-patient consultation". *Australian Journal of Communication*, 21(2), 74-85.

Munoz, J. (1981). "Difficulties of a Hispanic American psychotherapist in the treatment of Hispanic American patients". *American Journal of Orthopsychiatry*, 51, 646-653.

Murray, S. O. (1985). "Toward a model of members' methods for recognizing interruptions". *Language in Society*, 14, 31-40.

Navaro, V. (1990). "Race or class versus race and class; Mortality differentials in the United States". *Lancet*, 336, 1238-1240.

Neighbour, R. (1987). *The Inner Consultation*. Newbury: Petroc Press.

Norrick, R. N. (1997). "Twice-told tales: Collaborative narration of familiar stories". *Language in Society*, 26, 199-220.

Nunan, D. (1993). *Introducing Discourse Analysis*. London: Penguin English.

Ong, L. M. L., J. C. J. M. De Haes, A. M. Hoos & F. B. Lammes (1995). "Doctor-patient communication: A review of the literature". *Social science and Medicine*, 40, 903-918.

Parrot, R. (1994). "Clarifying boundary-conditions and extending the motives for nonimmediate language use: A proposed model and test using physicians role experiences and gender". *Discourse Processes*, 17, 353-376.

Parrot, R., J. K. Burgoon, M. Burgoon & B. A. LePoire (1989). "Privacy between physicians and patients: More than a matter of confidentiality". *Social Science and Medicine*, 29(12), 1381-1385.

Pauwels, A. (1995). *Cross-cultural communication in the health sciences: Communicating with Migrant Patients*. South Melbourne: Macmillan Education.

Pendleton, D. A. & S. Bochner (1980). "The communication of medical information in general practice consultations as a function of patients' social class". *Social Science and Medicine*, 14A, 669-673.

Peräkylä, A. (1996). *AIDS Counselling: Institutional Interaction and Clinical Practice*. Cambridge: Cambridge University Press.

Pollard, T. M. & S. B. Hyatt (1999). *Sex, Gender and Health*. Cambridge: Cambridge University Press.

Pomerantz, A. (1988). "Constructing skepticisms: four devices for engendering the audience's skepticism". *Research on Language and Social Interaction*, 22, 293-313.

Pomerantz, A. M. (1990). "Mental concepts in the analysis of social action". *Research on Language and Social Interaction*, 24, 299-310.

Pomerantz, A. (1992). "Pursuing a response". In P. Drew & J. Heritage (Eds.), *Talk at Work: Interaction in Institutional Settings* (pp.152-163). Cambridge University Press.

Prince, C. D. (1986). "Hablano con el doctor: Communication Problem between Doctors". Unpublished doctoral dissertation, Stanford University, US.

Quesada, G. (1976). "Language and communication barriers for health delivery to a minority group". *Social Science and Medicine*, 10, 323-327.

Quick, R., S. Greenbaum, G. Leech & J. Svartvik (1972). *A Grammar of Contemporary English*. London: Longman.

Rehbein, J. (1980). "Sequentielle Erzahlen — Erzahlstrukturen von Immigraten bei Sozialberatungen in England". In K. Ehlich (Ed.), *Erahlen in Alltag*. Frankfurt a.M.: Suhrkamp.

Rhoades, D. R., K. F. McFarland, W. H. Finch & A. O. Johnson (2001). "Speaking and interruptions during primary care office visits". *Family Medicine*, 33, 528-532.

Rogers, W. & S. Jones (1975). "Effects of dominance tendencies on floor holding and interruption behavior in dyadic interaction". *Human Communication Research*, 1, 116.

Roter, D. (2000). "The enduring and evolving nature of the patient-physician relationship". *Patient Education Counseling,* 39, 5-15.

Roter, D. & J. Hall (1992). *Doctors talking with patients/patients talking with doctors: Improving communication in medical visits*. Westport, CT: Auburn House.

Roter, D. L. (1977). "Patient participation in the patient-provider interaction: The effects of patient question asking on the quality of interaction, satisfaction, and compliance". *Health Education Monographs.* 5, 281-315.

Roter, D., J. A. Hall & N. R Katz (1987). "Relationship between physicians' and analogue patients' satisfaction, recall, and impressions". *Medical Care*, 25, 437-451.

Rozholdova, N. (1999). "No questions, please, we are doctors". *ESP Spectrum*, 17 (Spring), 11-16.

Sacks, H. (1979). "Hotrodder: a revolutionary category". In G. Psathas (Ed.), *Everyday Language: Studies in Ethnomethodology* (pp.7-14). New York: Erlbaum. (Edited by G. Jefferson from an unpublished lecture: Spring, 1966, lecture, 18.)

Sacks, H. (1992). *Lectures on Conversation, 2 vols.*, edited by G. Jefferson. Oxford: Blackwell.

Sacks, H., E. A. Schegloff & G. Jefferson (1974). "A Simplest Systematics for the Organization of Turn-taking for Conversation", *Language*, 50, 696-735.

Samel, I. (2000). *Einführung in die feministische Sprachwissenschaft*. Berlin: Schmidt.

Scarpaci, J. (1988). "Help-seeking behaviour, use, and satisfaction among frequent primary care users in Santiago de Chile". *Journal of Health and Social Behaviour*, 29, 199-213.

Schegloff, E. A. (1968). "Sequencing in conversational openings". *American Anthropologist*, 70, 1075-1095.

Schegloff, E. A. (1979). "Identification and recognition in telephone conversation openings". In G. Psathas (Ed.), *Everyday Language: Studies in Ethnomethodology* (pp.23-78). New York: Erlbaum.

Schegloff, E. A. (1987). "Recycled Turn Beginnings". In G. Button and J. Lee (Eds.), *Talk and Social Organization* (pp.70-85). Clevedon, UK: Multilingual Matters.

Schegloff, E. A. (1980). "Preliminaries to preliminaries: 'Can I ask you a question?'". *Sociological Inquiry*, 50, 104-152.

Schegloff, E. A. (1991). "Reflections on talk and social structure". In D. Boden and D. Zimmerman (Eds.), *Talk and Social Structure: Studies in Ethnomethodology and Conversation Analysis* (pp. 44-70). Cambridge: Polity Press.

Schegloff, E. A. (1992). "On talk and its institutional occasion". In P. Drew & J. Heritage (Eds.), *Talk at Work: Interaction in Institutional Settings* (pp.101-134). Cambridge: Cambridge University Press.

Schegloff, E. A. & Sacks, H. (1973). "Opening up closings". *Semiotica*, 7, 289-327.

Schegloff, E. A., G. Jefferson & H. Sacks (1977). "The preference for self-correction in the organization of rapair in conversation". *Language,* 53, 361-382.

Schenkein, J. N. (Ed.) (1978). *Studies in the Organization of Conversational Interaction.* New York: Academic Press.

Schiffrin, D. (1984). "Jewish argument as sociability". *Language in Society*, 13, 311-335.

Schiffrin, D. (1994). *Approaches to Discourse*. Oxford: Blackwell.

Schilling-Estes, N. (2002). "Time". In J. K. Chambers, P. Trudgill & Schilling-Estes (Eds.), *The Handbook of Language Variation and Change* (pp. 309-311). Oxford: Blackwell.

Searle, J. (1969). *Speech Acts*. Cambridge: Cambridge University Press.

Seijo, R., H. Gomez & J. Freidenberg (1991). "Language as a communication barrier in medical care for Hispanic patients". *Hispanic Journal of Behavioral Science*, 13, 363-376.

Shuy, R. W., J. C. Baratz & W. Wolfram (1969). *Sociolinguistic factors in speech identification*. National Institute of Mental Health Project Report.

Shuy, R. (1983). "Three types of interferences to an effective exchange of information in the medical interview". In S. Fisher & A. D. Todd (Eds.), *The Social Organization of Doctor-patient Communication* (pp.17-30). Washington, DC: Center for Applied Linguistics Press.

Sifianou, M. (2002). "On the telephone again! Telephone conversation openings in Greek". In K. K. Luke & T. S. Pavilidou (Eds.), *Telephone Calls: Unity and Diversity in Conversational Structure across Language and Cultures* (pp. 49-85). Amsterdam: John Benjamins.

Silverman, D. (1987). *Communication and medical practice*. London: Sage Publications.

Silverman, J., S. Kurtz & J. Draper (2005). *Skills for Communicating with Patients* (2nd). Radcliffe Medical Press, Oxford.

Sinclair, J. M. & R. M. Coulthard (1975). *Towards an analysis of discourse: the English Used by Teachers and Pupils*. London: Oxford University Press.

Stearns, N. & D. M. Ross (1993). "Changing patterns of doctor-patient communication: The patient perspective". *Quality Life Research, 2*, 50.

Stevenson, F. A., C. A. Barry, N. Britten, N. Barber & C. P. Bradley (2000). "Doctor–patient communication about drugs: The evidence for shared decision making". *Social science and Medicine*. 50(6), 829-840.

Stivers, T & J. Heritage (2001). "Breaking the sequential mold: Answering 'more than the question' during comprehensive history taking". *Text —An Interdisciplinary Journal for the Study of Discourse Research*, 21, 151-185.

Stubbs, M. (1983). *Discourse Analysis: The Sociolinguistic Analysis of Natural Language*. Oxford: Basil Blackwell.

Suchman, L. & B. Jordan (1990). "Interactional troubles in face-to-face survey interviews". *Journal of the American Statistical Association*, 85, 232-241.

Sundquist, J. (1995). "Ethnicity, social class and health. A population-based study on the influence of social factors on self-reported illness in 223 Latin American refugees, 333 Finnish and 126 South European labour migrants and 841 Swedish controls". *Social Science and Medicine*, 40(6), 777-787.

Tannen, D. (1984). *Conversational style: Analyzing talk among friends*. Norwood, NJ: Ablex Publishing Corporation.

Tannen, D. (1994). *Gender and discourse.* New York: Oxford University Press.

Tannen, D. & C. Wallat (1982). "A sociolinguistic analysis of multiple demands on the pediatrician in doctor/mother/child interaction". In R. J. Di Pietro (Ed.), *Linguistics and the professions: proceedings of the Second Annual Delaware Symposium on Language Studie* (pp. 39-50). Norwood, NJ: Ablex.

Tannen, D. & C. Wallat (1983). "Doctor/mother/child communication: Linguistic analysis of a pediatric interaction". In S. Fisher & A. D. Todd (Eds.), *The social organization of doctor-patient communication* (pp.203-220). Washington, D.C.: Center for Applied Linguistics.

Tannen, D. & C. Wallat (1987). "Interactive Frames and Knowledge Schemas in Interaction: Examples from a Medical Examination/Interview". *Social Psychology Quarterly*, 50(2), 205-216.

Tannen, D. & C. Wallat (1993). "Interactive frames and knowledge schemas in interaction: Examples from a medical examination/interview". In D. Tannen (Ed.), *Framing in Discourse* (pp. 57-76). New York: Oxford University Press.

ten Have, P. (1989). "The consultation as genre". In B. Torode (Ed.), *Text and talk as social practice* (pp. 115-135). Dordrecht, Holland: Foris Publications.

ten Have, P. (1991). "Talk and institution: A reconsideration of the 'asymmetry' of doctor-patient interaction". In D. Boden and D. Zimmerman (Eds.), *Talk and Social Structure: Studies in Ethnomethodology and Conversation Analysis* (pp. 138-163). Berkeley: University of California Press.

Thompson, C. & L. Pledger (1993). "Doctor-patient communication: Is patient knowledge of medical terminology improving?". *Health Communication*, 5, 89-97.

Thornborrow, J. (2002). *Power Talk: Language and Interaction in Institutional Discourse.* London: Pearson Education.

Throne, S. E., K. T. Nyhlin & B. L. Paterson (2000). "Attitudes toward patient expertise in chronic illness". *International Journal of Nursing Studies*, 37, 303-311.

Todd, A. D. (1993). "A diagnosis of doctor-patient discourse in the prescription of contraception". In A. D. Todd & S. Fisher (Eds.), *The Social Organization of Doctor-*

patient Communication (pp. 183-212). Norwood, NJ: Ablex.

Todd, A. D. & S. Fisher (Eds.) (1993). *The Social Organization of Doctor-Patient Communication*. Norwood, NJ: Ablex. [Rev. ed. of Fisher & Todd 1983]

Tran, AN., P. Haidet, R.L. Street RL, Jr., K. J. O'Malley, F. Martin & C. Ashton (2004). "Empowering communication: a community-based intervention for patients". *Patient Education and Counseling*, 52(1), 113-121.

van Dijk, T. A. (1997). *Discourse as Structure and Process: Discourse Studies: a Multidisciplinary Introduction. Vol. 1*. London: SAGE Publications Ltd.

von Raffler-Engel, W. (1989). *Doctor-Patient Interaction*. Amsterdam: John Benjamins.

Waitzkin, H. (1985). "Information giving in medical care". *Journal of Health and Social Behavior*, 26, 81-101.

Wallen, J., H. Waitzkin & J. D. Stoeckle (1979). "Physician stereotypes about female health and illness". *Woman and Health*, 4, 135-146.

Weitzman, P. E. & E. A. Weitzman (2003). "Promoting communication with order adults: Protocol for resolving interpersonal conflicts and for enhancing interactions with doctors". *Clinical Psychology Review*, 23, 523-535.

Waitzkin, H. （1985). "Information given in medical care". *Journal of Health and Social Behavior*, 26, 81-101.

West, C. (1984). "When the doctor is a 'lady'". *Symbolic Interaction*, 7(1), 87-106.

West, C. (1984a). "Questions and answers between doctors and patients". In C. West (Ed.), *Routine complications: Troubles with talk between doctors and patients* (pp. 71-96). Bloomington: Indiana University Press.

West, C. (1984b). *Routine Complications: Troubles with Talk Between Doctors and Patients*. Bloomington: Indiana University Press.

West, C. (1984c). "Turn-taking in doctor-patient dialogues". In C. West (Ed.), *Routine complications: Troubles with talk between doctors and patients* (pp.51-70). Bloomington: Indiana University Press.

West, C. (1990). "Not just doctor's orders: Directive-response sequences in patients' visits to women and men physicians". *Discourse & Society*, 1(1), 85-112.

West, C. & D. Zimmerman (1975). "Sex Roles, Interruptions and Silences in Conversation". In B. Thorne & N. Henley (Eds.), Language and Sex: Difference and Dominance (pp. 105-129). Rowley, MA: Newbury House.

West, C. & D. Zimmerman (1977). "Women's Place in Every Talk: Reflections on Parent-child Interaction". *Social Problems*, 24, 521-529.

Whalen, J., D. Zimmenman & M. Whalen (1988). "When words fail: a single case analysis". *Social Problems*, 35(4), 355-362.

White, D. R., H. B. Muss, R. Michielutte, M. K. Cooper, D. V. Jackson, F. Richards, J. J. Stuart & C. L. Spurr (1984). "Informed consent: Patient information forms in chemotherapy trials". *American Journal if Clinical oncology*, 17, 183-190.

Widdowson, H. G. (1983). *Learning Purpose and Language Use*. Oxford: Oxford University Press.

Williams, S., J. Weiman & J. Dale (1998). "Doctor-patient communication and patient satisfaction: a review". *Family Practice*, 15(5), 480-492.

Wilson, J. (1991). "Social structure and the sequential organization of interaction". In D. Boden & D. H. Zimmerman (Eds.), *Talk and Social Structure: Studies in Ethnomethodology and Conversation Analysis* (pp. 22-43). Cambridge: Polity Press.

Wodak, R. (1996). *Disorders of Discourse*. London: Longman.

Xu, D. (1993). The social differentiation of pronunciation of Mandarin nasal words. The 67th Annual Meeting of the Linguistic Society of America. Los Angles.

Yieke, F. A. (2002). "Language and Discrimination: A Study of Gender and Discourse in Workplaces in Kenya", Unpublished doctoral dissertation, University of Vienna, US.

Zhao, B. (1996). "A preliminary study of medical interviews in China". Unpublished master's thesis, Peking University, Beijing, China.

Zhao, B. (1999). "Asymmetry and mitigation in Chinese medical interviews". *Health Communication*, 11(3), 209-214.

Zimmerman, D. H. (1992). "The interactional organization of calls for emergency assistance". In P. Drew and J. Heritage (Eds.), *Talk at Work: Interaction in Institutional Settings* (pp. 418-469). Cambridge: Cambridge University.

Zimmerman, D. H. & D. Boden (1991). "Structure-in-action: an introduction". In D. Boden and D. H. Zimmerman (Eds.), *Talk and Social Structure: Studies in Ethnomethodology and Conversation Analysis* (pp. 3-21). Cambridge: Polity Press.

蔡美慧，卢丰华. 适当的响应病人：从言谈技巧改善医病关系 [J]. 医学教育，2001（3）：245-251.

程晓斌，姬军生，贾沦跃. 提高临床语言能力，改善医患关系 [J]. 中华现代临床医学杂志，2003（8）：233-235.

代树兰. 电视访谈话语研究 [D]. 上海外国语大学博士学位论文（待出），2007.

董敏. 评互动社会语言学的独特研究视角 [J]. 外国语言文学研究，2008（2）：36-41.

关敬英. 中国医患对话中附加疑问句语用功能的个案研究 [D]. 广西师范大学硕士学位论文，2007.

何兆熊. 新编语用学概要 [M]. 上海：上海外语教育出版社，2000.

胡邦岳. 医疗语言的语境干涉 [J]. 怀化学院学报，2007（9）：67-68.

霍永寿. 弱化与语用调节论：以中医诊谈为个案 [M]. 昆明：云南大学出版社，2004.

金燕. 中国医患关系研究：从话语分析角度发分析医患对话的言语特征 [D]. 浙江大学硕士学位论文，2006.

姜学林. 医源性语言影响及医疗用语原则 [J]. 中华医院管理杂志，1997（1）：21-22.

姜学林. 医疗语言学初论 [M]. 北京：中国医药科技出版社，1998.

姜学林. 医学沟通学 [M]. 北京：高等教育出版社，2008.

姜学林，曾孔生. 医疗语言学 [M]. 香港：世界医药出版社，2000.

姜学林，赵世鸿. 医患沟通艺术 [M]. 上海：第二军医大学出版社，2002.

蒋樟勇，何瑾瑾. 浅谈医患语言沟》[J]. 新医学，2004（8）：459-460.

李冬妹，广播热线直播节目的会话分析 [D]. 新疆大学硕士学位论文，2005.

李静. 临床医用语言在医患关系中的语用规范 [J]. 中国高等医学教育，2004（3）：54-56.

李明洁. 会话推理与交际图式 [J]. 修辞学习，2003（1）：13-15.

李强. 试分析国家政策影响社会分层结构的具体机制 [J]. 社会，2008（3）：24-25.

李强，刘海洋. 变迁中的职业声望——2009 年北京职业声望调查浅析 [J]. 学术研究，2009（12）：34-42.

李义军. 加强对医学生的医患关系沟通教育 [J]. 河南职工医学院学报，2003（2）：89-90.

李永生. 临床医学语言学 [M]. 北京：人民军医出版社，2001.

李永生，朱海兵. 医务语言学概论 [M]. 郑州：郑州大学出版社，2005.

李悦娥，范宏雅. 话语分析 [M]. 上海：外语教育出版社出版，2002.

梁峰霞. 浅析临床医学语言的语境 [J]. 医院管理论坛，2004（4）：43-45.

梁继权，吴英璋，李兰. 病人向医师权威挑战的态度与行为之先驱研究 [J]. 中华家医，1991（1）：109-118.

梁雪清. 医生——病人对话中委婉语的礼貌研究 [D]. 广西师范大学硕士学位论文，2006.

廖美珍. 法庭审判中的问与答 [D]. 中国社会科学院博士学位论文（待出），2002.

廖美珍. 中国法庭互动话语 formulation 现象研究 [J]. 外语研究，2006（2）：1-13.

刘虹. 会话结构分析 [M]. 北京：北京大学出版社，2004.

刘森林. 语篇语用分析方法论研究 [J]. 外语教学，2001（6）：3-8.

刘芳，医生患者对话中的对称和不对称分析 [D]. 对外经济贸易大学硕士学位论文，2003.

刘群. 医生需要重视语言艺术 [J]. 现代语文，2005（11）：21.

刘贤臣，王英杰. 医患交往与诊疗效果 [J]. 山东医科大学学报社会科学版，1990（4）：34-36.

刘兴兵. 中国医患门诊会话的语用研究 [D]. 华中师范大学博士学位论文（待出），2008.

刘兴兵. 医患门诊互动中目的与权势 [J]. 外语学刊，2009（4）：73-76.

刘运同. 会话分析概要 [M]. 上海：学林出版社，2007.

陆苇. 口腔正畸临床医患间的语言交流 [J]. 中国医学伦理学，1998（4）：82-83.

罗常培. 语言与文化 [M]. 北京：语文出版社，1989.

马广惠. 外国语言学及应用语言学统计方法 [M]. 西安：西北农林科技大学出版社，2003.

马菊华. 医患言语交际得体性研究 [D]. 华中师范大学硕士学位论文，2008.

马菊华，王茜. 医疗活动中言语行为特征解析 [J]. 医学与哲学，2004（7）：49-50.

毛屏. 从医患纠纷中浅析医护人员与患者的谈话技巧 [J]. 成都军区医院学报，2000，2（1）：48-49.

邱立平. 门诊医患交往中的语言技巧 [J]. 中国医师杂志，2004（9）：1292-1293.

任爱民，王闻平. 从医者的角度谈医患交流 [J]. 中国自然医学杂志，2006（4）：308.

邵先玉. 全科医师必读丛书：内科分册 [M]. 北京：化学工业出版社，2007.

史磊. 医患会话特征研究 [D]. 吉林大学硕士学位论文，2007.

童珊. 图式理论及其在法律英语教学中的应用研究 [J]. 重庆邮电大学学报（社会科学版），2009（2）：133-136.

谢刚. 医患对话中的模糊语言语用功能 [D]. 吉林大学硕士学位论文，2007.

辛斌. 批评语言学：理论与应用 [M]. 上海：上海外语教育出版社，2005.

徐大明. 社会语言学研究 [C]. 上海：上海人民出版社，2007.

徐大明，蔡冰. 语言变异与变化 [M]. 上海：上海教育出版社，2006.

徐大明，陶红印，谢天蔚. 当代社会语言学 [M]. 北京：中国社会科学出版社，1997.

徐大明，谢天蔚. 当代社会语言学 [M]. 北京：中国社会科学出版社，2004.

徐仙兰，桑丽娟，王洪奇. 医生职业用语中的伦理问题 [J]. 中国医学伦理，2003（6）：4-7.

王初明. 应用心理语言学——外语学习心理研究 [M]. 长沙：湖南教育出版社，1990.

王德春. 语言学概要 [M]. 上海：上海外语教育出版社，1997.

王德春. 现代修辞学 [M]. 上海：上海外语教育出版社，2001.

王德春，陈瑞端. 语体学 [M]. 南宁：广西教育出版社，2000.

王得杏. 英语话语分析与跨文化交际 [M]. 北京：北京语言文化大学出版社，1998.

王晋军. 医生和病人会话中的问句与权势关系 [J]. 解放军外国语学院学报，2002，（5）：10-11.

王茜，严永祥，金忠山. 医学模糊用语的伦理分析 [J]. 中国医学伦理学，2006（5）：95-97.

王茜，严永祥，马菊华，瞿和平. 关于医院管理中医学语言质量管理的思考 [J]. 中国医学伦理学，2007（4）：86-88.

王茜，严永祥，付珏. 医疗抚慰语言的语用伦理特点解析 [J]. 中国医学伦理学，2009（5）：86-87.

吴铁坚，杜瑜. 从医生 —— 病人交流中提高病人的依从性 [J]. 山东医科大学学报社会科学版，1988（4）：36-39.

杨丽娜. 医生的医疗语言艺术探析 [J]. 科技创新导报，2008（10）：207-208.

杨永林. 社会语言学研究：功能·称谓·性别篇 [M]. 上海：上海外语教育出版社，2004.

于国栋. 产前检查中建议序列的会话分析研究 [J]. 外国语，2009（1）：58-62.

于国栋. 医患交际中回述的会话分析研究 [J]. 外语教学，2009（3）：13-19.

于国栋，郭雪颖. "回述"的理论及其运用 —— 医患关系中"回述"现象的会话分析研究 [J]. 山西大学学报（哲学社会科学版），2008（6）：54-58.

于国栋，侯笑盈. 医患交际中极致表达的会话分析 [J]. 山西大学学报（哲学社会科学版），2009（6）：24-28.

余素青. 法庭言语研究 [D]. 上海外国语大学博士学位论文（待出），2006.

曾庆香. 新闻叙事学 [M]. 北京：中国广播电视出版社，2005.

曾昭耆. 全科医生要重视接诊（二）[J]. 中华全科医师杂志，2002（2）：110-111.

翟兴生. 医生在社区服务应注重语言的应用 [J]. 中国健康教育，2001（2）：99.

张国芳，余晓平. 试论医务人员在医患交谈中的主导地位 [J]. 医学与社会，2000（6）：48-50.

张海燕. 医患关系的社会语言学研究 [D]. 武汉理工大学硕士学位论文，2003.

张淑清，李红玉. 当代医患沟通的意义与技巧 [J]. 辽宁医学院学报（社会科学版），2007（5）：16-19.

张赟. 礼貌与医学话语交际 [D]. 四川外语学院硕士学位论文，2000。

章柏成. 图式理论对英语教材编写的启示 [J]. 重庆交通学院学报（社科版），2005（3）：98-101.

郑欢. 程式化不对等：对中国医生与病人的门诊会话分析 [D]. 广东外语外贸大学硕士学位论文，2005.

钟友彬. 医生病人间的信息互通和情感交流 [J]. 医学与哲学，1993（5）：38-39.

祝畹瑾. 社会语言学概论 [M]. 长沙：湖南教育出版社，1992.

祝畹瑾. 社会语言学译文集 [C]. 北京：北京大学出版社，1985.

附录 I 转写符号

（1）停顿时间超过 1 秒以上者，用"Ns"表示，置于圆括号内；

（2）说话拖音用"——"表示；

（3）说话时的重叠的起始点用"["表示；

（4）说话时的重叠的终止点用"]"表示；

（5）"="表示两个句子之间没有间隔；

（6）笑声或其他有意义的副语言行为用文字标示，置于双括号内；

（7）"，"表示从语气上看一句话还未说完；

（8）"。"表示从语气上看一句话已经说完；

（9）顿音用"•"标示；

（10）转写文字的行号用【1】、【2】顺序表示。

附录 II 问卷 1

就诊日期 ___年___月___日

就医状况 □ 初诊 □ 复诊（第 ___ 次就医）

就诊医生 □ 男 □ 女

就诊原因 _____

性别 □男 □女

出生年月 ___年___月___日

月收入_____

目前居住地（只需填县市）___省___市___县

教育程度

□ 博士研究生 □ 硕士研究生 □ 大学本科 □ 大学专科

□ 高中 □ 初中 □ 初中以下

之前来此医院就诊的次数

□ 之前不曾看过 □ 1-5次 □ 6-10次 □ 11次以上

就诊的感觉

□ 轻松 □ 有点害怕 □ 害怕 □ 很害怕

与就诊医生的熟悉度

□ 完全不熟悉 □ 不太熟悉 □ 有点熟悉 □ 熟悉 □ 很熟悉

喜欢什么样的医生？

_____

不喜欢什么样的医生？

_____

附录 III 问 卷 2

日期 ___年___月___日

性别 □男 □女

出生年月___年___月___日

目前居住地（只需填县市）___省___市

职称

□ 医师 □ 主治医师 □ 副主任医师 □ 主任医师

与就诊患者的熟悉度

□ 完全不熟悉 □不太熟悉 □ 有点熟悉 □ 熟悉 □ 很熟悉

附录 IV 同意书

研究题目：

研究者： Gerry

联系方式： gerryxiao6@163.com（电子邮件） 139****2506（移动电话）

指导老师： ×××外国语学院×××教授

研究目的：

研究医患谈话的语言特点。

研究方法：

由实际录制搜集的语料（录音），运用会话分析的方法将口语数据转写成文字稿，再结合语言学的理论，找出医师与患者的沟通模式、语言特点。

研究贡献：

就语言学而言，透过语言分析方式了解语言在医学情境中的特色，医师与患者语言沟通的模式。

研究程序：调查个案参与意愿

——填写个案同意书、基本数据；

——录制医师与患者互动（录音）；

——引用转写稿给医师与个案作确认。

保密原则：

所有的参与者之身分与以保密并做匿名处理，医师、患者与研究者三方之外，其他人不得阅读完整转写稿，在本研究中有提及之医师与个案姓名部分一律以化名代替，本研究中可能会引用转写稿部分内容，个案可在确认阶段时提出删除之需求。研究者可使用确认后之内容于本研究中。

　　已阅读上述内容，并同意参与配合此研究，直到研究结束。

同意人签名： _____
　年　月　日

附录 V 医患谈话样本

科室：心血管内科

【1】 患者：您好！我是你们高院长的老乡，一个村的。

【2】 医生：少来！别来这套，谁的老乡我不都得给你们看？

【3】 又不是买菜，要挑好的。给谁看还不是都一样。

【4】 坐吧！你有什么不舒服？

【5】 患者：（（坐下））这是我的CT，脑电图，还有心电图。

【6】 医生：怎么还有脑电图啊？谁让你做的？（（查看心电图））

【7】 哪是脑电图？在哪呢？

【8】 患者：哦，是心电图和CT（（笑））

【9】 医生：你这血压有问题。心率六十六，心电图也有毛病。

【10】 CT是右侧外囊后部点状低密度，

【11】 腔隙性梗塞不能除外。还有化验没有？

【12】 患者：哦·有的！（（递过去检验报告单））

【13】 医生：我看（（看检验报告单））载脂蛋白1.28，高。

【14】 低密度脂蛋白胆固醇4，也高。

【15】 患者：咋样？

【16】 医生：瞧你们那的医院给你诊断的，

【17】 头晕待查，高血压病，急性脑血管意外。

【18】 能写的都写上去了。能做的都做了个遍。

【19】　反正是把自己摘得干干净 [怕担责任

【20】　患者：　　　　　　　　　　　 [他们肯定不如你们。

【21】　医生：你别打岔。你这个啊，就是血压高。

【22】　还有哪里不舒服。你是住院治还是回家打针治？

【23】　患者：没有。就这个。打针吃药吧。

【24】　医生：回家吧。照理说吧，你查查甲状腺＝

【25】　患者：＝甲状腺没事＝

【26】　医生：＝哪查的。别又错了。像刚才有个人甲状腺就不行他们那里，

【27】　可咱们这里一查不准。你哪查的？

【28】　患者：我们乡卫生院

【29】　医生：可别错了。刚才那人整错了·满城的。

【30】　当地查不正常，在这儿一查完全正常。

【31】　幸好没有吃甲状腺片。要吃就扯了嘛。多亏来一趟。

【32】　患者：是，不是。要不再给咱查一下？

【33】　医生：那他在保定。刚走那人，差点儿·没错。

【34】　错不就完了吗？那病治可能就那什么了。

【35】　那药物还不便宜，可不得了。要不是，吃那药就糟糕了。

【36】　患者：再做一遍吧。

【37】　医生：那我就按高血压开了。该给你吃药·吃药。

【38】　你要回去以后记得要定时吃药也行。

【39】　患者：你给我写好吧。

【40】　医生：都给你写着呢。有老年的成分，但是照理说，你五十来岁，

【41】　有的是人是正常的。不是说五十岁都该这样，

【42】　你还是确实是有病。你要说 [

【43】　患者：　　　　　　　　　　 [得重点治一下＝

【44】　医生：＝对，你要想把这病彻底查清了，根治了

【45】　患者：现在它达不达到那种地步，非·非不可

【46】　医生：我给你开了两种药，这两种药吃·时间没问题。

【47】　但一定要按时吃，血压降了也要吃，好吧？

【48】   完了你再来复查。

【49】   患者：是，就是按你这个再来检查啊 ＝

【50】   医生：＝再来查查。

【51】   患者：下次来还是你吗？

【52】   医生：那不一定，那我怕你找不找我，我不一定都在这儿。

【53】   患者：周几在？

【54】   医生：一周两次门诊，时间不一定！你怎么了（（对另一位患者说））

【55】   患者：那我走了，谢谢大夫。

致　　谢

　　时至今日，我依然对我拿到解放军外国语学院录取通知书时的兴奋与激动之情难以忘怀。现在，三年的学习成果已转化成百页文稿摆在眼前，感恩之情油然而生。对于所有指导和帮助过我的老师、同学和亲友们，我将永怀一份感激之情。

　　成为李经伟教授的弟子是我一生的幸运。在外院学习期间，导师每周带领我们进行各类学术讨论，每周都能在导师的主持下与同学进行灵感火花的碰撞，之后再聆听老师的教导，汲取语言学知识的养分。教授治学态度严谨、学识渊博，生活中又宽以待人，爱生如子，总能让人感到长辈关怀的温暖。跟随导师学习以来，先生的言传身教无时无刻不在悄无声息地影响着我，激励、鞭策我不断前进，现在已成为了我一笔巨大的精神财富。在本书撰写过程中，导师付出了很多心血，从题目的拟定、观点的确立到论文初稿、二稿、三稿的修改，导师给予了全程悉心的指导和极大的鼓励。对此我由衷地向尊敬的导师表示感谢！

　　在外院的学习过程中，我有幸能旁听诸位专家老师的课程与专题讲座，对这些老师我也表示真挚的谢意。这些老师是潘永樑教授、严辰松教授、濮建忠教授、赵蔚彬副教授和蔡金亭副教授。

　　我还要感谢那些曾经帮助、关心过我的老前辈和学长。正是由于你们对我的关怀、对我的热心与友善，我方能克服困难，有所进步，他们是：陈立平教授、张淑静教授、赵翠莲教授、陈春华副教授、马继红博士、张萱博士、李景泉博士等。

　　我还要感谢我的父母，家人的爱心与亲情是本书写作全过程的强劲动力。

最后，在本书撰写过程中我参考了诸多专家和学者们的研究成果，对于他们，我在此一并表示感谢。对于本研究中的疏漏与不足之处，我恳请各位专家、同行批评指正，对此我将表达诚挚的谢意。

2017 年 3 月于蟒山脚下